风物

闽南

010

范亚昆 主编

北京联合出版公司
Beijing United Publishing Co.,Ltd.

图书在版编目（CIP）数据

地道风物. 闽南 / 范亚昆主编. -- 北京：北京联合出版公司, 2019.10（2024.2重印）

ISBN 978-7-5596-2456-7

Ⅰ.①地… Ⅱ.①范… Ⅲ.①地方文化－福建 Ⅳ.①G127

中国版本图书馆CIP数据核字（2019）第158334号

地道风物·闽南

总 策 划：陈沂欢　马　蕾
主　　编：范亚昆
执行主编：黄绮媚
图片总监：何亮靓
策划编辑：贺　靓　聂　靖　何涵妃　李　佳
责任编辑：昝亚会　夏应鹏
图片编辑：张律堂　李晓峰
地图编辑：程　远　刘昊冰
营销编辑：唐国栋
书籍设计：杨　恒　李　川
特约印制：焦文献
品牌合作：郭颖谦
策　　划：北京地道风物科技有限公司
制　　版：北京美光设计制版有限公司

北京联合出版公司出版
（北京市西城区德外大街83号楼9层　100088）
北京联合天畅文化传播公司发行
北京华联印刷有限公司印刷　新华书店经销
字数：205千字　710mm×1000mm　1/16　印张：16
2019年10月第1版　2024年2月第5次印刷
ISBN 978-7-5596-2456-7
定价：68.00元

版权所有·侵权必究
未经书面许可，不得以任何方式转载、复制、翻印本书部分或全部内容
如发现图书质量问题，可联系调换。质量投诉电话：010-82841164 / 64258472-800

只有往海上看，
才能看到世界里的中国

文 范亚昆

古代的中国人，不太喜欢面对"海洋"这个概念。在中国古代帝王的眼中，海是疆土的自然边界，是贬谪获罪官员的去处，或是逃难时的茫茫绝路；更多生活在内陆的古代人，对海洋始终缺乏想象，只能用"天涯海角"来形容自己终生不能抵达之处。

放眼中国沿海，像闽南这样山区密集、除了出海几乎无路可走的地方很少。因此，从中原的角度看闽南，大抵逃不开三个特点：边缘、偏僻、生存艰难。

不过，在闽南人面前，海洋是敞开的。对他们而言，尽管海洋意味着无常，仍然是值得用生命去开拓的一条道路——在中国，闽南人可谓最有海洋冒险精神的一群人，他们视野开阔，不畏艰险，并且，他们真的看得见海上的路线。诸多九死一生的经历来不及讲述，如今只见，海外最古老的唐人街，其实大都是闽南风格的。

在闽南，帝国中央的大陆视野与闽南人的冒险精神相互影响，造就了闽南的很多风景。除此之外，闽南又为中国敞开了一个窗口，海洋深处那些影响了世界进程的风由此而入，进而影响着中国的历史进程。在这里，只有往海上看，才能看到世界里的中国。

泉州："东方第一大港"与阿拉伯人的海上乐园

如今的闽南三城（厦门、漳州、泉州）中，泉州作为出海的港口，在唐代已经成名。不过，因泉州通往内陆的交通不便，在帝国的视野中，它作为一个贸易港口，受到的重视始终不能与交通便利的广州港比肩。然而，经过几百年的发展，宋元时代的泉州海商万户、竞渡千帆，在旅行者的眼中已成为一个令人惊叹的存在。马可·波罗描绘其为"世界第一大港"，另一位比之更早的意大利旅行家则称赞其为"光明之城"——泉州港获得出人意料的大发展，是大陆视野与海洋视野在闽南的第一次交锋与错位。

这一次交锋，从海洋上投来目光的，是阿拉伯商人。彼时被中国称为"大食"

的阿拉伯帝国，存在时间大约与中国的唐宋同期。在帝国出现之前，起源于阿拉伯半岛的阿拉伯人就已经占据东西方商路要道，他们早有重商传统，英语中的"支票""银行"等商业词语均来自阿拉伯语——至今通行于世界的诸多商业逻辑和规则，早期都是由阿拉伯人创立的。阿拉伯人在7世纪建立起横跨亚非欧的大帝国，同时开启了阿拉伯人的大航海时代，取代了早期来往于东亚海域的印度和波斯商人。阿拉伯故事《辛巴达历险记》中，辛巴达的海上冒险即阿拉伯海商积极开拓海洋贸易网络的一个缩影。

在阿拉伯人编织的海上网络中，中国泉州无疑是一个十分重要的节点。它不但扼守中国和东亚海洋的交通要道，并且因为远离中央政府，更加容易融入海上自由商贸体系之中。许多阿拉伯商人就此在泉州定居下来，他们在泉州留下的最显著的遗迹，就是建于11世纪初的中国最古老的清真寺——清净寺；阿拉伯人当时先进的造船技术也为中国船的改进提供了新的思路；宋代在泉州设立管理港口贸易的市舶司，当领市舶司的蒲寿庚就是泉州的阿拉伯人后裔。

漳州月港：中国的海禁时代，遇上了欧洲人的大航海时代

明代是中国实行海禁最严厉的时代，国人禁止出海，泉州港迅速衰落下来。生存资源的匮乏，迫使闽南人甘冒海禁之风铤而走险，继续在海洋上讨生活——在这样的背景下，毗邻泉州的月港后来居上，成为帝国最大的一个走私港口。

彼时的帝国中央政府，对月港贸易并非全然不知。然而，封闭不能使帝国阳挡世界潮流的影响，来自月港的一种重要资源，正在日益成为支援帝国经济的一条生命线，那就是白银。

中国很早就有使用白银作为交易货币的历史，但构建欧亚大陆上的白银流通体系的，是建立了横跨欧亚的大帝国且重视商贸的元帝国，白银从此成为远距离商贸的硬通货。

阿拉伯帝国和元帝国衰落之后，奥斯曼土耳其占据了东西方商贸要道，此时远在西方的欧洲人为了打通与东方的贸易往来，不得不绕开传统商路，踏上了全球大航海之旅，并因此发现了美洲大陆。在这个过程中，西班牙人在美洲发现了银矿，由此将白银源源不断地输入东方，中国最大的一个白银输入地就是明代的月港。

实行海禁的明代中央政府也进行了一次声势浩大的海上活动，郑和代表帝国开启了远洋行程，巩固了海外的朝贡体系。在帝国的视野中，中央政府所在之处仍是天朝上国，居于世界的中心；此刻，在西方人的视野中，让中国与大航海时代产生更深刻联系的，却是闽南那个小小的月港。

在南洋：爱拼才会赢的闽南人，只有一件事赢不了

明朝中期以后，闽南人在海上舞台扮演了很多角色——水手、走私商、海盗、合法商人、海外移民……他们一往无前地在海上拼搏，建立起了覆盖东南亚的华商网络。然而，"爱拼才会赢"的闽南人，只有一件事赢不了：他们始终是全球贸易网络的参与者，而不是主导者。

中央政府的视野无法延展到海洋，所以，明清时代，中国的海商一旦出海，就脱离了与帝国政府之间的管辖关系。闽南人即使在南洋建立起庞大的商贸关系网络，背后也缺乏政府的支持，因此被称作"没有国家的商人"。

闽南人在海外的凝聚力，来自强烈的宗族乡土观念和妈祖信仰。海外贸易和移民环境险恶，宗乡观念使闽南人能够相互扶持、共度险境，这是缔结海外商贸社会网络的基础，却无法形成广泛基础上的共识和更紧密的组织形式，因此，在南洋的闽商有商贸网络却要依附于欧洲人宏大的贸易系统，有社区基础却要受制于所在地的政治环境。

在广阔的海洋上，复杂的商业技术成为全球化贸易的依托，而商业技术中最重要的是法律技术。在贸易中，具体的法律案例可以通过公认的法律技术来明晰产权和法律权责，从而建立起可以应用到陌生人之间的信用结构，形成更广泛的、可以持续拓展的贸易网络。在海洋贸易中后来居上的英国人，正是在海洋贸易的开拓中不断发展其法律技术，逐步建立后来通行英美的普通法系，从而成为全球贸易的主导者。这套法律系统的建立，需要有一个内政与外交高度联通的政府，及时有效地对外部世界的变化做出调整并形成条文——从根本上来说，当时的闽南商人和中国政府不具备这套技术能力。

在大航海时代之后，海权理论日益成为海洋国家的共识——谁掌握世界核心的咽喉航道、运河和航线，就是变相控制了世界。在海洋国家眼中，中国拥有巨大的自由贸易市场，而中国政府对海洋规则却一无所知、无所作为，结果就是1840年鸦片战争之后，古老中国被迫卷入全球体系中，就此成为被规训的对象。

古老中国一直拥有闽南这扇窗，而海洋上的风竟来得猝不及防。

在"陆地—海洋"的双重视野下，闽南的许多不同于内陆的风景都更加容易被理解和阐释。这一次，《地道风物·闽南》专辑深入闽南进行采访，将这个古老中国海上窗口在漫长岁月中的丰富细节，如画卷一般徐徐呈现，为我们展现了闽南人的生活与记忆，也为我们理解海上中国提供了一个新的角度。

目 录

地

012
从泉州港、月港到厦门港
——闽南海洋文化重心的迁移
萧春雷

038
背山面海,闽南的地方与世界
李智君

046
众人说·我所理解的闽南

道

052
刺桐伽蓝记
聂靖

063
船与海神
林瀚

074
闽南人的"地中海"
许清　王建国

079
本土与海外的两个闽南
刘伯孳

088
咱厝人讲咱厝话
郑子宁

095
穿墙透壁:剖视闽南古建筑
李乾朗

风

110
爱拼才会赢的闽南人，
拼不过怎么办？奉香火，拜天公
陈花现

122
世俗闽南，神在身边
张侃

128
泉州好戏
霍亮子

146
厦门：海的女儿初长成
孔雪

156
泉南旧事
陈世哲

168
人生海海
吴颖雯　许路　张掖

180
老人与海
李颀拯

物

192
深山中走出的"中国白"
钟祥瑜

200
一盏闽南乌龙茶
苏西

208
神仙赏饭吃的手艺
王啸波

218
这四季的甜头
依倩　于长多

226
一个外地人眼中的海鲜漂亮
李惑　朱家麟

236
漂洋过海的"好呷"
吴颖雯

242
闽南风味，自山与海而来
龙玲

从泉州港、月港到厦门港——闽南海洋文化重心的迁移

背山面海，闽南的地方与世界

众人说·我所理解的闽南

地

浅滩盐场

浅海滩涂是陆地生态系统向海洋生态系统的过渡地带。历史上，人们在这些区域从事水产捕捞、养殖，也利用天然的潮水和气候条件，从事盐业生产。

位于湄洲湾南岸的山腰盐场，已有两百多年历史，是福建省最大的食盐（载体盐）生产基地。经过纳潮、引入卤水、旋盐、扒收等多个步骤，海盐才能最终制成。图中盐工正在用传统的盐耙扒收海盐。

摄影 / 林建祥

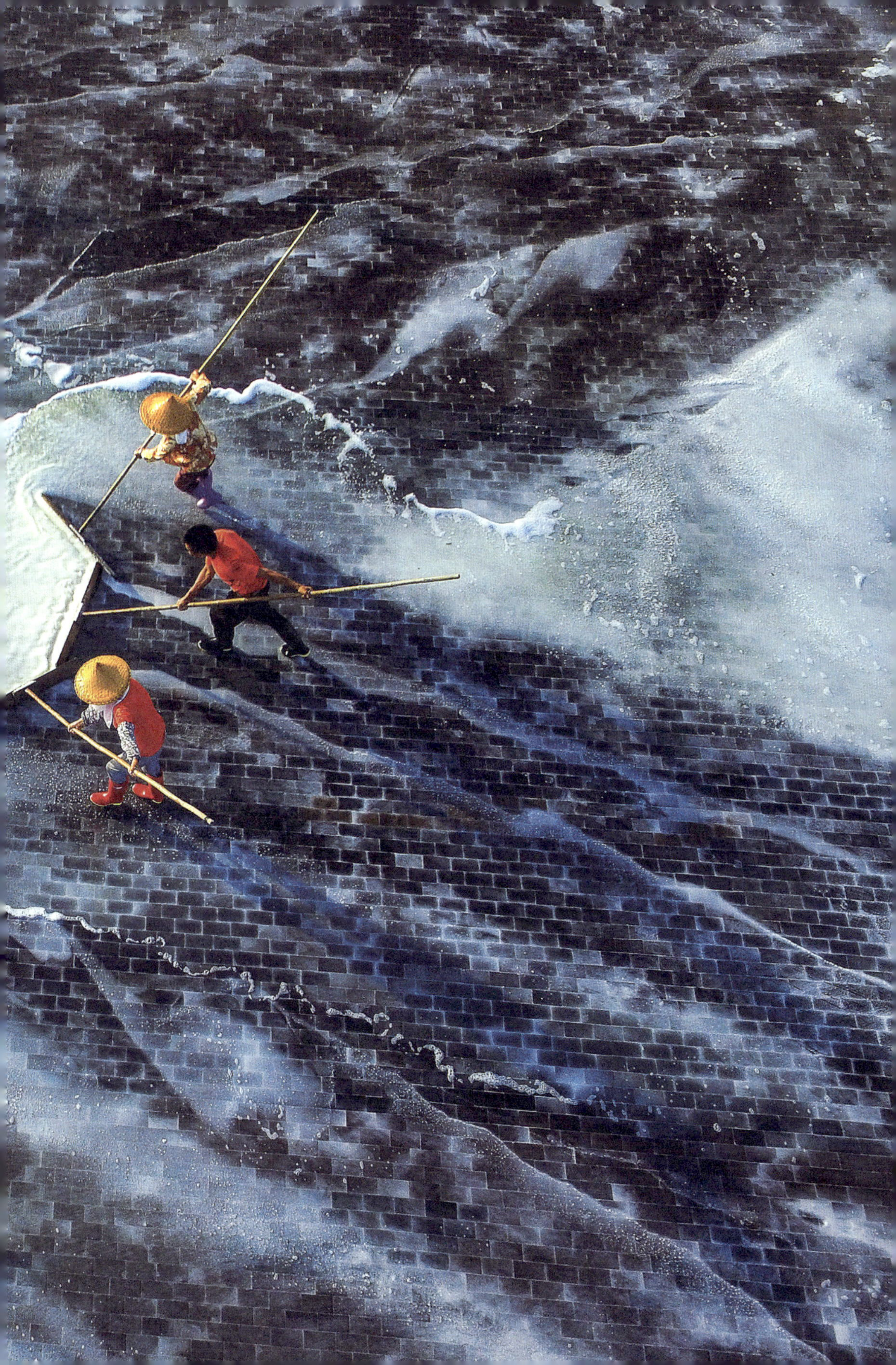

岛上渔港

"闽在海中",从最初渔猎大海的时代开始,闽南人就积累了大量海洋捕捞经验。人们靠海吃海,在潮起潮落间经营海洋。

清晨,陆地还未苏醒,漳州东山岛的沃角村已经随着作业渔船的归港人声鼎沸。渔民们用小船将新鲜渔获接驳至码头,起鱼上岸,开启忙碌又喧闹的一天。

摄影 / 周先丽

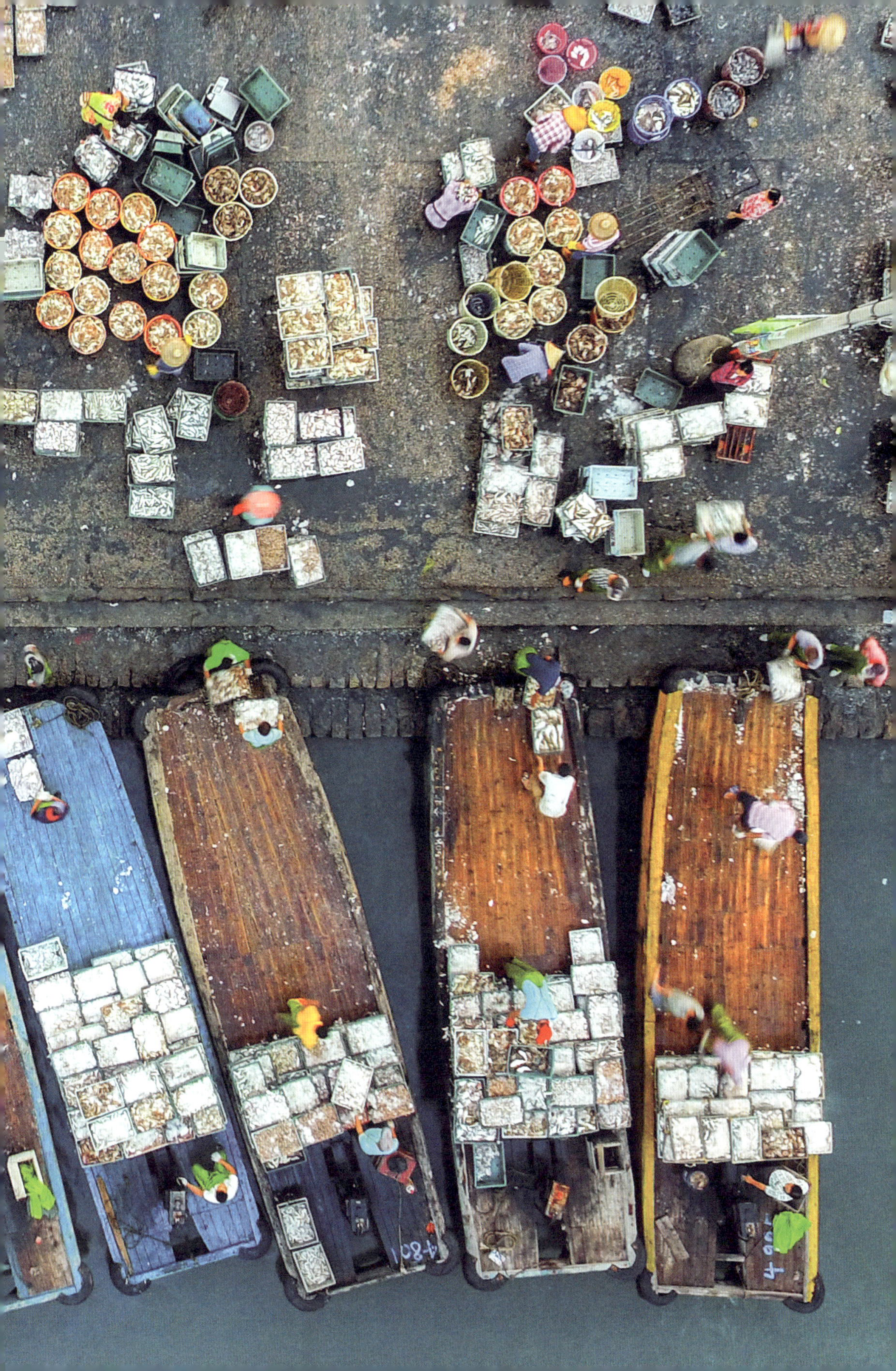

海洋农场

闽南海岸线漫长而曲折，海水深入陆地，形成诸多天然海湾。这些海湾大多口小腹大，水流稳定；加之境内九龙江、晋江等河流入海，咸淡水相交，营养物质丰富，为闽南的海水养殖提供了天然便利条件。

人们用橡胶渔排做成方格状网箱，进行水产养殖，将海洋经营成农场。夜晚渔灯亮起，渔排连成片，小船在海陆间接驳往来，宛如一片海上村庄。

摄影／冯木波

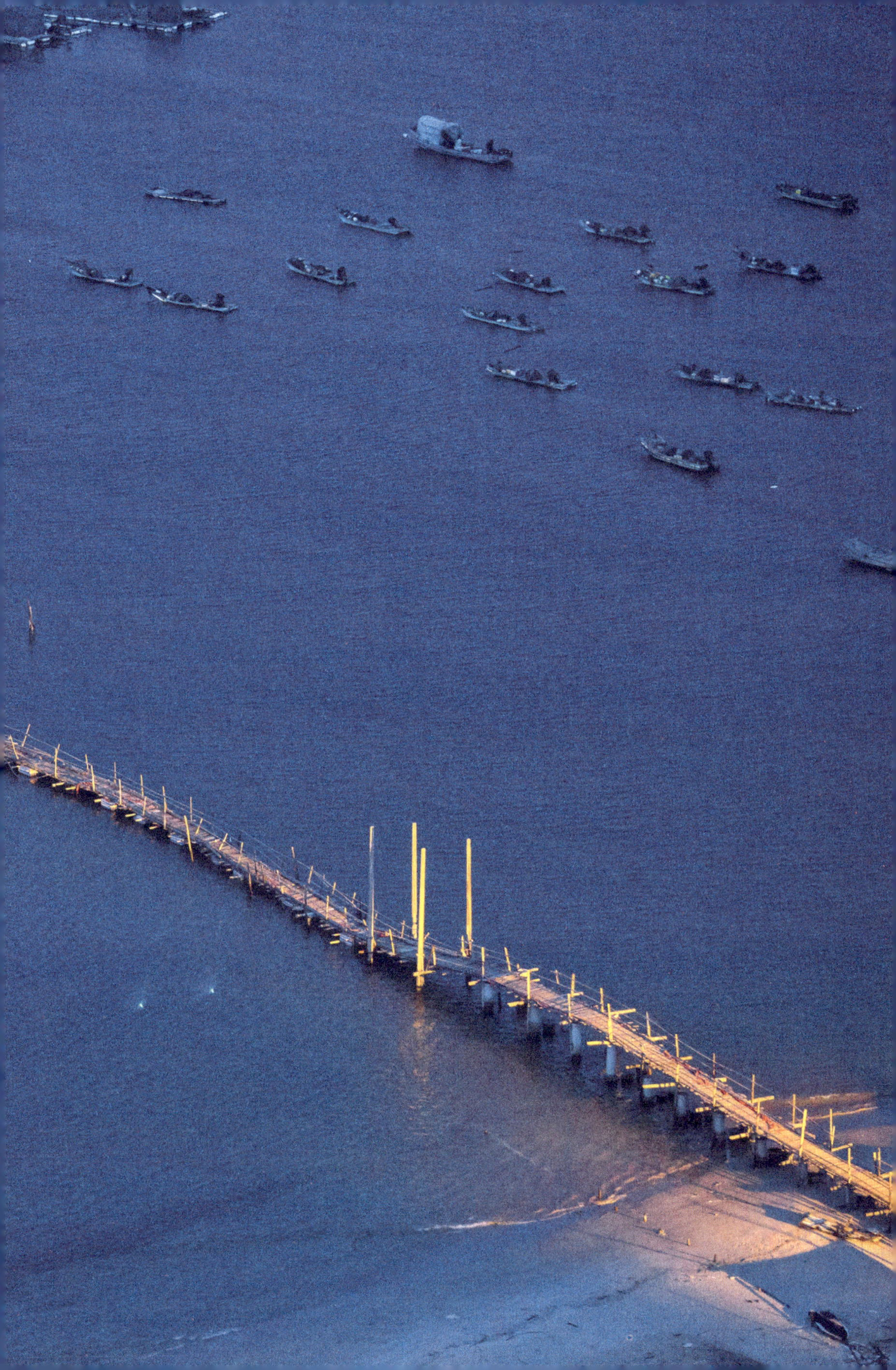

滩涂红树林

红树林生长于海水与淡水交汇的潮间带，素有"海底森林"之誉。图为龙海九龙江入海口的红树林，是国内最早开展红树植物引种的地区。红树林区底栖生物、浮游植物、微生物丰富，生态环境多样，是不少鸟类、鱼类栖息和觅食的理想场所。

摄影／冯木波

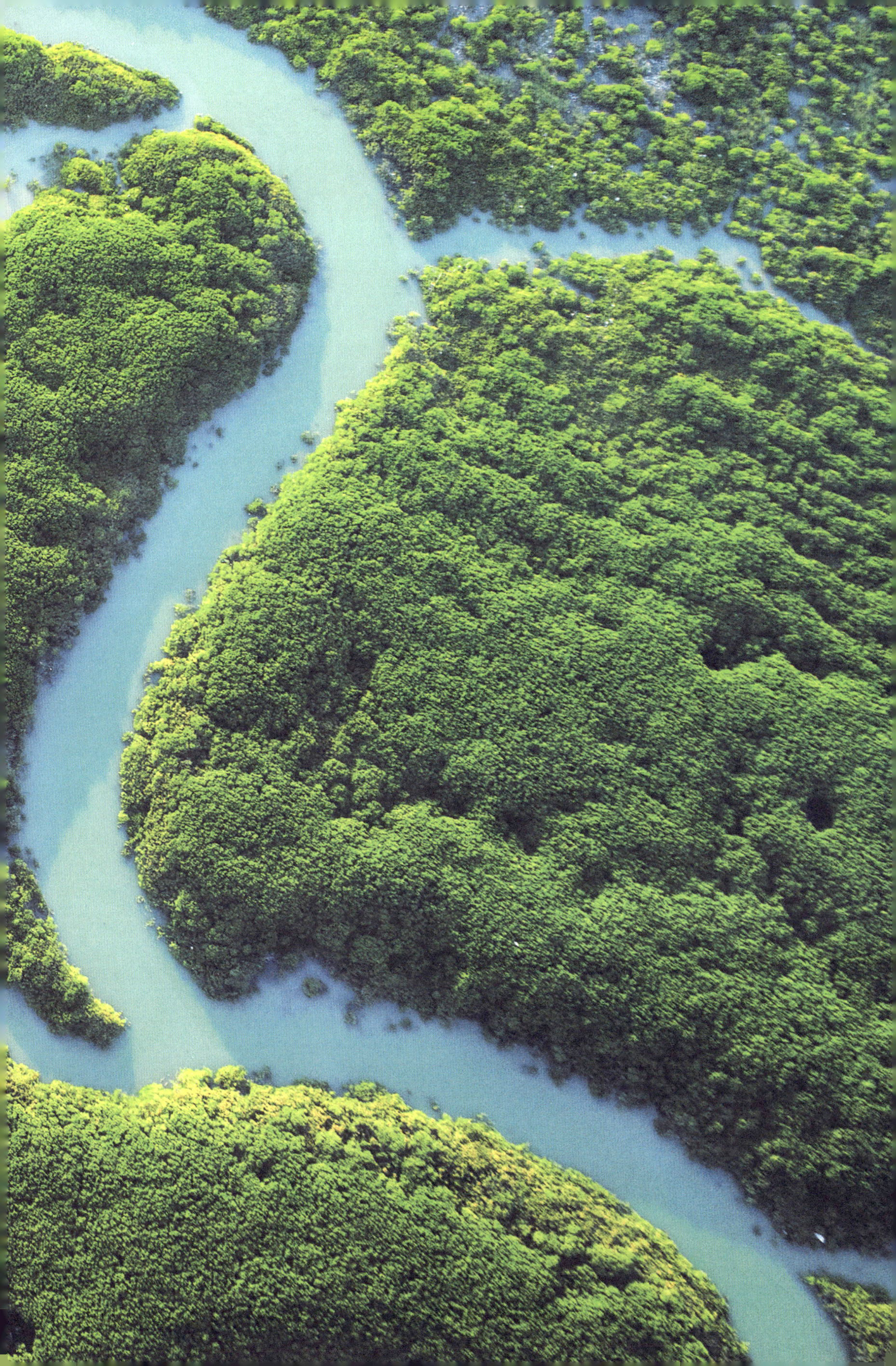

火山海岛

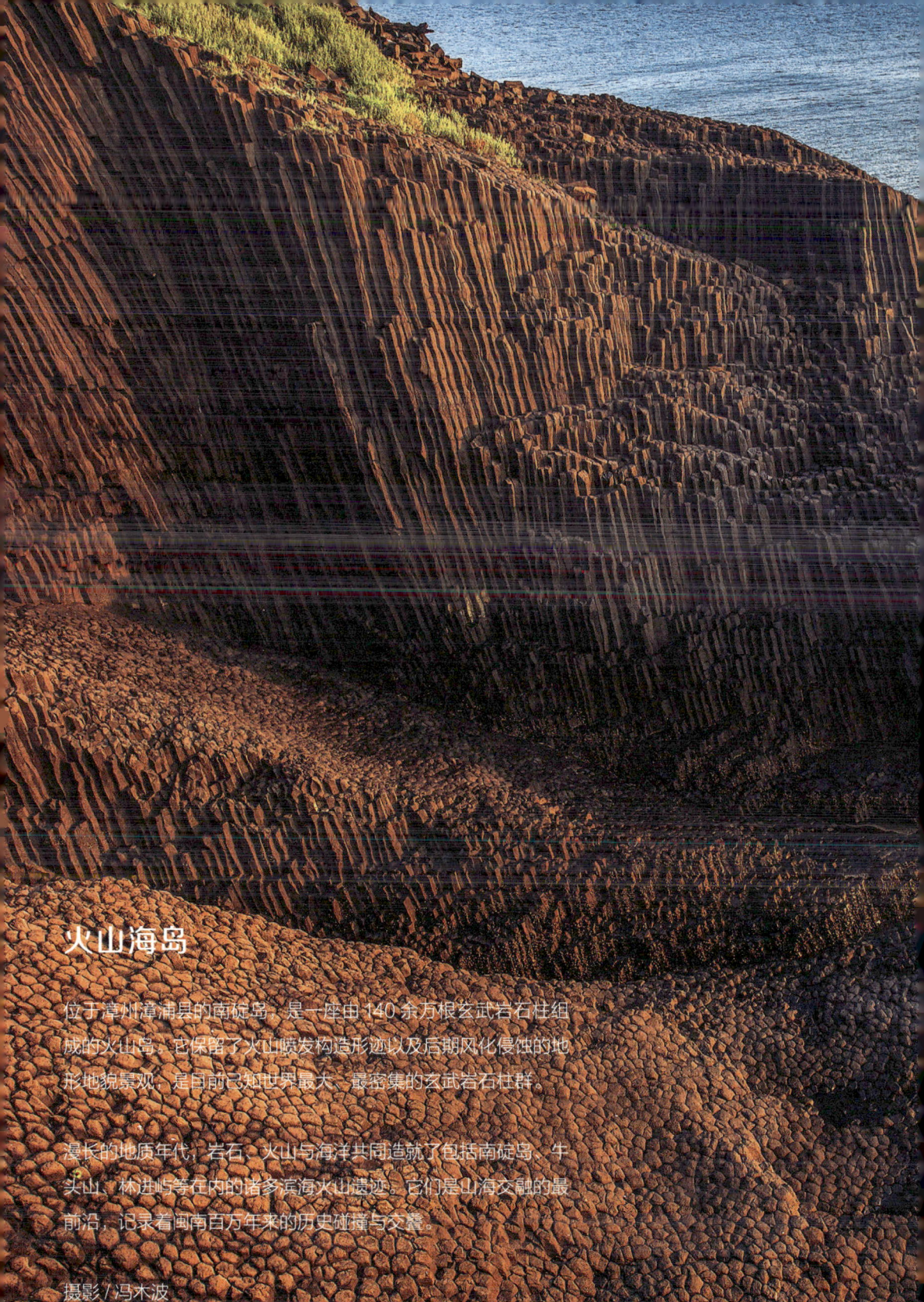

位于漳州漳浦县的南碇岛，是一座由140余万根玄武岩石柱组成的火山岛。它保留了火山喷发构造形迹以及后期风化侵蚀的地形地貌景观，是目前已知世界最大、最密集的玄武岩石柱群。

漫长的地质年代，岩石、火山与海洋共同造就了包括南碇岛、牛头山、林进屿等在内的诸多滨海火山遗迹。它们是山海交融的最前沿，记录着闽南百万年来的历史碰撞与交融。

摄影/冯木波

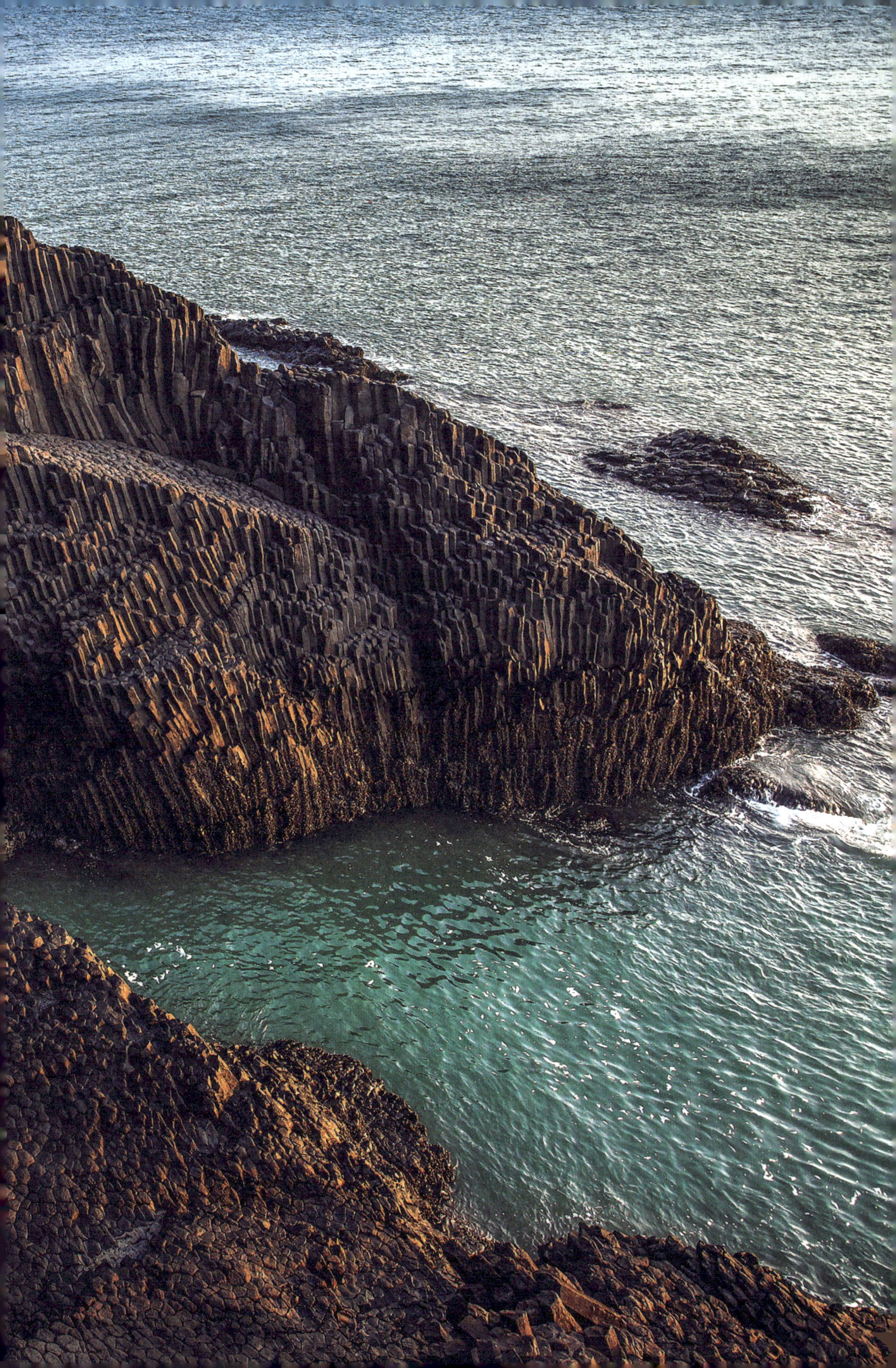

从泉州港、月港到厦门港——闽南海洋文化重心的迁移

文 萧春雷

近千年来,闽南地区的出海口凡三变:泉州港、月港、厦门港,闽南海洋文化的重心亦随之日移。然而每个时代,闽南的经济社会都呈现不同的面貌:时而波澜壮阔,万死投荒;时而慷慨悲歌,椎心泣血;时而空谷跫音,千山独往……一部闽南港口变迁史,就是半部中国海洋史。

雨夜。出租车从水门巷拐进竹街,街道狭窄而老旧。我撑着伞下车步行。"市舶司遗址?就在水仙宫,前面过了桥右拐。"杂货店的老板热情地说。没走多远,果然出现一座小桥和水沟。水沟犹如深巷,草色暗绿,流水哗哗。沿沟边小路走上数十米,看到水仙宫横跨水沟之上,墙边立着石碑:宋泉州市舶司遗址。

昏黄的路灯下,水仙宫紧闭,雨点打在宫前铁皮屋顶上,铮铮作响。据记载,福建市舶司设立于北宋元祐二年(1087),元朝仍之,明成化十年(1474)迁往福州,在泉州延续了387年。市舶司是类似现代海关的官方外贸管理机构,正是在它的存续期间,泉州港大放光芒,以刺桐港闻名于世。

想当年,这条水沟,或者说内河,应该更大。一艘艘远洋归来的木帆船从晋江驶入笋浯溪,再通过内河鱼贯而入,来到福建市舶司查验、完税,才被允许卸下异域货物。水仙宫应该是后来的建筑,出现在这里并不意外。福建海神众多,包括通远王、妈祖、水仙宫、真武大帝等,都有保佑海上平安的功能。出海之祈风、求福,回港之还愿、答谢,船员都要与神明交流。

闽南人的航海故事,在这个夜晚,化作了阵阵冷雨,澎湃不息。我该如何讲述呢?

泉州人大航海

今天被称为闽南的地区,包括福建南部的泉州市、漳州市和厦门市,又称"闽南金三角"。福建全境皆山,但闽南负山面海,拥有福建"四大平原"中的两块——九龙江下游的漳州平原和晋江下游的泉州平原,自然条件最为优越。闽南还是一个文化单元,厦漳泉三地的1000多万人口,都说闽南方言,风俗相近,被称为闽南人、河洛人或福佬人。

闽南地区的最早居民应该是闽越族。汉武帝灭闽越国后,将闽越人迁徙一空。三国以后,汉族入闽,从闽北、闽东南下,东晋已经抵达泉州,所以有"晋江"之名。隋唐之际的泉州地域辽阔,差不多等于整个闽南。公元686年,唐朝割泉州南部、潮州北部地设漳州,闽南地区两大板块粗具雏形。

泉州港很早就开辟了海外航线。唐代记录著名僧人的佛教史书《续高僧传》说,南北朝时期,印度高僧拘那罗陀想回国,辗转来到梁安郡(泉州),再搭商船出海,很不幸,他的船只最后又飘回了广州。到唐代,泉州港已是中国四大港口之一,与交州、广州和扬州齐名。

北宋,因为西北陆上丝绸之路堵塞,宋廷乃致力于开拓东南海上丝绸之路,泉州港趁势而起。苏轼称:"福建一路,以海商为业。"经过数百年的开发,泉州地区人满为患,许多人被迫向海洋讨生活。北宋诗人谢履《泉南歌》写道:"泉州人稠山谷瘠,虽欲就耕无地辟。州南有海浩无穷,每岁造舟通异域。"

这个时候,中国的航海技术也有了很大进步。北宋开始使用指南针,这意味着海船可以远离海岸,横渡大洋。远洋贸易船——福船已经成形。福船又称福建船,是我国帆船时代的三大船型之一,特点是底尖面阔,首尾高昂,具有水密隔舱,特别适合越洋贸易。宋代吕颐浩《论舟楫之利》称:"故海舟以福建船为上,广东、西船次之,温、明州船又次之。"福建的造船水平领先全国。

宋代泉州商人扬帆出海,无远弗届。他们北上高丽(今朝鲜半岛)、日本、琉球,南下交趾(今越南北方)、占城(今越南南方)、阇婆(今印尼爪哇岛)、三佛齐(今印尼苏门答腊岛)、真腊(今柬埔寨),更利用优越的航海技术,横渡印度洋,同印度半岛、阿拉伯半岛、波斯湾沿岸和东非海岸进行贸易。

称泉州港"梯航万国",当然夸张,但仔细盘点,也接近"梯航百国"了。成书于南宋开禧二年(1206)的赵彦卫《云麓漫钞》记载,与泉州港有贸易往来的国家和地区31个;1225年,赵汝适写《诸蕃志》时,增加到了57个;元代,成书于1349年前后的汪大渊《岛夷志略》,泉州港的贸易伙伴增加到98个国家和地区。

这是中国人的地理大发现,一个全新的海洋世界,敞开在泉州人的面前。数十年后,明朝以倾国之力打造的伟大航行——郑和七下西洋,不过是重复宋元泉州民间海商开创的旧航线而已。

泉州港的鼎盛时期是南宋和元朝。公元1127年,金兵攻陷汴梁,宋高宗迁都临安(今杭州),泉州突然变成了地近京畿的港口。公元1129年,朝廷移南外宗正司于泉州,随之而来的339名皇亲国戚,成了消费进口奢侈品的主力。泉州港一举超越了历史悠久的广州港。宋元鼎革,泉州港没有经受战乱,继续保持繁荣到元末。

元代,两位周游世界的大旅行家见证了泉州港的盛况,并留下记录。

1292年,马可·波罗一行从福州出发,"到第五日晚上,抵达宏伟美丽的刺桐城。在它的沿岸有一个港口,以船舶往来如梭而出名……刺桐是世界最大的港口之一。人抵两人五来了此,货物堆积如山,买卖的盛况令人难以想象"。

1347年,摩洛哥人伊本·白图泰也来到刺桐港,他描述说:"渡人洋海,所至第一城,即刺桐也……刺桐港为世界上各大港之一。由余观之,即谓为世界上最大之港,亦不虚也。余见港中,有大船百余,小船则不可胜数矣。"

涨海声中万国商

泉州又称刺桐城、刺桐港,因五代节度使留从效扩建城池、遍植刺桐树而得名。我想弄明白,马可·波罗和伊本·白图泰描述的刺桐港在哪里?发现学界争议很大。

有人说,当时的泉州港并非一个港口,而是散布在泉州海岸的"三湾十二港"(泉州湾的蚶江、石湖、后渚和洛阳港,深沪湾的祥芝、永宁、深沪和福全港,围头湾的金井、东石、安海和石井港)总称。然而,这十二个港口多数很小,并非人烟辐辏、刺桐夹道、百舸争流的"刺桐港"。

傅宗文先生在《宋代泉州港的崛起与港口分布》中说:"根据文献著录,泉州港港口先后只有三处,即南关港、石井港和后渚港。"

1974年,考古人员在洛阳江口的后渚海滩出土了一艘宋末的沉船,学术界因此相信,后渚港就是刺桐港的主港。多年前,我曾探访过后渚港,那里江面空阔。岸边是一个冷冷清清的货运码头,立着一块"马可·波罗出航处"石碑,称1291年蒙古公主阔阔真前往波斯完婚,马可·波罗随行,就是从这里启航的。有些泉州学者不赞同后渚港即刺桐港的说法,原因是古籍很少提到后渚港,并且后渚离泉州城十几里,翻山越岭,交通不便。

石井港更远，甚至不在泉州湾内，而是坐落于厦门湾东北的安海湾内，又称安海港、安平港。安海是泉南商业重镇，距离刺桐城陆路四五十里，只能算外港。

这样算下来，刺桐港很可能就是城外的南关港了。泉郡富美宫外面，江滨北路双向车道之间，竖着一块富美古渡的石碑。可惜晋江早已不再通航，从富美古渡顺晋江而下，江岸的码头都已消失。在法石社区，文物部门新修了文兴古码头和美山古码头，像是遗址复原图，一排空旷的石级渐渐没入水中。

宋元泉州港位置图

泉州港位于晋江下游泉州湾，包括后渚、石湖等港口。港内水域宽阔，水陆交通便利，又有较为宽阔的腹地，自古是天然良港。

泉州的古代繁华还是在南关留下了不少踪迹，天后宫和德济门都是见证。天后宫祀莆田湄洲女神林默娘（俗称"妈祖"，后封天妃、天后），始建于1196年，以海上保护神闻名。从泉州港出发的商舶，把妈祖信仰传遍东亚，成为华人世界最著名的航海女神。天后宫前，就是始建于1230年的泉州古城南门——德济门，是泉州古城七座城门中唯一保留下来的遗址。

南门外是古泉州商业中心。现在依然可以看到不少历史遗迹，聚宝街、青龙巷、李贽故居、来远驿遗址、车桥头、富美宫、富美古渡等。20世纪20年代，著名海外交通史专家张星烺先生访泉州，认为泉州"盖宋元时代之上海也"，而南门外的晋江畔，则是"当时之黄浦江西"。

公元10世纪至14世纪，以阿拉伯帝国和中华帝国两大文明最为强盛，泉州港的主要贸易对象就是大食（阿拉伯半岛）、波斯（伊朗）和散布于南亚、东南亚的阿拉伯商人，进口货物主要是香料、药材和珠宝，出口货物是丝绸、瓷器等手工制品。

阿拉伯人是天生的商人，四海为家，许多人长年生活在中国，形成特殊的聚落——蕃坊。唐代以前，他们主要通过陆路来华，定居于武威、长安等地；宋代改走海路，定居于广州、泉州、杭州、扬州等口岸。据称，宋代有"化外人，法不当城居"的惯例，所以泉州的蕃商聚居于南门外街区，号称蕃人巷。全盛时

作为元代留存至今的航标塔，六胜塔见证了泉州港几百年的兴衰起落。如今塔下的石湖港已成泉州最主要的现代集装箱港，六胜塔仍从精神层面，指引着泉州人的海上归途。摄影/张梓昌

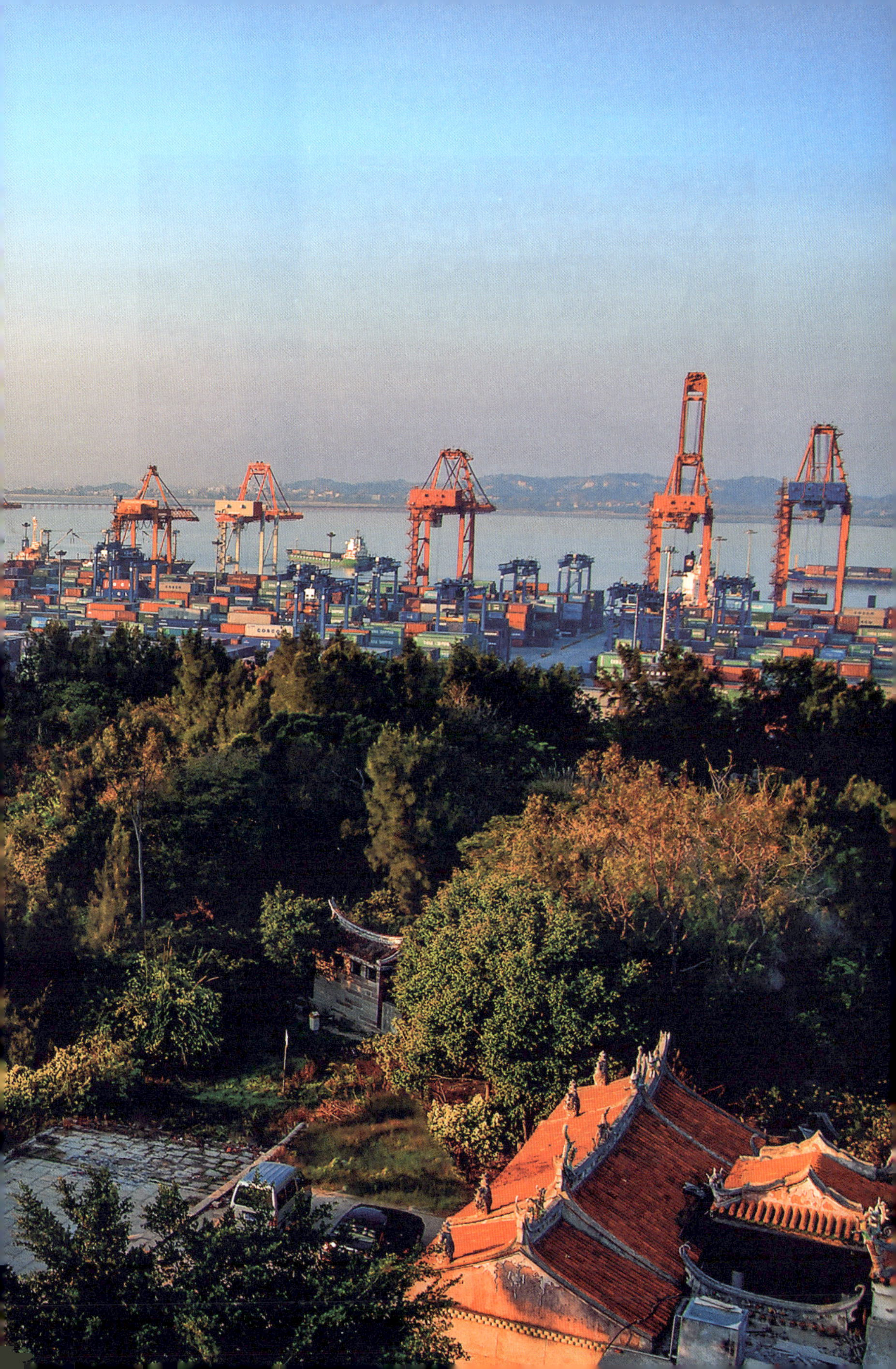

泉州城自唐代建成后几经扩建。南唐扩城时，辟罗城，共七门，图中交通环岛的中心，即罗城北门——朝天门。如今，泉州城规模远超过去，朝天门成为标记过去的地标性建筑。摄影 / 陈英杰

宋元刺桐港的海上贸易盛极一时，蕃商云集。上千年过去，这些异域商人融入泉州社会的历史，如今跨越时空，活跃在泉州人的木偶戏中。摄影 / 方托马斯

期，泉州的蕃商不下数万，古人形容说"涨海声中万国商""市井十洲人"。宋朝对蕃商十分友善，因为他们多信奉伊斯兰教，习俗与中土迥异，特别准许他们自己推举蕃长，管理蕃市、蕃学、清真寺和公共墓地，拥有一定的自治权力。

为了增加税收，宋朝鼓励海外贸易。1132年，朝廷责成福建提举市舶司"务要招徕蕃商，课额增羡"。招商成绩如何，是历任泉州知府的政绩考核内容之一。泉州的蕃商家财巨万，社会地位又高，乐不思蜀，往往数世而居。论招诱舶商来港，他们最有条件，呼朋引类，逐渐形成一股重要的势力。南宋末年，蒲氏家族登上政治舞台，竟然左右了泉州港的命运。

蒲寿庚是阿拉伯人，世代以海商为业，先祖从占城迁广州，再迁泉州。蒲寿庚因贸易发家，因剿平海盗得官，被宋廷委以福建市舶司提举等要职，是当时泉州集权力与财富于一身的显赫人物。

1276年，元军破临安，俘宋帝。陆秀夫、张世杰等人拥立宋端宗南逃，路过泉州，蒲寿庚闭门不纳。张世杰抢走蒲寿庚400只货船，蒲寿庚尽杀城内宋室宗族3000余人，举城降元。元朝对这位宋朝旧臣的奖赏是，让其担任"闽广大都督兵马招讨使"，并兼管"福建广东市舶事"。从伦理的角度看，蒲寿庚对厚待他的宋室不忠不义；但从地方利益看，蒲寿庚降元，让泉州避免了改朝换代的战乱，是一件好事。

元朝也鼓励海外贸易，在蒲寿庚、蒲师文父子以及蒲师文的女婿那兀纳的主导下，泉州港的贸易进入鼎盛时期，成为世界第一大港。

元朝实行民族歧视政策，将国人分为蒙古人、色目人、汉人和南人（南方汉人）四个等级。蕃商是色目人，趾高气扬；泉州本地人属南人，地位最低。色目人内部存在教派之争。大食商人蒲寿庚是逊尼派，但泉州的蕃商更多来自波斯，属于什叶派。元末，波斯人主导的蕃商武装军队"亦思巴奚"介入福建地方政争，荼毒泉州、兴化和福州地区十年，又与蒲氏家族翻脸，最后演变为叛乱和种族仇杀。1366年，割据福建的元将陈友定派其子陈宗海攻破泉州城，闭门屠杀三日，聚歼高鼻深目的色目人。泉州的海外贸易受到毁灭性的打击。

经此重创，劫后余生的蕃商纷纷隐姓埋名，或远走高飞避祸。经过明清数百年的融合，绝大多数蕃商消失在汉人族群中。个别残余的穆斯林家族，例如晋江陈埭丁氏、惠安百崎郭氏，都已经中国化，建起了宗祠，与汉族通婚；永春蒲氏还在制作线香，当年蒲氏家族庞大的香料王国，还留下一缕香火。

海洋贸易促进了经济发展，也有益于文化。宋代泉州登进士第者很多。南宋诗人刘克庄《泉州南郭》描写道："闽人务本亦知书，若不耕樵必业儒。惟有桐城南郭外，朝为原宪暮陶朱。"古人有农为本商为末的观念，这首诗的意思是，

洛阳桥又名万安桥，建成于"己亥岁"（1059），为中国历史上第一座跨海石桥。因处在洛阳江入海口，桥墩底部采用分水尖、海蛎加固等设计以抵御水流冲击。
摄影 / 方托马斯

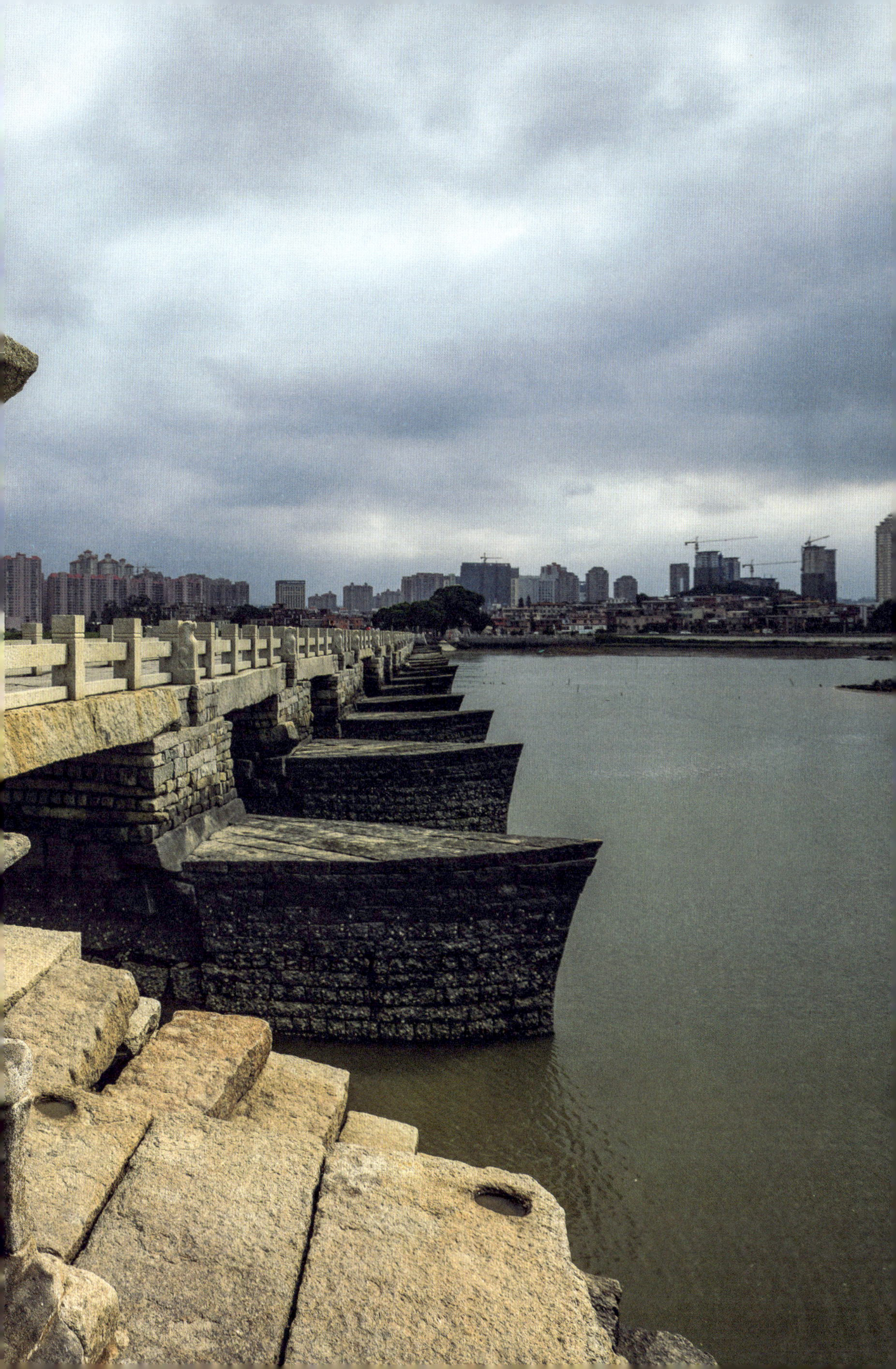

南门外的商业气氛，让泉州人读书经商都很出色。明清以后，泉州港虽然衰落，但海洋贸易、多元宗教和蕃商血统，塑造了泉州人的海洋文化性格和重商主义传统。直到今天，泉州人开办工厂，行销商品，依然是一把好手。

走私与"倭寇"

泉州港的衰落有许多原因，战乱破坏、蕃商散失、港口淤塞等，但这些都是可以重建的，最根本的原因是明朝的海禁政策。与宋元不同，明朝恐惧和防备大海，在东南海岸建造了无数海防卫所，再三重申"片板不许下海"。府城眼皮下的泉州港，遂无用武之地，终于变成了供人缅怀的遗址。

然而，在官方统治力量薄弱的漳州海滨，福建的海洋文化以走私的方式卷土重来。

漳州位于福建最南部，包括九龙江、漳江、东溪等流域。隋唐之际，这片土地的主人是少数民族。唐初陈政、陈元光父子率河南光州固始县数千府兵前来平乱；公元686年，唐朝割泉州、潮州地设漳州，任命陈元光为首位刺史。后人因此奉陈元光为"开漳圣王"，随陈元光南征的87姓府兵，落地生根，成为漳州各姓的入闽始祖。

九龙江下游的漳州平原土地肥沃，适合农耕。泉州人闯荡大海时，漳州人过着田园牧歌生活，岁月悠悠。"行船跑马三分命"，不到万不得已，没人愿意向凶险的大海讨生活。到了明中期，漳州土地开发殆尽，人满为患，漳州人被迫铤而走险。在家人饿死与违法下海之间，选择很容易。曲折而荒凉的漳州海岸上，出现了无数秘密的走私港，例如南澳、梅岭、云霄、浯屿、月港……最后唯有月港修成正果。

月港位于九龙江入海口，原名海澄，明代为漳州府龙溪县地，离龙溪县治（今漳州市区）路途遥远。月港的自然条件并不好，河道较浅，大型海舶出入，必须乘潮用几艘小船牵引；但是附近沙洲连绵，航道复杂，便于躲避追捕；一潮而至厦门湾，有数十座无人岛可供藏身；出南太武山脚下的浯屿，就消失于茫茫外海。

大约1500年前后，月港已经相当繁华，有"小苏杭"之称。明崇祯《海澄县志》载："正德间（1506—1521年）豪民私造巨舶，扬帆他国以与夷市。"不久，漳州走私海商就与落魄海上的葡萄牙人遇上了。原来，葡萄牙船队到广州港请求通商，吃了闭门羹，无奈之下也搞起了走私。漳州人把葡萄牙人领到了家门口浯屿，再带到浙江舟山双屿，以及更远的琉球、日本。没花多少时间，以浙江双屿、福建浯屿为中心，中葡走私海商就建立起一个由日本、中国东南沿海和

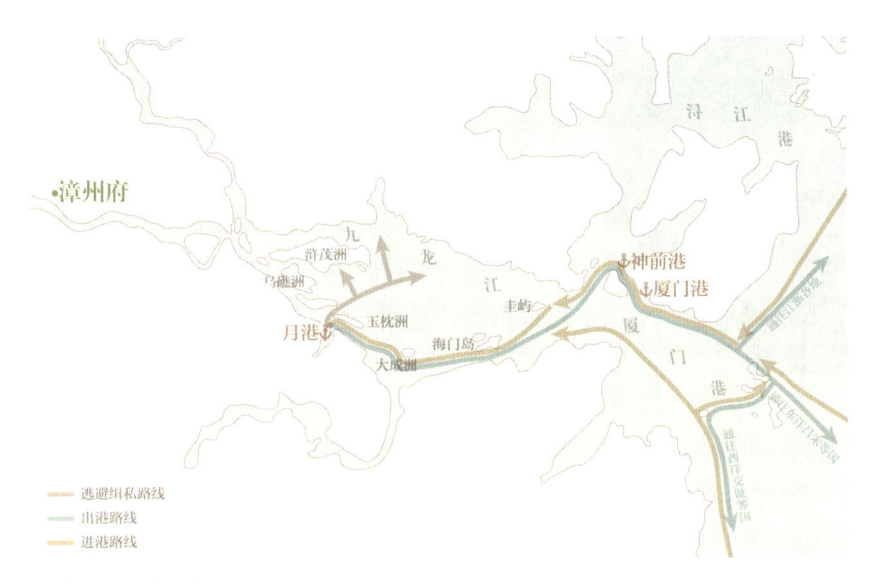

明代漳州月港位置图

月港处在九龙江入海口，河道较浅，港口自然条件并不优越。但附近沙洲连绵，港汊较多，易于躲避，有利于海禁情势下开展海上贸易走私活动。

东南亚构成的大三角贸易网络。

海上无事，唯有走私在秘密进行。1547年，明廷派朱纨提督闽浙海防军务。朱纨执行海禁政策特别认真，立即派军捣毁了双屿和浯屿，还将中西走私海商当成海盗一路追杀、斩首，激起了民变。走私商人真的变成了海盗，东南沿海陷入了20年大动乱，史称"嘉靖大倭寇"。千里海疆同时告警，不知从哪里涌出成千上万的倭寇，到处烧杀掠夺，甚至深入内地百余公里，围攻卫所、县城和府城。

许多学者指出，嘉靖年间的倭寇往往是"假倭"（中国海盗冒充），与此前或此后的倭寇（日本海盗）不大一样。实际上，嘉靖年间的倭寇团伙，首领均为中国人；日本海盗比例大约在10%～30%之间，且地位较低；中国人里面，又以福建漳泉人为主，浙江温州人、台州人、宁波人为辅。所谓"倭乱"，更像中国海商领导的一场民变。那么，他们为什么要冒充倭寇呢？主要原因是《大明律》规定，叛乱要株连九族，冒充倭寇可以保护家人；对于官军来说，倭寇的首级奖赏更高，失败了也好推卸责任。海盗与官军之间，形成了一种心照不宣的共谋关系，谁也不愿意戳穿。

读乾隆《海澄县志》"寇乱"，我发现明中期以前，180年间只发生过两三起"山寇"侵掠村镇的事件。而"倭乱自嘉靖二十八年（1549）起，至隆庆三年（1569）止，凡二十一年"，共发生了16起倭寇来袭事件。

海澄倭乱的始与终，两个时间点耐人寻味。1549年明军摧毁浯屿，当年就爆发第一起倭乱；1567年朝廷开放月港通洋，第二年倭乱就宣告终结。这意味着"走私商人""倭寇"与"海商"应是同一批人，在不同的国家政策下进行身份转换。为了谋生，走私者宁愿行贿官军，无意反叛朝廷；唯有海禁过严，走私而不可得，他们才变成杀人越货的海盗；一旦政府准许通商，他们就金盆洗手，变成合法的海商。也就是说，海禁则"倭乱"兴，海通则"倭乱"灭，这是朝廷政策决定的，靠戚继光、俞大猷的军队无法彻底解决倭寇问题。

海澄人也不避讳月港是海盗窝。嘉靖年间，月港士绅三次上奏朝廷，请求从龙溪县分离出来，单独设县。李英《请设县治疏》说，月港地偏人稠，盛产盗贼，通番作乱。为什么要设县呢？他说便于官府就近管制，也便于好人检举奸徒，灭动乱于萌芽。

这理由朝廷爱听。隆庆元年（1567），海澄县双喜临门：一是割龙溪县、漳浦县地设海澄县，寓意"海疆澄静"；二是月港开市，准贩东西二洋。

嘉靖末年，开放海禁已成朝野共识，但最终选定月港，有过一番争论。有人主张在浙江宁波定海关（今镇海）立市，反对者认为江浙财赋重地，倭寇狡猾，恐再生出事端；福建巡抚涂泽民力主在漳州月港开市。都司戴冲霄亦说，江浙海滨之民有鱼盐之利足以谋生；福建漳泉地区多山少田，平常就要仰赖广东惠潮之米，一旦商舶不通，米价腾贵，百姓怎么过活？"福乱不已，浙直之患何时而靖乎？"想想也是，海外贸易对于江浙来说可有可无，对于福建却是生存必须。

月港的海洋世界

晚明依然闭关锁国，但开放了两个小小的港口通商，且功能相反：一是广东澳门，允许夷船入港，不许华船出海；二是福建月港，只许华船出海，不许夷船入港。这是空前绝后的历史机遇，月港商人垄断了明帝国的海上贸易。

月港通洋期间，漳州平和县生产的克拉克瓷，颇受追捧。这些用于出口的青花瓷，与布匹、丝绸等其他物产，沿九龙江顺流而下，远销东南亚、欧洲等地。供图 / 李振华

月港的贸易区域,一是东南亚的越南、柬埔寨、马来西亚和印度尼西亚地区,称西洋;一是菲律宾、琉球和日本,称东洋。因为"倭寇"的原因,日本彻底得罪了明朝,被列入禁运名单。但不少海舶驶离南太武之后,会再拐到日本,获利更高。禁令的一大功能是增加了走私的利润。

此时发生了一件大事,西班牙人从美洲横渡太平洋而来,占领了吕宋(今菲律宾)。西班牙人需要大量的中国生丝、丝织品和瓷器,但菲律宾没有中国人需要的东西,幸好秘鲁和墨西哥发现了大银矿。银子是中国需要的。西班牙人于是开辟了横渡太平洋的"马尼拉大帆船"航线,把美洲的白银一船船运来与中国人交换。从菲律宾返航的中国商船,满舱都是白花花的银子和大米。月港与马尼拉的贸易,亦成为西班牙、墨西哥、马尼拉跨洋贸易网络的延长,堪称"白银之路"。

明末荷兰人也来到了厦门湾,请求通商未果,于是强占澎湖,袭击月港与马尼拉的航线,并进入九龙江烧杀掠夺。他们变成了真正的海盗。1624年,福建水师突入澎湖,筑城对峙,准备决战。一个侨居日本的泉州海商李旦出面调解,荷兰人同意退出澎湖,福建官府则默许他们占用台湾。

宋元时期,泉州海商几乎独霸海洋,所向无敌。但明代的漳州海商恰逢欧洲人的大航海时代,被迫与葡萄牙、西班牙、荷兰舰队竞争,活动空间更小,局限于东亚海域,生存环境也更险恶。一方面,他们经常被朝廷当成"倭寇"追杀;另一方面,他们又受到欧洲强盗的残害——西班牙人在马尼拉一次屠杀华侨两万多人,消息传回,海澄一片哭声;荷兰人频频袭击中国商船,将船员掳掠到澎湖服劳役、爪哇岛做苦力,死者甚众。幸好漳州海商本来就出身于走私,视死如归,舍命相搏,成为一股举足轻重的海上势力,厦门湾亦因此成为我国海洋贸易的中心。

南太武山海拔562米,是坐落于九龙江口漳州海岸的最高峰,山顶有宋代的延寿塔(毁于20世纪60年代),指引厦门湾的主航道。延寿塔在宋代没有派上用场,明代却是漳州海商最熟悉的航标,海船均从南太武放洋,或望塔而归航。

我国古代航海家依据指南针记录下来的航线,叫"针经""针谱"或"针路簿"。16世纪成书的明"针经"《顺风相送》,因最早记录钓鱼岛而闻名。该书共记载了国内发、回的36条航线(西洋19条、东洋17条),其中4条属于广东、5条为福州五虎门、4条为莆田湄洲、3条为泉州,其余20条为漳州太武山、浯屿。明人留下的海道针经本来就罕见,目前已知的,就有好几种是漳州人的著述。除了《顺风相送》,还有"漳郡波吴氏"的《指南正法》、诏安人吴朴的《渡海方程》,以及龙海人张燮的《东西洋考·舟师考》。他们勾勒出来的明

玉枕洲是悬于九龙江入海口的一座小岛。岛上居民以养殖业为主，靠渡船往来于海澄码头与岛上。明代海澄月港时代的繁华，现今已消散在玉枕洲的船来船往中。

摄影／罗闽荣

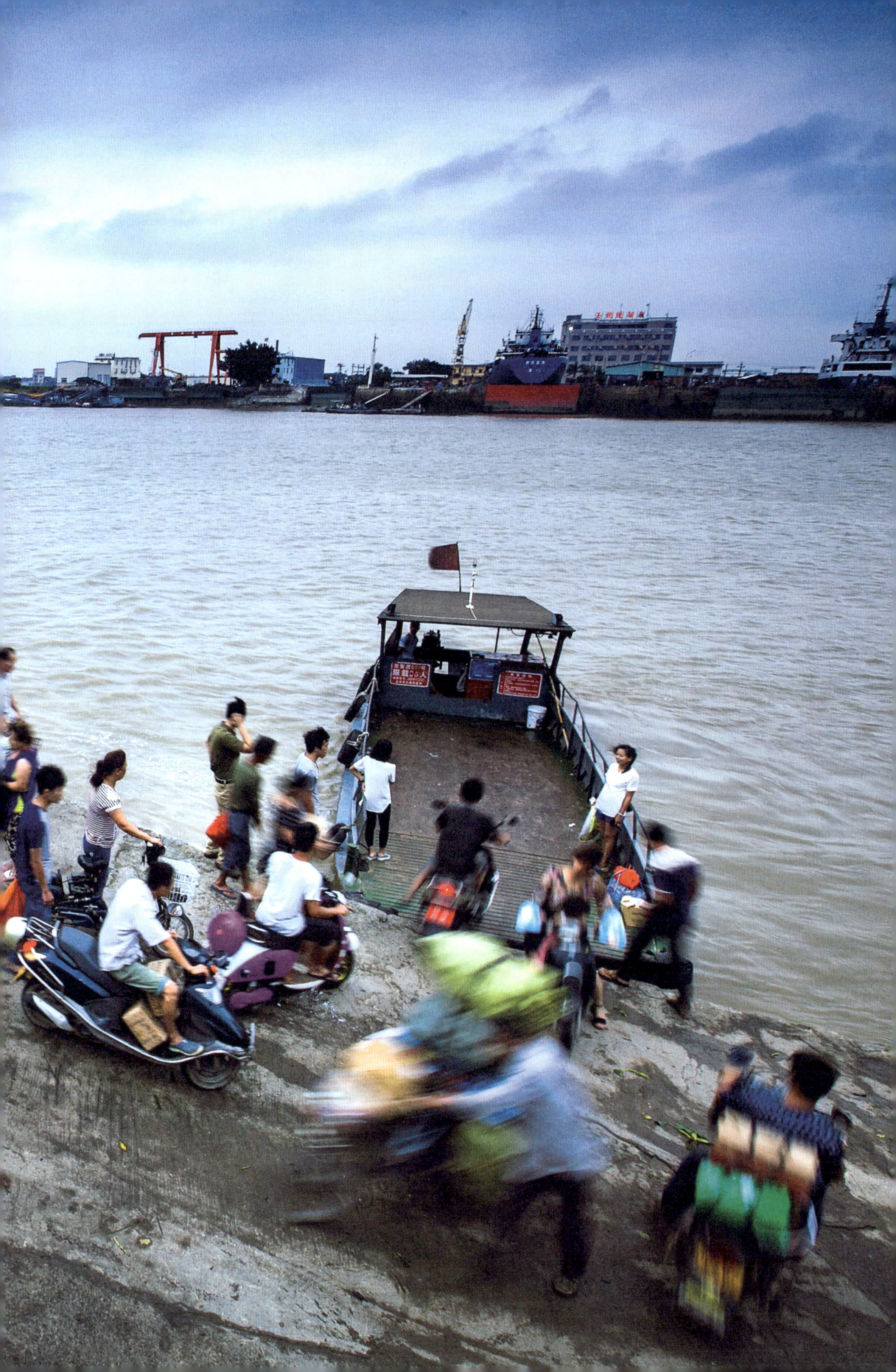

代海洋世界，均以厦门湾的南太武山为航线起点和终点。

很可惜，吴朴于1537年刻印的《渡海方程》已经亡佚。明人董谷曾于1553年读到此书，在《碧里杂存》中记载说："其书上卷述海中诸国道里之数……每至一国，则云此国与中国某地方相对，可于此置都护府以制之。直至云南之外，忽鲁谟斯国而止，凡四万余里。"忽鲁谟斯国，有人考据是霍尔木兹海峡中的一个小岛。吴朴的意思是，中国应该效仿汉唐，在长达四万里的西洋航线（从南海跨印度洋到波斯湾）上，一路选择重要口岸建立海外都护府，保护中国的海洋利益。这种海权思想，在当时堪称空谷足音。

但是月港通洋，为的是商业贸易，文化交流很少。海澄形成了通洋致富的社会风气，几乎全民参与。生活富足，没人去做海盗了，社会上流行炫富斗奇。马尼拉的西班牙人红砖别墅，看着神气，月港商人回到家乡模仿建造了红砖大厝，不久便风靡整个闽南。与中国各地的青砖灰瓦建筑不同，红砖红瓦的闽南大厝完全无视传统礼制和朝廷法令，彩瓦覆顶，屋脊高翘，俨如一座座皇宫，尽情炫耀着财富和存在感。九死一生回乡，海盗都做过，还有什么是不敢的？

月港通洋，带动了整个漳州地区的经济发展。月港上游十里的石码（现龙海市所在地），位于九龙江西溪、北溪汇合处，是九龙江内河航运的中心。平和、南靖、龙溪、龙岩、漳平、华安、长泰等内陆地区生产的生丝、丝绸、瓷器、布匹、砂糖和铜铁器，顺流而下到石码、月港，然后出洋；月港运回的香料、大米和银元，也在石码换船散入各县。一个外贸口岸，需要经济腹地作为生产基地和市场。

从历史的角度看，月港贸易给中国带来的最深远影响，应该是农业。美洲是独立的农业起源地之一，驯化出番薯、烟草、花生（大花生）、番茄、菠萝等重要作物，它们被西班牙人带到菲律宾，然后被福建商人引种国内，改变了中国的农作物结构。

郑氏家族崛起

海商李旦调解澎湖危机时，由义子郑一官担任通译，周旋于明荷之间。郑一

明中后期的月港，来自欧洲、东南亚、美洲等地的商人往来交易其间，大量外来货币流入漳州。图为遗存至今的番银。供图/陈子铭

官是泉州石井人，这年21岁，身材魁梧，精明能干，早年去澳门加入了天主教。历史很有意思，1624年7月14日，荷兰人离开澎湖，前往台南大员（安平）安营扎寨时，郑一官远在日本平户的妻子田川氏产下一子，名叫郑森。他长大后，将要找荷兰人讨回台湾这块土地。

不久，郑一官就以郑芝龙的名字威震海疆，郑森则以郑成功之名彪炳青史。

李旦是泉州惠安人，通商马尼拉致富，后转到日本平户，成为当地华侨领袖，最早在台湾设立贸易据点。澎湖危机次年，李旦去世，庞大的产业被郑芝龙继承。郑芝龙以台湾为基地，拥众数万，与荷兰人既合作又竞争，亦商亦盗，击败大明水师，攻陷中左所（厦门）。1628年，郑芝龙突然接受招安，变为明朝的海防游击。

郑芝龙接受招安，并非走投无路，而是一种策略，冀望背靠明朝，与海上诸雄争霸。此时辽东战事孔急，明朝无力支付水师军饷，只好任由他继续以勒索"报水"（保护费）、走私等方式筹饷，结果福建水师变成了郑芝龙的私人武装。短短几年，郑芝龙崛起为东南海上霸主，平定了李魁奇、钟斌、刘香等多股海上武装，更于1633年在金门料罗湾海战中击败荷兰舰队——这是中国人首次大败西方海军。郑氏父子似乎是荷兰人的克星，若干年后，荷兰人还要再次败于郑成功。

因为荷兰人封锁和骚扰，月港贸易一蹶不振，明朝于1633年停止派遣督饷职官，等于正式宣告月港时代终结。但中西贸易的重心并没有离开厦门湾。招安后的郑芝龙，在厦门湾东北部、他老家附近的安海筑城作为总部，控制东南海上贸易，称安平港。《明季北略》称："自就抚后，海舶不得郑氏令旗，不能往来。每一舶例入三千金，岁入千万计。芝龙以此富敌国。"

明末的安平港，即古石井港，宋元时代泉州港的外港。然而这并非泉州港的还魂。安平港（石井港）本来就是厦门湾沿岸的一个港口，宋元时期，泉州鼎盛，它以陆路连接的方式加入泉州港贸易圈，分享泉州湾的繁荣。明清时期，大厦门湾兴起，安平港复归自己的地理定位，成为厦门湾的主港之一。

明清鼎革，郑芝龙再次玩弄招安的老把戏，这回却失败了。清军把郑芝龙劫持到北京，又攻破安平港，郑成功的生母田川氏被凌辱后自杀。郑成功因此与清朝誓不两立，他亲手毁掉安平港，以厦门、金门和海澄为根据地，收拢郑芝龙旧部，抗清十余年，打造出一支以闽南子弟兵为主的强大水师。1661年，郑成功横渡海峡，驱逐荷兰人，收复台湾。

中国东南的民间海商，原来只是一股和平的贸易力量，在官府、倭寇和欧洲强盗的刺激下，被迫武装自卫，最后凝聚为以郑成功父子为代表的闽南海上武装集团。他们纵横捭阖，毫不畏惧，对抗世界上最强大的陆上帝国和最强大的海权帝国。1663年11月，清军施琅、黄梧、马得功等部联合进攻金厦，终于得手，

甲午战争后,鼓浪屿成公共租界。各国传教士、台胞、华人华侨等定居岛上,兴建别墅、创办学校,建成今日闻名内外的"万国建筑博览馆"。摄影/林乔森

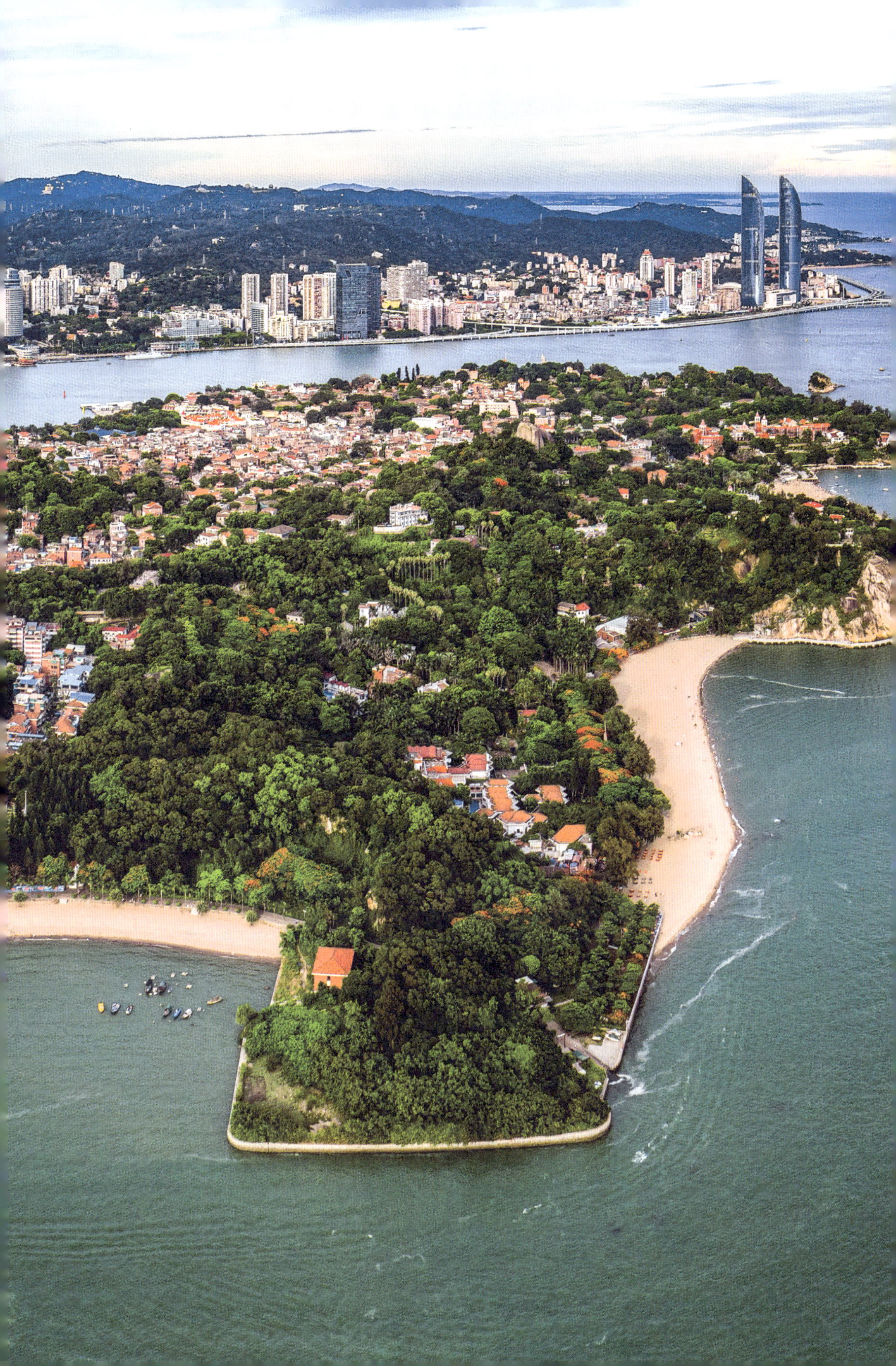

摧毁了厦门城。

1684年，台湾正式纳入清朝版图，隶属福建省。

厦门的大米航线

施琅将福建水师提督衙门设在厦门，并重建厦门城。厦门作为口岸的时代降临了。

厦门湾是一个半封闭海湾，海域面积约1500平方公里。在湾口地区，大小金门和大担、二担、三担、青屿、浯屿等岛屿排列成行，像扎了一排疏疏落落的栅栏，阻挡外海风浪。海湾西南属于漳州，九龙江滔滔西来，溯流不远就是月港；海湾北部，偌大的厦门岛带着鼓浪屿，扼守在九龙江入海口；海湾东北的安海湾属于泉州，安平港就在其中。

论港口的自然条件，厦门港最好，然而发展最迟。这是因为明朝1394年就在厦门岛设立中左所，厦门首先是一座海防重镇。明朝的国策是海禁，月港能够依靠走私起家，因为它正好远离国家权力中心；安平港能够重生，是因为郑芝龙出身海盗，在老家筑巢才放心。郑成功后来以厦门为基地抗清，厦门港依然是军港。

施琅平台后，上疏请留台湾并开放海禁。福建地方官员也屡屡上奏朝廷，请求开海。康熙皇帝倒很明理，知道百姓乐于沿海居住，原因是海上可以贸易捕鱼，说："先因海寇，故海禁不开为是。今海氛廓清，更何所待。"同意开海，设粤、闽、浙、江四海关，其中闽海关就设在厦门。

清代厦门的位置更加重要，这是因为台湾成为福建省的一个新府。作为海峡渡口，厦门是台海的中心，连接两岸的一块跳板。从1684年到1784年，清廷规定凡出入台湾之船，必须经由厦门与台南鹿耳门对渡航线，厦门因此独享百年台运之利。作为通洋正口，厦门港不但开辟了多条国内航线，每年还有许多商船前往南洋群岛贸易。1757年清廷将四口通商改为广州独口通商之后，厦门港的外贸仍然持续。

清朝的海洋政策不大稳定，时开时禁，总体说来是禁中有开，尤其对福建网开一面。1727年，闽浙总督高其倬向雍正皇帝上奏："福建沿海，地狭人多，本地所产，不敷食用，惟开洋一途，藉贸易之赢余，佐耕耘不足，贫富均有裨益。"其后，厦门重开南洋之禁。

高其倬的奏折有说服力，是因为他指出了一个残酷的事实，福建粮食短缺，不开海要出人命。高其倬说：闽中大陆八府，只有闽江上游的建宁、邵武和延平三府大米过剩，但只足于弥补福州府的缺粮。汀州府每年缺三个月的粮，幸好可以就近从江西补充。兴化府好年头可以自给自足,坏年头要进口一半的大米。闽南泉州、漳州二府缺粮最多,最好的年头也只能自给一半,并且以番薯为主食。闽南地区人口约130万,每年缺少60%~75%的大米,这意味着每年需要进口120万~150万石(每石等于138.75斤)。

也就是说,清代泉州、漳州二府倾地力之产,每年还缺40万人的口粮。如果没有大米运进来,这些人就要饿死。闽南的周边——莆田、福州、汀州和潮州,全是缺粮区。闽南人的唯一生机就是出海。

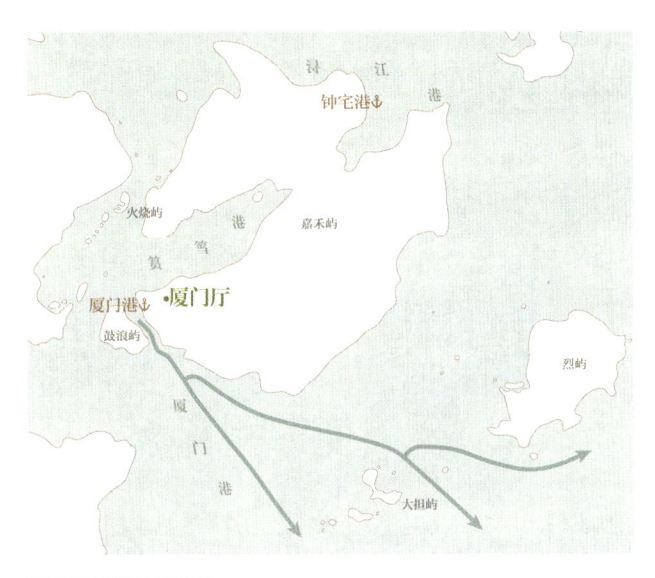

清代厦门港位置图

厦门港南临九龙江出海口,北近晋江出海口,水深岸线长;港外有浯屿、大担、金门等岛屿环绕,避风条件好,不冻不淤,为东南沿海区域的天然良港。

闽南人的救命大米来自哪里?新加坡学者吴振强在《厦门的兴起》中做了详细研究,指出:台湾大约可以解决100万石,由台湾台南市的安平港直接运到厦门港。长江流域的四川盆地、江汉平原是著名产粮区,多余的大米输送到下游的苏州米市。闽南商人在苏州买米,由运河运送到乍浦或内河运送到上海,再海运抵达厦门,每年可解决50万~100万石。广西和山东也可以供给一些粮食。此外,闽南商人也经常从暹罗、柬埔寨、安南等地采购大米。厦门因此成了东南沿海的大米中心市场,就近向广东潮州,甚至浙江的温州、台州供应粮食。

就这样,清初,大米贸易迅速为厦门港建构起三条生命线。第一条海峡对渡:厦门—台南;第二条北线:厦门—宁波—苏州—胶州—天津;第三条南线:厦门—广州。另外还有一条南洋航线:厦门—东南亚地区。当然,行驶在这些航线上的帆船,运送的除了大米,还包括闽南土产、台湾蔗糖、南洋珍宝,以及我国南北的各种货物。

厦门港的兴起不是因为丝绸、瓷器或茶叶,而是粮食。实际上,清初以厦门为中心的贸易网络可以更恰当地称为大米航线。它们关系到数十万人的生死。唯其必需,所以强韧。清朝虽然不时折腾一下海禁,但始终不敢禁断大米航线,担心激发民变。在创建和维护大米贸易网络的过程中,闽南民间海洋力量重新聚集,以厦门为基地,垄断了中国的海上贸易。

思明北路为纵向贯穿厦门老市区的主干道之一。20世纪70年代前，思明北路连接着厦门水陆联运港口，商贸繁荣。今天走在满是民国骑楼建筑的思明老街，仍能感受昔日老厦门的风情样貌。摄影／潘建鹏

1841年8月26日，英军进攻厦门，第二天便占领了厦门城。根据《中英南京条约》，中国开放广州、厦门、福州、宁波、上海五口通商。1843年11月1日，厦门开埠，成为近代全球贸易网络的一个节点。

五口通商，重塑了近代中国港口的地理分布。广州港原来是中国最大的港口，被上海港超越，这是因为上海拥有更辽阔的腹地——长江中下游流域，还因为广州、福州的"反入城运动"迟滞了发展；而宁波，由于接近上海，也被其光芒所淹没。厦门港腹地太小，无法与上海、广州争胜，随着更多口岸陆续开放，又失去转运优势，逐渐变成一个以闽南、台湾与南洋群岛之间贸易为主的区域性口岸。

闽南原乡符号

早晨，打车到鹭江道，我准备从客运码头乘船去月港看看。灰蓝色的鹭江微波荡漾，对岸，漂浮于海面的鼓浪屿，红瓦绿树，笼罩着一层薄雾。

鹭江，指的是厦门岛与鼓浪屿之间的水道。厦门开埠后，英国人在岛美路头街（现中山路）附近获得一小块租界，建洋行、筑码头，带动了鹭江沿岸的发展。1902年，鼓浪屿成为公共租界后，厦门岛的经济中心从厦门城转移到鹭江两岸。清末民初，鹭江十分繁忙，停泊在远处的外国军舰、冒烟的轮船、缓缓驶过的帆船，还有无数小舢板来往于厦、鼓之间。二十世纪二三十年代，海军将领林国赓主政厦门，进行市政建设，完成了这座城市的近代转型。当时的厦门港主要指鹭江道沿岸一字排开的九个码头，它们是厦门跳动的心脏。

鹭江航道的繁忙已经消歇，除了几个旅游客运码头，主要港口已经疏散到各处。厦门港转移到了东渡、海沧、招银等港区，依然是国内重要大港；前往金门的客运码头转移到了五通；连过渡到鼓浪屿的轮渡都迁到了东渡。

在旅游客运码头，我买到一张前往石码的船票。随着高速公路和跨海大桥的建设，厦门的内海航线越来越少。民国时期，作为闽南内海航运中心，厦门木帆船和汽船东通晋江东石、安海，北达同安，西连石码、漳州，堪称便捷。如今只剩下前往石码、漳州和浯屿的几条航线。我稍稍感到惊异，厦门历史上属泉州府，但它残留的最后几条航线，全是通往漳州地区的。

快艇绕过鼓浪屿，拐进九龙江，向上航行，江面非常开阔，像是在大海中航行。过圭屿、海门岛，江心开始出现连绵的沙洲，快艇紧贴南岸行驶，才有点大河风光。浮宫之后，很快就来到小镇海澄，一条名叫月溪的溪流汇入九龙江，这里就是古月港了。

明代海澄建县，目的就是管理月港出洋贸易，曾经享受过一段辉煌岁月。在郑成功军队和清军的拉锯战之后，月港退出历史舞台，变成一座平凡的县城。1960年，海澄县与龙溪县合并为龙海县，后升龙海市。十七八年前，我初访海澄，几乎没人听说过月港。近年来因为媒体宣传，镇里修复了一些文物和古码头，古月港才浮出水面。

快艇在海澄没有停靠站，继续往前开到石码。我注意了一下时间，正好航行一小时。石码镇是龙海市政府所在地。清代月港衰败之后，石码终于熬出头，成为九龙江航运枢纽，全流域物资集散中心。行走在石码古城纵横交织的骑楼街区，还能感受到民国年代的繁华。

这趟旅行，让我意识到厦门与九龙江的亲密关系。

从唐代开始，厦门岛就隶属于泉州府同安县管辖，唐宋称嘉禾屿，明代称中左所，清代称厦门。这座位于九龙江入海口、面积百余平方公里的海岛，最大优势是拥有一个深水良港，最大劣势是缺乏腹地。实际上，基于地缘因素，通过月港或石码，厦门一直把九龙江流域当成自己的经济腹地。也就是说，厦门行政上隶属泉州府，经济上却与漳州府连为一体。它有一种泉漳双府认同感。

清初"迁界"，在差不多20年的时间里，厦门成了无人岛，没有常住居民。1683年清廷收复台湾后，厦门开始重建人口。所谓厦门本地人，祖籍不是泉州就是漳州，语言相通，风俗相似。厦门岛成为闽南二府文化的融合之地。不妨说，厦门岛是泉州府与漳州府的共同女儿。

清代厦门港成了闽南唯一出海口。为了缓解人多地少的矛盾，厦门港的使命，除了把大米运进来，还有一大任务是把过剩人口送出去。估计有近百万泉州人、漳州人，通过厦门东渡海峡，把台湾变成了一座闽南方言岛屿；另外还有上百万的泉州人、漳州人经过厦门前往东南亚地区。海外闽侨，咸认厦门为家门。

甲午战争后，台湾被迫割让给日本，不少台胞回归祖国，定居在鼓浪屿。20世纪初，闽南乡间治安不靖，盗匪横行，各县市的归国华侨纷纷在厦门购房。鼓浪屿上千座别墅，骑楼街数万家店面，主人多为南安、晋江、石狮、龙溪、海澄等地的华侨华人。这是又一拨闽南移民运动，重建了厦门的精英阶层。实际上，厦门是倾全闽南之人力、财富，合力打造的一座港市。泉州人和漳州人，这两个血气方刚的族群，在大陆互不服气，在台湾械斗百年，然而在这座海岛，他们相互尊重、和平共处；处处有南音，也流行歌仔戏；刚猛的泉州话与漳州话，杂糅出一种柔和的厦门话。

清末民初，闽南文化的重心转移到厦门。厦门港，成为全世界闽南人的原乡符号。

清代__为福建省出洋总口的厦门港,如今已发展成国家一类水运口岸,拥有东渡、海沧等多个港区。图为海沧区国际货柜码头。摄影/陈健

背山面海，闽南的地方与世界

文 李智君

理解闽南，应该有多种入口。在陆地世界作为"化外之地"的闽南，山多地少，被迫向海求生，在边缘游离中形成自己独特的地方文化特质。而面向海洋的闽南，有着视野极为广阔的海上世界，它早早地融入欧亚大陆与太平洋岛屿地区的海上贸易体系当中，上演着属于闽南人的世界传奇。

从全球海陆关系的角度而言，倚山滨海的闽南，只是众多临海地区之一。不仅在世界上不同的大陆和大洋之间，类似的地区所在多有，即便放在福建，与福州、莆田等沿海地区相比，也无多少特别之处。历史上，"闽南"一词，既没有作为独立王国的国名出现过，也没有被当作行政区划的高层政区、统县政区或县级政区名的历史。因此，何谓闽南，似乎是个并不容易说清的概念。

天涯何处是闽南

"闽南"一词出现在汉文典籍中，是随着中原文人墨客地理视野的逐步扩大而实现的。"闽南"最早见于唐代韩愈，"使人自京师南走八千里，至闽南两越之界上，请为公铭刻之墓碑于潮州刺史韩愈"。文中将"闽南"与"两越"对举，两越是指今广东广西，但"闽南"肯定不是通常所指的福建南部边界附近的一隅之地，而是一个更广阔的区域。

唐代的闽南，很可能指代整个福建。这一习惯，至北宋还在延续，并且有确切的文献记载。北宋诗人郭祥正有诗云："卧龙胜事堪图画，迥压闽南七八州。"北宋时，福建路下辖八个州，"上四州多溪山之险，谓建、剑、汀、邵；下四州其地坦夷，谓福、泉、漳、莆也"。八闽的称呼即源于此。至明代，用"闽南"

涵盖整个福建的习惯仍在延续。直到明代后期，闽南的空间范围才逐渐由福建一省之地，缩小为泉州府、漳州府两府之地，即今天三个地级市所辖之区，但幅员几乎未变。

当下我们习惯称呼的"闽南"，政区上分属厦门、漳州、泉州三个地级市所辖之区，自然区域上又分属九龙江和晋江流域，经济区受政区的控制，也基本上独立为三个区。因此，当我们提及"闽南"，实际是跳脱出行政、地理、经济层面的概念，更多地将其视作一个纯粹的文化区。闽南最终在福建省内分化成相对独立的文化单元，是短时间内大量移民进入，加上政区长期稳定双重作用的结果。

三国孙吴在晋江口设立东安县，西晋在汀溪口设立同安县，此时，应该有一定数量的汉人迁入泉州湾和厦门湾沿岸。永嘉丧乱，晋室南迁，福建不仅不再是首都位于中原时的蛮荒之地，还与首善之区建邺（今南京）同属扬州，其地位上升之快，可谓显著。因此，六朝时吸引了不少移民。

南朝梁时期，割晋安郡（福州）置梁安郡（泉州），闽东和闽南首次被置于不同的政区。至南朝陈，改梁安郡为南安郡，但治所都设在晋江口的晋安县（今泉州南安市）。初唐时，泉州所辖之区，与今闽南的地域范围已几乎完全一致。由于一定程度遵守了山川形便的原则，政区长期保持相对稳定，加上教化一致，以及行政中心语言对辖区语言的垂范，让其内部的语言趋于统一，闽南一带逐渐与周边地区分离出来。

唐垂拱二年（686），析泉州南部置漳州，但开发漳州的人口主力，大部分来自潮州。今日潮州与闽南语言、习俗相近，也应该是唐代奠定的，因为潮州在唐代很长一段时间内，与泉州、漳州同属江南道。高层政区的统一，有利于移民开发，也加速了闽南地区的发展进程。唐开元时，仅泉州就有户五万余；对比隋中叶时，全福建才一万五千户左右。

安史之乱后，北人南迁，大量移民进入泉州地区，更加剧了闽南与闽东的分化。至南宋，北方向福建的移民已基本结束，地方行政区划也完成了最后的拼图，闽南的版图格局在这一时期基本定型。

与今天我们默认闽南为厦、漳、泉三市不同，此时泉州、漳州所辖之区，还包含今龙岩市部分区域。实际上这是后来行政区划变动的结果，语言、宗教的高度一致性是闽南作为文化区概念的判别标准之一。

厦门大学中文系周长楫教授说："从人文历史和闽南方言语音、词汇和语法的特点看……闽南方言在汉、魏已现胚胎，到南北朝已经形成，及至唐、宋时期是它走向成熟的标志。"这一结论，虽然是基于语言学研究方法得出的，但与基于行政区划和移民的分析，实际上不谋而合。

以上我们回答了何谓闽南的问题，仅此，还不足以彰显闽南在全国乃至世界文化地图上的独特性。文化归属趋向和经济道路选择，才是闽南有别于中国沿海其他地区最为独到的一面。

不居之地，不牧之民

在我国古代文献中，有一个词叫"海壖"，它与内陆的"边疆"相对应，泛指沿海地带。历史上，对于边疆地区，例如西域、宁夏平原等地，中原王朝常有弃守之争——"弃"，因为对于农耕文明，一块土地只有变成农田才有实际价值，而边疆"碛地桑麻种不生"，并非理想的农业垦殖地。相较于占据它需耗费的大量兵力、物力、财力，是一笔很不划算的投入。但从王朝安危来考虑，又不得不"守"，因为边疆就像国家的第一道围墙，舍弃将置整个王朝于外敌，所以边疆地带是弃是守，王朝统治者常要左右权衡一番。

这样一个两难境地，在海壖地带同样存在。对于中原统治者，在很长一个历史时期，闽南甚至整个福建就是这样一个区域。

从地形上看，整个福建被平行于海岸线的两条山脉贯穿全境：西部是海拔两千多米的武夷山脉，中部是鹫峰山－博平岭－戴云山脉。可以想象，在这个山地丘陵面积占全省面积90%以上的地方，可耕地何其紧缺。境内有闽江、晋江、九龙江几条大河东流入海，但因山峰林立，流程短，水流急，下游河口冲积出的平原面积狭小，并不足以养活过多人口。

因而从中原王朝地域经略的重要性而言，山海多、田地少的福建，显然无法与南北两侧的长江三角洲和珠江三角洲相比。

秦汉魏晋时期，这里也不是国家重点经略的地方，故闽为东南僻壤。西汉武帝时，在淮南王刘安眼里的福建，仍然是化外蛮夷之地：

越，方外之地，劗发文身之民也。不可以冠带之国法度理也。自三代之盛，胡越不与受正朔，非强弗能服，威弗能制也，以为不居之地，不牧之民，不足以烦中国也。

如前文所言，至南宋时，北方向福建的移民，已基本结束。地方行政区划，尤其是相当于省一级的高层政区和相当于地级市一级的统县政区，与当下的福建行政区划图已基本吻合。地方行政区的全部覆盖，说明彼时福建已是南宋王朝的教化之区。

尽管如此，由于移民进入福建地方的路径不同，而福建内部山高水深，彼此之间的联系并不紧密，因而发展的水平高低不齐。总体而言，中央对福建地方的经略程度与地方行政制度的设立进程相一致——闽江流域覆盖的闽北、闽东一带，发展最早，开发最深。其次是晋江、九龙江流域的闽南，最后是汀江流域的闽西。

体现在儒学发展水平上，南宋时福州儒学水平之高，"海滨几及洙、泗"，甚至出现"百里三状元"的盛况。福州以南的莆田，更是了得，"一方文武魁天下，万里英雄入彀中"，有资本跟福州抗衡。同一时期，南宋祝穆撰写地理总志《方舆胜览》时，却仍用"俗故穷陋"来描述漳州风俗，可见其差距。实际上，闽南地区的"脱蛮"，直到明代才彻底完成。

闽东与闽南在儒学水平上的差异，也反映出福建内部城市功能定位的不同。不甚准确地说，闽江流域率先被开发的福州，历史上一直是福建省的首府所在，象征着国家在福建的政治权力中心；而闽南，由于位置更边缘，开发也更晚，一定程度代表着福建民间的经济、文化中心。这种位置上的边缘属性，贯穿在泉州、漳州的后续城市发展中。

以宋元时期的泉州为例，其时数万印度、阿拉伯、波斯商人涌向泉州湾沿岸，泉州港成为贸易最为繁忙的世界大港。其兴盛的缘由固然是多方面的，但不可忽视的优势之一在于，相较于福州、杭州、广州等港口追求政治稳定性，泉州由于不是高层政区的治所，中央对其政治控制较为薄弱，蕃商大批涌入对国家的安全影响也较小，因而一定程度上容许异文化和海洋贸易的交流存在。

这种边缘性特征也内化至闽南的文化特性中。在传统等级社会里，地望和出身决定着一个人血统的高低贵贱。但在被长期视作"化外之地"的僻壤出现，又不同于中原内地。在闽南，中原汉文化发展的这种滞后性，让闽南民众有一种强烈的脱蛮意识和心向中原的文化认同心理。

读书人的最高目标，自然是入朝做官。可谓"学而优则仕"。如果说"南蛮"脱蛮是摆脱"穷陋"之民，那么，举子参加科举考试，习"圣贤之学"，心向中原正统，则是向化的"秀民"。在闽南，心向中原上国，不论官民，其心攸同。

心向中原上国的民间表现是，修族谱时，闽南人一定会将始迁祖的迁出地，确定为中原的某一地区。血缘上常常是追溯为皇族的后裔，其次是世家大族之余脉，最次也是中原汉族的子孙。

在闽南跑田野，经常能看到有人家在门额或楼房的正立面，悬一匾额，上书"颍川衍派""颍川世胄"或"颍水传芳"等，不一而足。这正是闽南陈姓宗族，示其宗姓根源的"丁号"。陈姓丁号之所以与颍川有关，据说因为他们都是"开漳圣王"陈元光的后裔，传说陈元光是颍川人，即河南光州固始县人。这种空间和宗亲方面攀附中原的行为，早在宋代，就有莆田籍学者郑樵指出："闽人至今言氏谱者，皆云固始，其实谬滥云。"

其实，虚构其祖上来历的闽南宗族，不只是陈姓，也不只是汉人。谬滥的族谱，全国各地都有。但我们还是可以从这种表现里，看出中原上国对闽南民众的巨大文化吸引力。而舍弃修谱行为不谈，单就心向中原上国的国家意识而论，不得不说，这是传统中国从分裂走向统一的文化心理基础。这种家国情怀，也是很多远在海外的闽南人回报乡梓的内在动力。

不怕生计穷，但愿通潮水

位于大樟溪上游的德化，虽然身处深山，但凭借德化白瓷良好的品质，同样参与到全球贸易网络中。清代德化人郑兼才《窑上》（节选）诗里说："下岭如飞骑，上岭如行蚁。骈肩集市门，堆积群峰起。一朝海舶来，顺流价倍徙。不怕生计穷，但愿通潮水。"

德化人称瓷器出口贸易为"泥巴换美金"，利润之丰饶，可见一斑。要完成这一贸易，则需要通潮水，即便利的海洋交通。泉州湾如此，厦门湾亦如此。

宋元明清时期，闽南人依托国际市场，通过进出口贸易发展经济，几百年间，执东西洋海上贸易之牛耳。这背后首先是地少人多带来的生存压力。唐宋后，大量移民涌入，人口不断增加，闽南原本可怜的土地已经难以养活更多人口，为了生存，闽南人只得以海为田。另一方面也应注意到，"闽在海中"，闽南人征战海洋具备天然的优势。

对于以农业立国的中国，在很长一个历史时期，我们都是背向海洋的。先前提到，由于土地贫瘠，对于闽南这样的海壖地带，王朝往往还有弃守之争。而海洋，即便再广阔，农业发展的可能性也几乎为零。更何况，海洋的经济、管理成本远远高于陆地，漂流于海面之上，任何事都可能发生。因而，对于自恃天朝上国的王朝，海洋从来都不在争夺的空间范围内。

但我们不面向海洋，并不意味着与海洋世界的连接不存在。如果人类起源于东非高原说成立，那么人类在海洋世界的迁徙和交通，其时间之久远、联系之紧密，实际上远远超出想象。否则不仅无法解释美洲印第安人的来源，更无法解释南太平洋上，那些相互距离遥远的岛屿上，为何史前时期就有人类分布。

实际上，闽南人不仅善舟楫，在历史早期，就已经参与到欧亚大陆之间的海上贸易网络中。

至晚在汉唐时期，旧大陆连接太平洋、印度洋和大西洋的近海航线，就已有人员往来。中土和天竺的僧人，便是这条海道上的常客。与同一时期，欧亚大陆东西交通的主渠道——陆上丝绸之路的主体为粟特人不同，此时，控制海上这一航路的主体是印度人。虽然福建也是这一贸易网络的节点地区之一，但此时闽南开发不久，即便参与，其贸易规模也不会很大。

10 世纪后期至 15 世纪初，阿拉伯人开始左右海上世界并掌控欧亚大陆之间的近海航线，阿拉伯商人的触角也伸至中国。于是，宋元时期的泉州城外出现了"缠头赤脚半蕃商，大舶高樯多海宝"的繁荣景象。

这一时期，泉州一跃而起发展为世界第一大港，而阿拉伯人在旧大陆南边的近海航线也已经完全建立。闽南人加入到阿拉伯人的贸易网络中，学习和积累了大量航海经验、技术，足迹不仅遍及东亚、东南亚和南亚，还远至西亚和北非。此时的闽南人，已经成为最熟悉印度洋与太平洋航路的中国海商，这不仅为日后大规模下南洋储备了情报资料，也为明代的海外贸易训练了队伍。

15 世纪末期，西班牙人和葡萄牙人率先开始了大航海，后者依托强大的船队，在 16 世纪取代了阿拉伯人，成为旧大陆航路的掌控者，美洲也在此时期成为全球贸易网络的一部分。尽管这一时期，明清两朝实行严厉的海禁和迁海政策，但闽南人参与全球贸易维持生计的生存模式已经形成，走私贸易在月港日渐形成气候。

等到 1567 年，月港开市，明朝正式允许航海往东西洋贸易，有海外贸易传统的闽南人更是如鱼得水，迅速参与到西班牙人主导的美洲与亚洲之间的大帆船贸易中，并成为主力。

因而无论是宋元时期的泉州、明代漳州，甚至是更早时期的闽南，早已拥有一个视野广阔的海上世界。南亚、东南亚、太平洋、波斯湾、地中海，都已在闽南人活跃的核心圈里。可以毫不夸张地说，闽南人是中国东南沿海地区，参与大航海时代全球贸易最深入的地域人群之一。

如果论历史上中国对外贸易的重要性，闽南显然无法与珠三角、长三角地区抗衡，甚至闽南对外贸易的鼎盛期，也是因广州、杭州等地受战争、政治等因素的影响，短暂衰落而获得。但通过全球贸易网络，闽南人不仅把中国的瓷器、丝绸、茶叶，销往旧大陆和新大陆，也将番薯、花生等美洲食物，带进中国的沙田和坡地。

海道凶险，闽南人凭其孤勇脱颖而出，成了时代的弄潮儿，在全球贸易潮流中劈波斩浪。不仅如此，闽南人还把自己的子孙带到南洋和新大陆，单单海外说闽南话的华人就达 6000 多万人，其分布地域之广，远远超出了其他汉语方言的分布范围。厦门大学有位长期在海外留学的教授曾说，来到厦门大学后才明白，海外华人社区的味道，原来是闽南的味道。天涯处处有闽南，或许这正是闽南人参与全球化的独到之处。

地图标注：

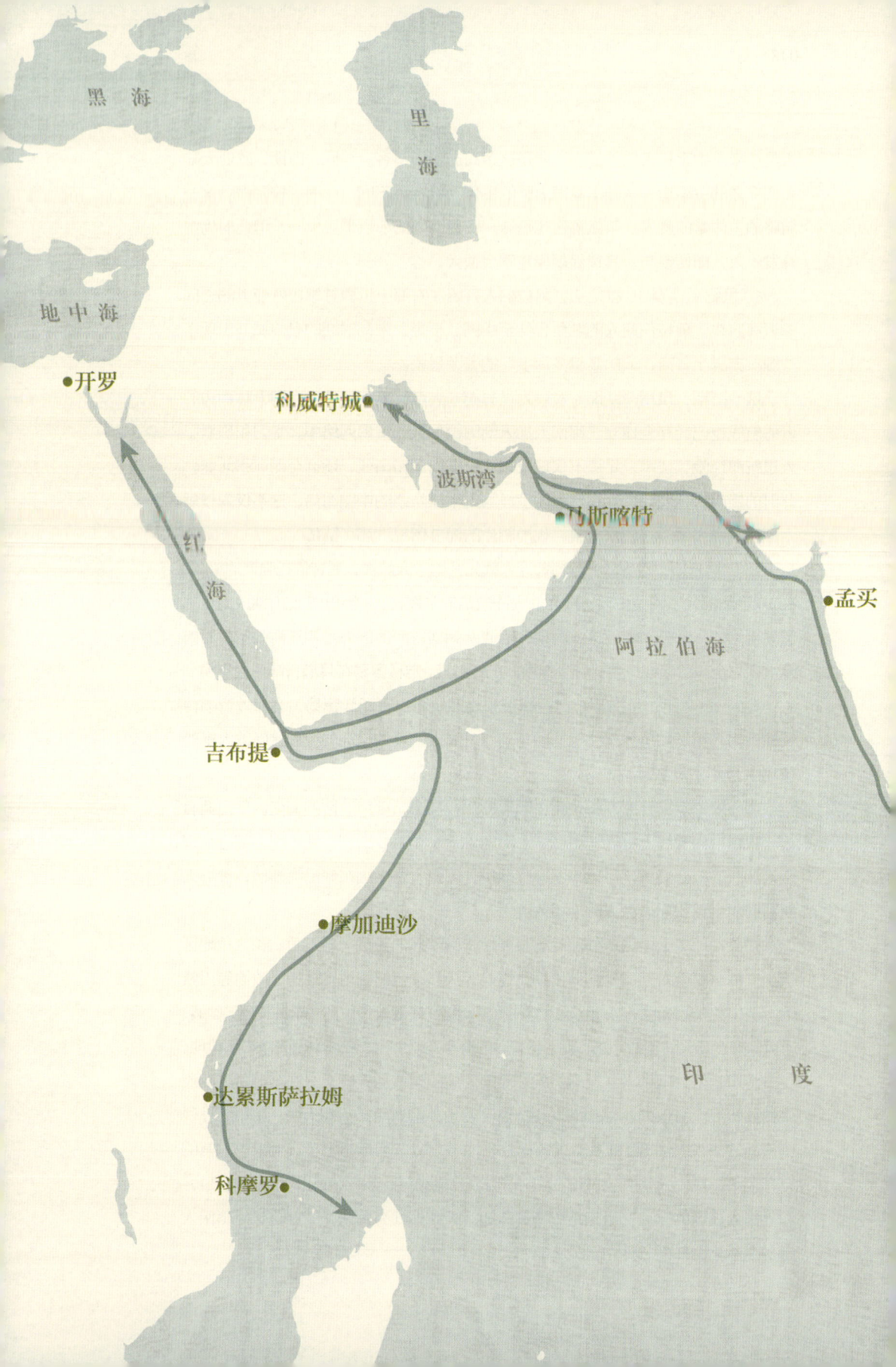

- 黑海
- 里海
- 地中海
- 开罗
- 科威特城
- 波斯湾
- 红海
- 马斯喀特
- 孟买
- 阿拉伯海
- 吉布提
- 摩加迪沙
- 印度
- 达累斯萨拉姆
- 科摩罗

从闽南出发的海上世界

欧亚大陆间的陆上丝绸之路，至汉代已是一派繁荣。而不容忽视的是，同一时期，旧大陆连接太平洋、印度洋、大西洋的近海航线，也早有人员往来。至宋元时期，包括福州、泉州在内的沿海城市被纳入海上贸易网络中。从闽南出发，日本、东南亚、印度、地中海等区域都已是舟船可抵达的世界。

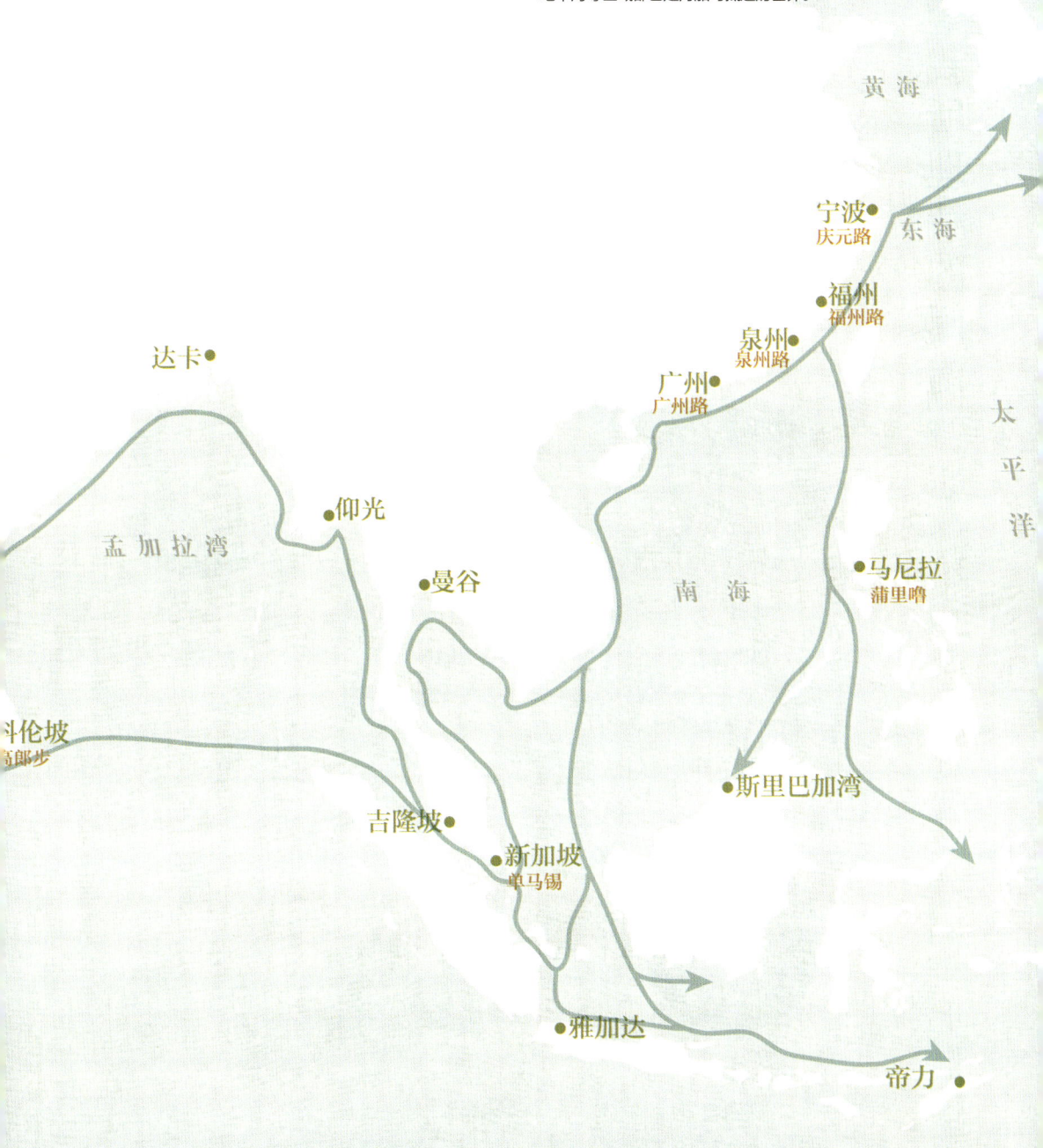

黄海

东海

宁波
庆元路

福州
福州路

泉州
泉州路

广州
广州路

太平洋

达卡

仰光

孟加拉湾

曼谷

南海

马尼拉
蒲里噜

科伦坡
高郎步

斯里巴加湾

吉隆坡

新加坡
单马锡

雅加达

帝力

● 新加坡　　航线途经城市现地名
　单马锡　　航线途经城市古地名

众人说·我所理解的闽南

关于闽南的讨论，内涵与外延从来都十分广阔。人们从各个角度解读闽南，中国的、世界的、陆地的、海洋的……每一种都架构出闽南这个区域的典型侧面，定格成人们心中的闽南形象。这样的闽南与当地人眼中的闽南有何不同？

我们邀请了几位生活在闽南，或对闽南有长期观察的当地人，来分享他们眼中的闽南。或许，他们能为你提供理解闽南更为细微、生动、鲜活的入口。

朱家麟
厦门老讨海仔，社会学博士，著有《厦门吃海记》渔文化随笔系列。

崔建楠
福州人，原《福建画报》社长、总编辑，专注于福建传统文化方向的摄影师。

陈花现
泉州人，青年艺术家，致力于闽南在地民俗文化的探索与梳理。

杨函憬
贵州人在厦门，good one 旧物仓创办人，长期致力于生活美学商业的实践与创新。

朱岚清
漳州人，艺术家、摄影师。

＃ 何处是闽南？＃

朱家麟

"闽南"是行政区划衍生的概念，福建省南部厦门、泉州、漳州市下辖之区的统称。从文化角度来说，以闽南为中心的泛闽南文化范围，包括龙岩、三明部分地域，还有台湾和潮汕，以及广东、浙江的诸多文化飞地。目前台湾海峡西岸主要城市——潮州、汕头、漳州、泉州、厦门，都属于闽南文化区域。

崔建楠

传统上，闽南的地域概念特指晋江流域和九龙江下游地区，以及与广东接壤的部分。具体说，泉州市的各县市、厦门市及周边、漳州市各县市，均为闽南。另一种划分是以语言为地域文化分割，凡是说闽南语的地区均为闽南。

陈花现

闽南应该就是厦漳泉了，但闽南语系的地区范围就更大了，我个人还是喜欢"大闽南"的概念。毕竟历史上的闽南人也是四处迁移的，并不受现在的行政区划所牵制。现在经常会听到"某某文化项目应该是哪里的"的区域论调，但我感觉这些应该回归到闽南人群的概念。像我虽然住在厦门，也出生在厦门，但死后的墓碑是要写南安（泉州市下辖县级市）的。毕竟闽南人自生下就是漂泊的，唯有祖籍不变。

杨函憬

在我的概念里，闽南就是泉州、漳州，以及厦门的部分。闽南这个词，想起来是很有画面感的：建筑的风貌、庙宇的烟火、食物的味道、生活的习惯、街巷的人情等，它有着独立的在地生态和系统性。

＃ 闽南人 = 爱拼才会赢？＃

朱家麟

总体而言，闽南人性格比较豪爽、敢拼生死，也比较信命运、滥祭拜，"三分天注定，七分靠打拼"是闽南人生存态度的写实。另外，比较重情义，也爱面子，族群认同较为强烈。旧时代，闽南各地，尤其沿海地带，不时因小隙而酿成宗族械斗，甚至举全村、全族之力拼生死，名曰"拼社"。一旦官府问罪，有人也肯服从宗族决议，出头顶罪，族人负责抚恤其家属。这是从瘠薄农耕文化底层上繁茂生长的海洋性格。

闽南人豪爽、守信用，喜爱划拳。闽南拳节奏鲜明十分好听，看闽南人划拳赏心悦目，应该入选非物质文化遗产。

陈花现

闽南人的性格感觉比较内敛，但是信念感很强，又极具爆发力，总是默默地攒着一股劲。有个很经典的段子，大家一定看过：
A：我们是谁？　　　B：闽！南！人！
A：我们的口号是？　B：爱拼才会赢！
A：拼不过怎么办？　B：拜天公！
这就是闽南人最真实的写照。

闽南人有梦、敢拼，有乡情。无论是讨海为生，还是后来下南洋为生，都是因海而有，所以路的艰难及凶险，一定伴随而生勤与勇。

朱岚清

我觉得闽南人都很热情好客，感觉走到哪里都有人邀请你坐下来喝茶。曾经有个意大利朋友，自己在老城区逛了一天，回来时说路上一直被邀请喝茶，喝得都茶醉了。

＃ 哪里"最闽南"？ ＃

◆ 泉州海外交通史博物馆　◆ 龙海石码古镇
◆ 潮州牌坊街　◆ 厦门鹭江道与鼓浪屿

第一处，集中展示闽南海洋文化与世界联系的兴盛历史。第二处，是保存下来的、最大规模的清代、民国闽南内河港口商业与民居建筑区。第三处，虽然是重建的，但很经典地体现了闽南文化崇教重商的风习。最后处凝缩了闽南海洋文化与外来文化的碰撞与融合。

◆ 泉州开元寺、洛阳桥、安平桥　◆ 南靖土楼
◆ 平和三平寺　◆ 闽南海防古堡

南靖土楼是福建土楼的发源地，和闽西永定土楼一起入选非物质文化遗产。推荐三平寺因为三平祖师公是闽南地区重要的民间信仰文化，平和还是大青花克拉克瓷的发源地、白芽奇兰茶的发源地。闽南沿海古堡，从崇武古城到石狮永宁古堡，再到漳浦镇海古堡、六鳌半岛六鳌古堡、古雷半岛古雷古城、东山岛铜山古堡，直至诏安悬钟古堡，是一系列明代古堡建筑，对海防建筑感兴趣的一定不要错过。

◆ 厦门青礁慈济宫、龙海白礁慈济宫
◆ 漳州古城、龙海石码古镇
◆ 泉州西街、聚宝街一带

首推第一个，它们位于古漳泉两地交界处，是闽南影响力最大的神明之一——保生大帝的祖庙。闽南人自古好巫，而保生大帝吴真人的出现，以巫医二术并重，慈悲济世，影响了闽南地区。第二个，能看到水系与一座城的关系。闽南的土地上还生活着一群以水为家的船民人家，他们会给在陆地上生活久了的人，很多观察生活的不同角度。在旧时，码头沿岸亦分布着大大小小的祠庙，乃至教堂，水曾经给这片土地所带来的繁荣，是我们现在难以想象的。第三个，有庙、有人家、砖墙、斜巷，还有徐徐的风。相比海上波浪的不可测，陆地上的平稳时光是让闽南人用慢的态度来享受的。

◆ 漳州东山岛南门海滩、文公祠、关帝庙一带
◆ 漳州台湾路、香港路一带
◆ 泉州天后宫一带　◆ 厦门臭迪歌厅秀

第一处保存着非常有生活气息的海滩，很有闽南渔村特色的老房子和小巷，也可以参观很精致罕见的关帝庙建筑。第二处是少有保存得较完好又没有被过度开发的古街社区，有很多闽南式的商业建筑（骑楼），也有中西合并的南洋式建筑。如今仍有很多传统手工艺的商店、传统小吃店在经营。第三处，逛完天后宫可以在隔壁吃一碗四果汤，是夏天很难忘的体验。附近的老社区生活气息也浓厚，还可以散步到江边。最后推荐厦门市区里，最近年轻人都很爱去的臭迪歌厅秀。每天晚上，很多叔叔阿姨会在那儿比拼闽南语歌，让人回到载歌载舞的二十世纪八九十年代。去那边之前，一定要在家先练几首闽南歌。

＃ 闽南的好物推荐 ＃

最喜欢的日常食品，菜肴如海蛎煎、酱油水煮海鲜、酸笋煮鲅仔鱼、香煎带鱼煮线面、霉香带鱼配早米白粥等；白灼虾，清炝梭子蟹、青蟹，巴浪鱼干下酒等都是做法极简单的诱人美味；虾油或鱼露蘸白煮三层肉或白斩鸡，是日渐罕见而少有人懂得的吃法。小吃主要是春卷（闽南人称薄饼或润饼）、沙茶面。前者是一口春天的山海滋味大集合，后者是中外饮食文化的融合。

最喜欢的是闽南的蜜饯。以前盛产的水果会拿来腌制成蜜饯，像杨梅脯、杧果脯等，当然也少不了梅子。还有就是龙海一带的贡糖与糕仔，搭配重烘重酵的酱油色乌龙茶，迄今还储存在脑回路里的舒适角落。

我所喜欢的闽南风物——水泥老花砖的手艺，早早就消失了。因为热爱老别墅的机缘，接触到了早期下南洋的华侨们，差不多算是二三十年代外出的闽南人。他们在五十年代归乡，把家园建筑和对理想生活的态度都带回了故乡，产生了很多美好的老别墅，花砖就是在那个时期进入闽南的。当你低头，地板上都有对美学的追求，那是理想的一个家。所以花砖可以说是既具有在地感，又具备世界化的一种事物。当然，这也是因为我偏爱当时的"新闽南"吧！

夏天的话最喜欢喝四果汤，喜欢吃里面的芋头、芋圆、哈德仔（蒟蒻）、石花。因为闽南的夏天太热了，一碗四果汤是最解暑的。

刺桐伽蓝记

船与海神

闽南人的"地中海"

本土与海外的两个闽南

咱厝人讲咱厝话

穿墙透壁:剖视闽南古建筑

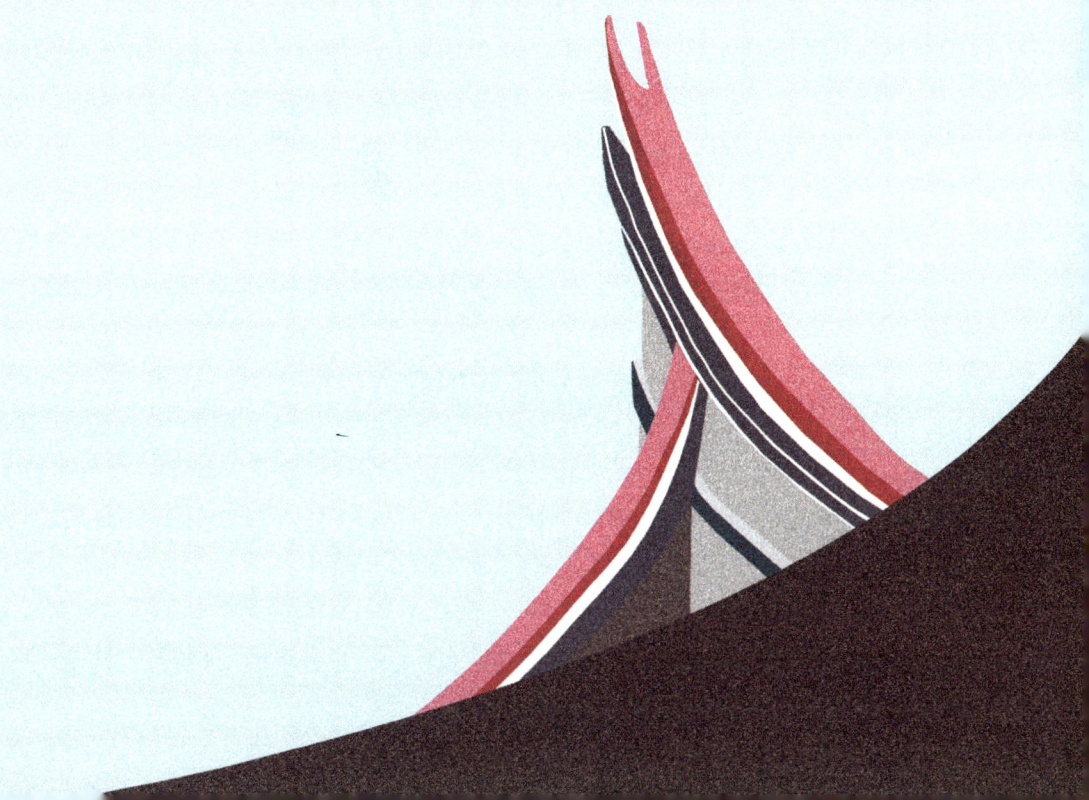

道

刺桐伽蓝记

文 聂靖
摄 张律堂 等

10世纪后，泉州兴起，成为马可·波罗等旅行家笔下的世界巨港。外国商贾带来了货物与财富，也带来了各国的文化和宗教。海陆交会处，中华文明、印度文明、阿拉伯文明、基督教文明多元共存，泉州俨然中世纪人类文明的大熔炉。当繁华落幕，外来文明的遗产作为城市文化的一部分，得到了另类的延续。

对于福建之外的中国人来说，第一次听说泉州这座城市，大多是在中学历史教科书上。公元10世纪，随着唐王朝崩溃瓦解，蓄势已久的地方文化开始抬头。泉州正是在这一时期兴起，借助滨海地理优势，一跃成为意大利旅行家马可·波罗笔下的世界巨港。也是从那时起，闽南地区被推到了历史的聚光灯下，宋元泉州、明清月港、近代厦门，依次充当着中国看世界、世界看中国的窗口角色。

想要理解闽南，泉州是其原点。如今的泉州被称为"世界宗教博物馆"，这里不仅有古代佛、道、景教的遗存，更有世界仅存的完整摩尼教寺院、中国仅见的古印度教遗存、中国现存最早的清真寺等"独家"古迹。当宋元泉州的痕迹大多随时间消逝的时候，相对保存完好的宗教遗迹成为通往那个黄金时代的钥匙。

世界的泉州：刺桐花与"东方梦"

在泉州访古的你，肯定注意到了那些古迹旁"古泉州（刺桐）史迹"的标识牌。这个名称很有意思，一般中国人看来，"古泉州史迹"已足以概括其内容，反倒是括号里的"刺桐"，令不识其义者徒生迷惑。

有两种人可以读懂括号里的"刺桐"，其一自然是泉州本地人，刺桐是泉州极为常见的一种落叶乔木，会开出红色的花朵，古时常作泉州的代称。其二是西

开元寺是泉州的地标，寺内中轴线两侧双塔耸立，是宋代所建，见证了刺桐城的繁华年代。开元寺不仅是香火鼎盛的佛寺，也体现了宋元泉州多彩的外来文明。
摄影/方托马斯

方人,如果你有留意《马可·波罗游记》的原文,会发现他并没有直言"泉州",而是称其为"刺桐(Zayton)":

这里的胡椒出口量非常大,但其中运往亚历山大港以供应西方各地所需的数量却微乎其微,恐怕还不到百分之一。刺桐(Zayton)是世界最大的港口之一,大批商人云集于此,货物堆积如山,买卖的盛况令人难以想象。

随着这本游记在西方世界广为流传,Zayton 成了古代东方的代名词,象征着异域风情与无尽财富。探险家哥伦布是读过《马可·波罗游记》的,1492年,当他的船队带着西班牙女王给印度与中国皇帝的国书远航抵达美洲大陆时,以为已到印度的哥伦布兴奋地在日记中写道,"很肯定,我现在所在的地方就是大陆了,离 Zayton 和京师一百里格上下"。

Zayton 的得名远早于 13 世纪的马可·波罗,此前数百年,阿拉伯商人往来贸易,见城中遍植刺桐树而取名。因其发音近似阿拉伯语的"橄榄树",元末摩洛哥旅行家伊本·白图泰来到刺桐时,便有了到 Zaitun 不见橄榄树的疑惑。

哥伦布最终没能去到 Zayton,数百年后近代中国的国门被迫打开,当西方人来到东方梦的原点时才发现 Zayton 业已衰落,以至于无法辨识确切位置。谜一样的 Zayton 引发了 19 世纪西方如英、法、德,东方如中、日、阿拉伯学者的热烈讨论。直到 1915 年,日本学者桑原骘藏以充分的证据与严密的论证结束了这场漫长论战,他指出 Zayton 实为刺桐,即泉州,并总结道:"Zaitun 为中国中古时第一商港,而征之汉籍,宋末及有元一代,沿海商港,无一能及泉州。"

在阿拉伯人与欧洲人眼中,"刺桐"更多的已成为一种文化符号,代表着他们对东方的想象。而对于"海上丝绸之路"东端的古代中国人,设置市舶司、经营海外贸易的重镇并非泉州一个,广州、明州(宁波)的规模不比泉州小,其他还有杭州、温州等时设时废的港口。泉州作为文化地标在当代的兴起,和马可·波罗等人的"明星效应"有很大关系。作为个人游记,旅行家笔下的"世界巨港"可能有着夸张不实和以讹传讹的成分,马可·波罗也未去过广州、宁波,更是无从横向比较。

1990 年,英国人大卫·塞尔本在意大利发现了一批中世纪写本,记载着犹太商人雅各·德安科纳冒险远航东方,来到被称作"光明之城"的刺桐。写本整理出版后,围绕"刺桐"的论战再起。持谨慎态度的学者不敢引为信史,但书中着实提供了大量宋元泉州的图景和细节,引人遐想。一千年前,主政泉州的军阀留从效扩建城垣,招徕贸易,当他下令在城垣外环植刺桐之时,恐怕不会想到这一花一木竟为泉州编织出了谜一样的面纱吧。

季风吹拂开元寺

印度洋的季风将城市的面纱吹起一角,露出的部分便是开元寺。这座东南名刹坐落在泉州古城的核心位置,寺中两座宋塔分立东西,历经地震、台风、战火,屹立千年不倒,更是泉州当之无愧的地标。开元寺是福建省规模最巨的佛寺,香火鼎盛,佛教氛围浓厚,却也隐藏着宋元泉州多元宗教的印记——印度教遗存。

当你从大雄宝殿参观出来后,会看到殿后回廊中央有两根雕刻精美、造型别致的十六边形石柱,石柱上、中、下部各有四面浮雕,刻画着印度神话故事和图案。逐一辨认,你会发现它们的内容大多出自印度史诗《摩诃婆罗多》和《罗摩衍那》,无疑是印度文明的痕迹。

在中国其他地区你绝不会看到这样的古迹,欣喜的你开始着手寻找其他可能线索。绕着大殿打望了几圈后,殿前露台束腰部分的青石浮雕吸引了你的目光——那是拾阶而上直入大殿的人难以发现的盲点区域。浮雕上刻着来自南印度的狮身人面像,这种传统是否来自古埃及的"斯芬克司",至今尚无定论,但从地中海到印度洋再到泉州的狮身人面像之路,着实是一段奇幻的文明旅程。

你觉得自己找到了窍门,开元寺的印度教遗存都是石构件,在以木为主的中式建筑中颇为突兀。终于,走进大殿的你抬头看见一块题有"御赐佛像"的门楣石雕。这样的题名在佛寺中本不"违和",根据在泉州发现的一块泰米尔文石碑的记载:元代泉州曾有一座湿婆庙,建庙者为马八儿国(印度古国,在今泰米尔纳德邦)人挹伯鲁尔,所建神庙得到了元朝皇帝的"御赐执照"。眼前这块门楣石很可能就是来自那座湿婆庙,甚至就是那块"执照"本身。

像开元寺里这样的印度教石构件在泉州已发现了三百多方,大多收藏于被简称作"海交馆"的泉州海外交通史博物馆。这些石构件类型各异,证明了宋元泉州有多处印度教建筑存在。其中最有名的是见于史籍的"番佛寺",有学者根据现存石构件来复原这座庙宇,发现其形制与印度本土的神庙并无二致。原汁原味的印度文明遗存源自历史上真实存在过的印度人社区,社区里居住的并非传教士,而是来泉贸易的商人及其家属,出于信仰需求,他们在泉州建立了印度教神庙。

和明清时闽南人出海经商不同,宋元闽南的海外贸易多以外国商人来泉为主。还记得那些把泉州称作"Zayton"的阿拉伯人吗?泉州遗留了大量宋元阿拉伯人的墓葬石刻,还有中国现存最古的清真寺——清净寺,他们从红海和波斯湾出发,沿着印度海岸,穿过马六甲海峡,进入南海,并抵达泉州。印度商

开元寺大殿走马廊移自宋元时印度教神庙的石柱,图中石刻为十臂人狮撕裂凶魔肚皮的场景。人狮是毗湿奴的化形,后者是印度教"三相神"之一,掌维护宇宙之权。

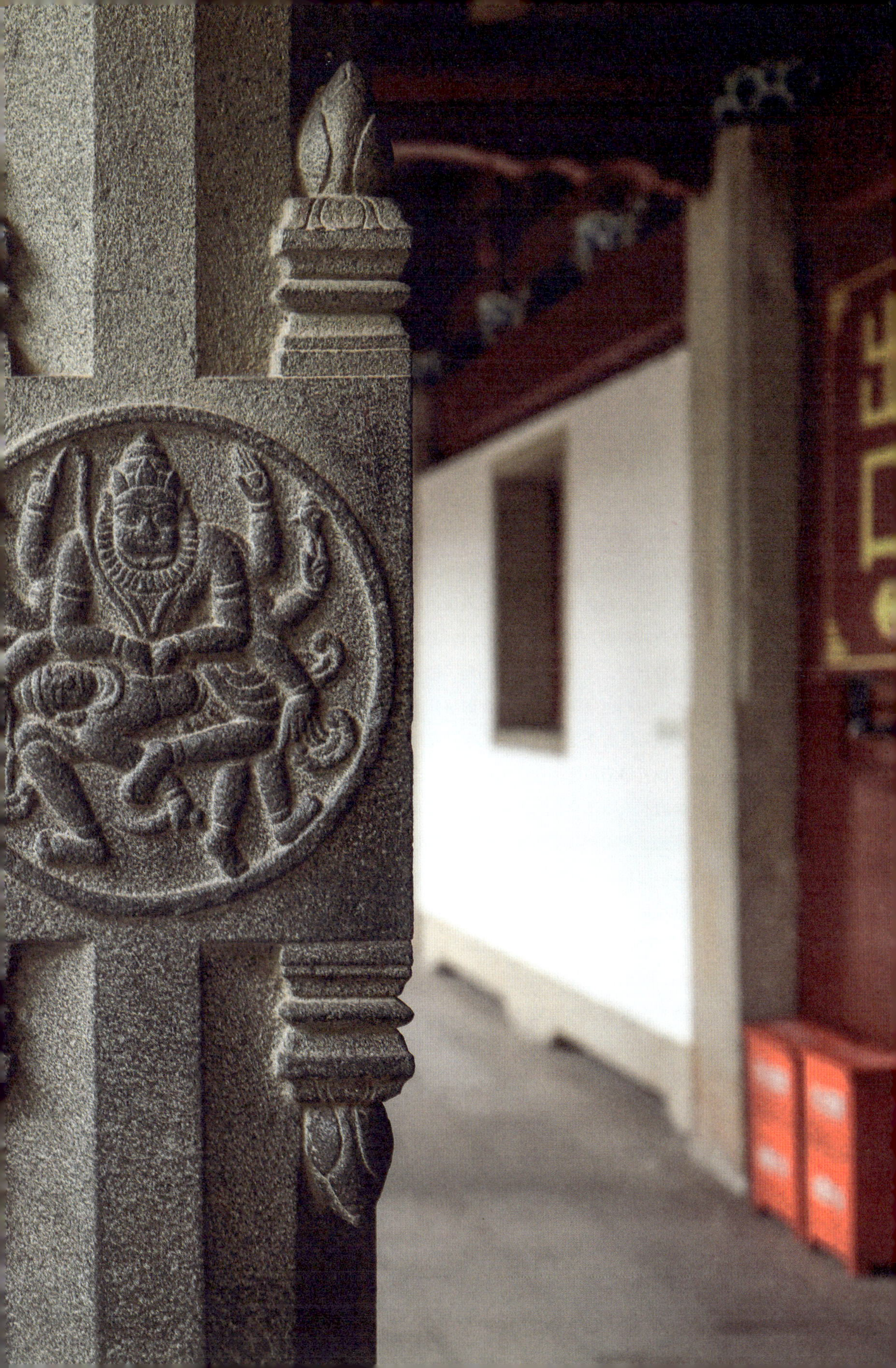

人的航线则要短些，只走了阿拉伯人航线的后半段。那时，属于中国的"大航海时代"还没有到来，泉州更多的是处于印度洋贸易体系东缘，受到印度洋文明强烈影响的区域。印度洋的季风吹来了商船和货物，也吹来了开元寺里的石头。

海陆文明的交会：飞天、天使与十字架

商贾云集的国际港口，不同国家的人们在一起生活，文化的交流与影响是必然的。开元寺大雄宝殿里，斗拱上二十四尊"飞天乐伎"依次排列，张开的双翼或许让你想起基督教的天使。开元寺里这种带翅膀的"飞天"起源于印度佛教中人头鸟身的音乐神——迦陵频伽，至晚在两晋南北朝时便已传入中国，并演化为女子形象。她们在泉州进一步本地化，手上拿起了当地常见的乐器，仿佛一个南音乐团。象征着文化融合的飞天乐伎是泉州最具代表性的景观之一，我们也可以发现，它在泉州的文化融合只体现在最后本地化的环节，飞天作为印度文化符号，与汉地艺术表达的融合是在传入泉州以前数百年就已经完成了的。

无独有偶，20 世纪初泉州古城墙附近发掘出许多雕有天使、十字架图案的基督教石刻，消息传到西方引起了很大轰动，甚至诞生了专门的术语——刺桐十字架。它们也是宋元遗物，那时泉州的基督教有两个教派：聂斯脱利派和方济各派，前者还有个更本土化的名字"景教"。因其分属东方教派和西方教派，出土石刻也有希腊风格和拉丁风格的区别。见识过宋元泉州印度教神庙的你，在看到基督教时大概不会太意外吧。这些石刻大多保存在海交馆中，如果你亲眼见到，肯定会感到震撼和不可思议的，因为它们确实太精美了，而且十分奇特。如果不告诉你那是基督教石刻，很难分清刻画的究竟是天使、飞天还是道教仙人。十字图案也是，它的下方往往有莲花底座，那明显是源自佛教的符号。

"刺桐十字架"虽然是以刺桐为名，但其形式也存在于新疆、内蒙古、西安、洛阳、北京、扬州等地出土的古基督教遗存中。与"飞天"的情况类似，考古报告表明，基督教对佛教飞天与莲花的吸收在唐代北方陆上丝路上就已完成。丝绸之路连接东西，并非只是点到点，而是区域网络与区域网络的勾连，当一种文化传播到长安、洛阳，它一定可以借由中华的交通网络继续扩散到末梢。在这一体系中，泉州既是海上丝绸之路的起点，也是陆上丝绸之路影响所至最远端的终点。海陆交会，使得城中外来文化的来源比想象中更为多样。"刺桐十字架"固然可以通过海上传播，但元代西北基督教信徒南下的影响也不容忽视。晋江的摩尼教遗址草庵也是如此，这个 1991 年被联合国教科文组织考察团认定的"海上丝绸之路考察的最大发现"，未必就是海上文化传播的直接结果。

位于涂门街的清净寺是我国现存最古老的清真寺，建筑形式仿叙利亚大马士革伊斯兰教礼拜堂，充满异域风情，是泉州海外交流的重要史迹。摄影 / 朱庆福

宋元时期来泉贸易的阿拉伯人有不少留在本地并繁衍至今，虽在外貌和风俗上与汉人有所差异，却是地道的本地人，著名的有陈埭丁氏、百崎郭氏、达埔蒲氏等。摄影 / 陈英杰

·基督教·

元·基督教叙利亚文残石墓垛
泉州海外交通史博物馆藏

元·基督教尖拱形四翼天使石墓碑
泉州海外交通史博物馆藏

·印度教·

元·印度教恶魔石构件
泉州海外交通史博物馆藏

元·印度教毗湿奴石雕立像
泉州海外交通史博物馆藏
摄影／吴瑜琨

泉州多元文化的形成并非只受到来自海洋的影响，"海丝"与"多元文化"其实是两个互有交叉的独立集合。泉州是同时作为内陆的边缘和海洋的前沿而存在的，在这两种身份的拉扯角力中，最终形成了泉州独特的文化性格。

延续的香火

泉州城南，晋江之滨，是古时蕃舶客航聚集之地，远行的人们向海神祈求平安，供奉着妈祖的大后宫便建立于此。大后宫止对着的空地，裸露着古代城垣基址、壕沟、拱桥等考古遗迹，是泉州古城南门——德济门的所在。由于交通便利，南门外正是外国商人在泉州的居住地，形成了被称为"蕃坊"或者"蕃人巷"的外国人社区。

德济门遗址是泉州多元文化的集中展现。因为临近古代蕃坊的缘故，考古学家在这里挖掘出了伊斯兰教、基督教、印度教、佛教、道教等石刻。其中最令人称奇的，是件一端雕有基督教十字莲花、另一端却刻着伊斯兰教"云月"图案的石刻，似乎暗示着某种宗教融合。有人说泉州是"世界宗教博物馆"，那么德济门就有点迷你博物馆的意思。多元宗教的遗存印证了元代泉州方济各派主教安德肋·佩鲁贾的描述："天下各国人民，各种宗教，皆依其信仰，自由居住。盖彼等以为凡为宗教，皆可救护人民。"作为传教士，安德肋无法认同这种宗教观，但他也承认这种氛围有利于自己教义的传播，偶像教徒（指佛、道、摩尼等）因此受洗者很多，虽然受洗后不守教规的也不少。

繁华终有落幕时。元朝灭亡后，汉人民族主义情绪高涨，泉州蕃坊遭受灭顶之灾，教堂、神庙被拆毁，外国人被驱逐、杀害。废墟中的石料被移作其他建筑的部件（如开元寺大殿），或是用以加固城墙。从这个角度来说，德济门也是宋元泉州多元文明的坟墓。

泉州的多元文化在古今之间存在着明显的断层。元末动乱中，泉州阿拉伯人四散并与汉文化融合，衍脉至今的阿拉伯人后裔其实是失去（或一度失去）其宗教传统的；今日泉州的基督教、天主教也是近代开埠后的产物，并非宋元的延续。我在晋江参访草庵时，正巧遇到一家人前来上香，一开始还纳闷难道摩尼教在泉州仍有信众，后来在草庵一墙之隔的佛寺又看到了那一家人在虔诚礼拜，便知其原委。类似的还有晋江池店村村民将在泉州发现的湿婆像供起来当观音菩萨拜，每年观音诞辰，香火旺盛非常。这些现象恐怕不能简单以"融合"论之，我更愿意将其视为一种"挪用"。就像开元寺和德济门里那些石刻一样，它们已完全失去了外来宗教符号的含义，而仅仅被当作适用于本地宗教价值的替代品。

就泉州而言，宋元多元宗教体现着宗教自由和文化宽容，其精神已随元朝灭亡而终结，要到近代才逐步复兴；留存至今的多元遗存所显示的其实是安德肋所说中国文化中"凡为宗教，皆可救护人民"的观念，这种观念促成了今日闽南民间信仰的繁荣，使泉州继续作为"众神之城"而存在。然而，此时"众神"的含义已从世界宗教并存转向了中国民间的多神信仰体系。这种转变的背后是信众的变化，随着外国商人在元末退出舞台，其所信宗教自然再无土壤。明清以后，从阿拉伯、印度商人的经验中收获颇丰的本土商人开始纵横南海，成为主导海洋贸易的力量。他们将家乡的信仰远播东南亚，并将异域获得的财富用作支撑新一代"众神之城"的基石。

· 伊斯兰教 ·

南宋·伊斯兰教阿拉伯文石墓碑
泉州海外交通史博物馆藏

元·伊斯兰教云月纹石墓顶
泉州海外交通史博物馆藏

· 摩尼教 ·

元·摩尼教摩尼光佛石造像
晋江草庵寺藏
摄影/陈英杰

元·摩尼教"大力"残碑
泉州海外交通史博物馆藏

这不是一张老照片,图中剪影也非木帆船。它们是泉州沿海的出海渔船,在这些现代渔船中,帆的作用主要在于作业时止摇,而较少用于助力。摄影/何清河

船与海神

文 林瀚

舟船是海洋文明的载体，闽南人以此为媒，建立了广阔的贸易与移民网络。泉州湾宋代沉船为我们揭示了福建海船纵横海上的奥秘，而技术保障之外，人们也通过对海神的崇拜来获得心灵慰藉。与海上人群日夜相伴的舟船在民俗活动中扮演了重要角色，对于闽南人来说，它不仅是交通工具，也是信仰文化的一部分。

在人类活动迁移史上，苍茫浩渺的海洋是人类在陆地以外寻求发展的另一个重要的活动空间。舟船作为海洋文化的重要载体，与一座座航标塔相互守望，借着季风与洋流的助力，为怀揣着货通天下理想的闽南先民编织起海洋贸易网络，并构建起一个流动的海上社会。正是舟船这一人类智慧的重要发明，使突破水域阻隔的空间限制成为可能。

《山海经》说，"闽在海中"。这一空间定位不只是久远的历史记忆，更是福建"八山一水一分田"的地理格局下，闽人向海讨生的真实写照。滨海而居的闽南人很早就以海为田，放洋贸易，在广阔的海洋中延伸自己的足迹。闽南先民们驾乘着传统木帆船远洋航行，开启了风帆时代梦想与冒险的旅程。海洋基调则成为闽南文化中一抹蔚蓝的底色，虽经千年的涤荡，却从未褪色。

闽南商民开辟了多条通往异邦的海上贸易航线。南宋文人吴自牧在《梦粱录》中曾提到："若欲船泛外国买卖，则自泉州便可出洋。……若有出洋，即从泉州港口至岱屿门，便可放洋过海，泛往外国也。"

差点被当作柴火的泉州湾宋船

帆船对于沿海港口的船民来说，是生计所在。为适应鲸波接天、浩浩无涯的海洋环境，中国航海先民发明了橹、船尾舵、水密隔舱等工具和造船技艺，为远洋航行提供了安全可靠的船舶支持，福船即为我国传统海船样式中优良的船型。

"福船"是福建沿海所造远洋木船的统称，船型坚固，适航性和耐波性都十分优良，其基本特点是：船身高大如楼，底尖面阔，首尾高昂，首尖尾方，船底有粗大的龙骨，船舱是水密隔舱，单层或多层船板结构，并以桐油灰艌缝，造船材料采用本地盛产的杉、松、樟木等耐海水木料。关于福船在当时海洋航运中的地位，宋人吕颐浩曾评价，"海舟以福建船为上，广东、西船次之，温、明州船又次之"。闽南人因其长期海洋活动积攒的经验，成就了优秀造船匠师与造船技艺。南宋惠安人谢履在《泉南歌》中写道："泉州人稠山谷瘠，虽欲就耕无地辟。州南有海浩无穷，每岁造舟通异域。"

泉州开元寺内，一艘宋代古船"静卧"在泉州湾古船陈列馆中。这是我国迄今为止发现的体量最大、年代最早的海船，也是国内目前已出土的唯一一艘由海外返程的古代海船。船内出土的香料、木牌签、陶瓷器、象棋子等随船物品，为我们重现了700多年前宋船航行的商贸历史与生活图景。

20世纪50年代，泉州后渚大队准备在后渚海滩西北边修筑一个水库，海滩

1974 年，泉州后渚港海滩古船挖掘现场，传说该港是有着"通东京大道"之称的古码头。根据出土文物，考古学家认定这是一艘运载着香料药物及其他商品从海外归航的宋代海船。供图／林瀚

上冲出了一条小港汊，使掩埋于海泥中的船板显露出来。附近村民以为船板可以当柴火，纷纷从家中带来工具砍锯船板。不过由于船板泡在海水中的时间太长，盐分过高，即使晒干也燃不起火来，村民的热情也就消退了。

村民不知道，他们与重大的考古发现只是一步之遥。二十多年后，后渚港海滩上这艘埋在泥层中的木船再次引起当地文物部门的注意。经过严密的考证与细致的挖掘，1974 年夏天，古船重见天日。海船出土时，船体上部已无存，残长 24.2 米，残宽 9.15 米，船身扁阔，平面近椭圆形，尾方底尖，以及多隔舱、多桅杆、多重板的结构，是我国福建宋代所造远洋木帆船的主要特征。根据出土海船的残体，同时参考宋代有关船舶的文献记载和泉州造船的传统经验进行复原，海船的总长度应为 34.55 米，宽 11 米，深 3.27 米，载重量 200 多吨。

考古人员在船舱中发现了大量珍贵文物，尤以香料药物为大宗，分别有降真香、檀香、沉香、乳香、龙涎香、胡椒、槟榔、朱砂、水银、玳瑁等，多是东南亚及非洲等地所产，由此可知这是一艘从海外返航抵港的三桅远洋商船。

航海利器："海舟以福建船为上"的奥秘

这艘宋船被英国科学史家李约瑟博士誉为"中国自然科学史上最重要的发现之一"。令学者们叹为观止的，是中国古代造船工艺史上的一项重大发明——"水密隔舱"。这项技术利用水密隔板把船舱分成互不透水的舱室，每个水密舱室由隔舱板、船壳板、水底板、船甲板围成，隔板与船壳用铁钩钉钩联在一起，并在两旁装置"肋骨"，起到支撑船壳板的作用。此外，又以苎麻、石灰和桐油为原料，按一定比例调和成"艌料"，嵌塞进船舱木板之间的缝隙中，使其密不透水，既增加了船体的强度，又提高了船只的水密性，还便于货物分舱管理。厚实的隔舱板与船壳板紧密钉合，也起到肋骨的作用，使船体更为坚固。

这种船体结构将船身分隔成若干舱位，使船只在航行过程中即使破损一两处也不至于全船进水沉没，提高了航行的安全性。除了将船舶底部龙骨的地方架

18 世纪的日本画家绘制了一幅记录中国商船构造的《唐船图》，其中福州造南京出船、福州造广东出船、厦门船与台湾船船型颇近，可见当时福船形态，图为厦门船。供图／林瀚

有一个小小的"水眼"外,所有的舱壁都做得非常严密,水密程度非常高,这就是水密隔舱的特点,也是我国在造船技术上最伟大的发明之一。

在中古时期的"海上丝绸之路"上,各国商船在西太平洋和印度洋上东往西来,乘风破浪,一旦发生意外,例如船只触碰礁石或被鲸鱼撞击出现漏洞时,别国的船很快就进水沉没了,唯独中国船还能照样继续航行,直至驶抵岸边再加以修复,这与"水密隔舱"技术息息相关。从考古发掘情况来看,我国的船舶最迟在唐代就已经有了这种水密隔舱的设置,到了宋代,它的设计与运用更加普遍和成熟。1982年在泉州法石试掘的南宋古船以及目前仍在进行考古发掘的"南海一号",均发现采用了水密隔舱的结构形式。

西方对这种技术的运用,则要比中国晚了近五百年。1795年,英国海军总工程师塞缪尔·本瑟姆受英国皇家海军的委托,设计制造了六艘新型船舶,这也是西方第一次将中国发明的水密隔舱技术运用于新型军舰的制造中。现在这种技术仍被广泛应用于现代船舶制造中,"水密隔舱福船制造技艺"也于2008年列入国家级非物质文化遗产保护名录。2010年,它又被联合国教科文组织列入《急需保护的非物质文化遗产名录》。

在泉州湾宋船两侧的船壳板上,我们还可以看到多重船板鱼鳞搭接的建造技艺。宽大的船板一片一片被叠合、榫接在一起,船缝则用麻絮、竹茹、桐油灰捣合的艌料填满,并用铁钉钉合,使整艘船的结构得以紧密妥帖,密不透水。要知道在那个年代,在东南亚、印度洋的许多地方,他们的船还是用一种植物纤维串起来的"缝合船"。这种"多重船板"的搭接方式也是古代流传于泉州地区的一种船舶建造工艺,民间俗称"鱼鳞册",它对于增强船体强度、分散风浪冲击力有着至关重要的作用。多重板结构使海船船体能够更好地抵御海蛆的侵蚀,而搭接结构则使船壳外表面成纵向的锯齿形面,提升了船舶横摇阻力,从而减小船舶摇摆幅度,为海船提供了重要的安全保障。

水能载舟,舟能载神

由于航海活动的不可预见性,飘风海难事件时有发生,尤其是风浪诡谲的大海极易使人产生恐惧。当恐惧来临时,人们只能与飘摇中的船只相依,因此船也被赋予某些"通神"的功能。海边的人们通过相关仪式,使船只成为与神明沟通的"法器",以求驱灾除难,出入平安,这在闽南地区放彩船、送王船等民俗活动中体现得最为突出。

"放彩船"又称"作彩舟",是海上船民以木刻小舟代替船只,投诸大洋

随着妈祖信仰的广泛传播,以妈祖显圣故事为题材的绘画作品不断出现,现藏于荷兰国家博物馆的清代《妈祖神迹图》彩绘是极为精美的代表作。供图/许路

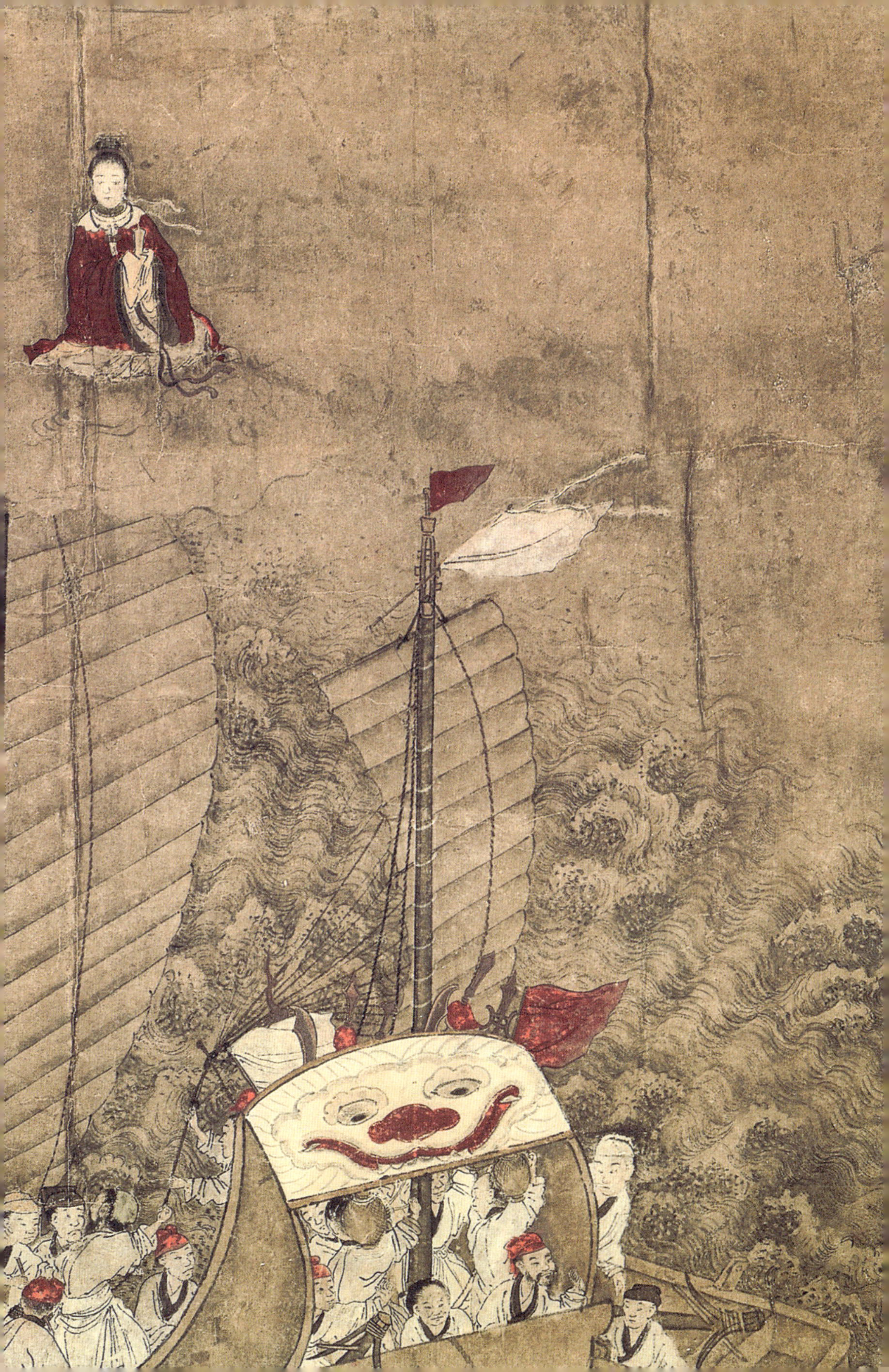

以禳人船之灾的方式,这一传统至少可以追溯到北宋宣和年间。元人汪大渊曾两次从泉州出发,远航东、西洋,这两次跨洋游历为其后来撰写《岛夷志略》提供了翔实可靠的素材。该书"灵山"条提到:"舶至其所,则舶人齐沐三日。其什事,崇佛讽经,燃水灯,放彩船,以禳本舶之灾,始度其下。"据法国历史学家伯希和考证,"灵山"在今越南中部最东端的华列拉岬,华列拉为Varella的对音,在马来语或占语中指神像或圣坛。明代海上航行的指南书《东西洋考》中也记载了"灵山"和"乌猪山"等海域放彩船的习俗。可见在往返于中国沿海地区与交趾、占城、柔佛、马六甲及马来半岛等地之间海上航行的西洋针路上,船舶在经过一些特定海域时,会进行隆重的祭祀仪式,通过"放彩船"以求得商舶航行顺遂。

明万历三十四年(1606)出使琉球的使节夏子阳在所撰《使琉球录》中,也曾两次提到"作彩舟"请神以为禳厌的情况。其中一处是作者的亲身经历:"(五月)二十七日,风忽微细,舟不行,而浪反颠急;舟人以为怪事,请作彩舟禳之,而仍请余辈拜祷于神。甫拜毕,南风骤起,人咸异焉。午后,过钓鱼屿。"可知这种习俗也存在于琉球航路中。

在环东海地域的中国南方地区、朝鲜半岛、日本列岛以及琉球群岛等地,还广泛存在着一种以"送船"方式驱瘟禳灾的仪式。历史上泉州、厦门等地在王爷船的制作投入方面显得更加不惜工本,而且将送船时间定在每年农历五月进行,乾隆《泉州府志》载:"是月无定日,里社禳灾。先日延道设醮,至期以纸为大舟及五方瘟神,凡百器用皆备,陈鼓乐、仪仗、百戏送水次焚之。近竟有以木舟具真器用,以浮于海者。"说明当时泉州已逐渐发展出以实木制作王船的形式。

光绪二十九年(1903)六月十九日,台湾苗栗县后龙镇外埔蚵仔堀靠岸一艘三桅木质彩船,根据当时日本人现场检视,这艘扬帆而来的木船是由泉州府晋江县南门外富美宫于六月十三日在祥芝澳放洋出海,飘航七天抵达台湾的。其船名曰"金庆顺",船头左右两舷写着"福建泉州府晋江县聚津铺富美境新任大总巡池金邢雷狄韩章七府彩船"。据日人记录,该王船梁头一丈五尺,龙骨两丈一尺四寸,由杉木所制,载重量达200担。王船上所立船牌书写着"奉送瘟部及值年行灾使者神祇,保护阖郡老小平安,合要牌示……务要小心远送诸项鬼祟及疾疠疫疠等速归东海,勿致疏忽"。随船除鸡、白羊、桌椅盘碗、令旗仪仗、柴米油盐外,还有王船公启、甲牌等文函,记录着王船的相关信息。

台湾云林县麦寮乡光大寮聚宝宫、新竹县堑港富美宫、台中县大安乡和安宫、台南县南鲲鯓代天府、台北北德宫、嘉义县东石港先天宫等,均有王船飘航其

泉州沿海渔民在蚶江口放"王爷船",希望通过这种传统仪式来驱瘟禳灾。"王爷船"随波飘航,象征神威远播,保佑物富民安。摄影/陈世哲

地的记录。此外,"送王船"的信仰及相关仪式也随华人的足迹传播到东南亚等华人侨居地。在马来西亚吉兰丹州,当地华人仍每四年举办一次"皇船节",场面宏大而热烈,也是马来西亚华人重要的庆典活动。

闽南的海神特别多

当船只在往返于台湾海峡上遇到危险不得靠岸时,闽南船员会通过"划水仙"的仪式,以祈人船平安。具体而言,船员们披头散发蹲在舷间,空手做划船势,口中发出假装击鼓的声音,模拟端午节龙舟竞渡状。

更多的时候,身处人力所不能及的境地中的船民,往往选择求助于神灵。

从一张保存在《琉球国志略》的"封舟图"中,我们能看到夏子阳等中国使节所乘"封舟"的样貌。舟上设有专门的神堂,作为祭神之所。船上有专门负责向神明供献香火、花果的人,被称为"香公"。《东西洋考》中曾记道:"特命

燈籠

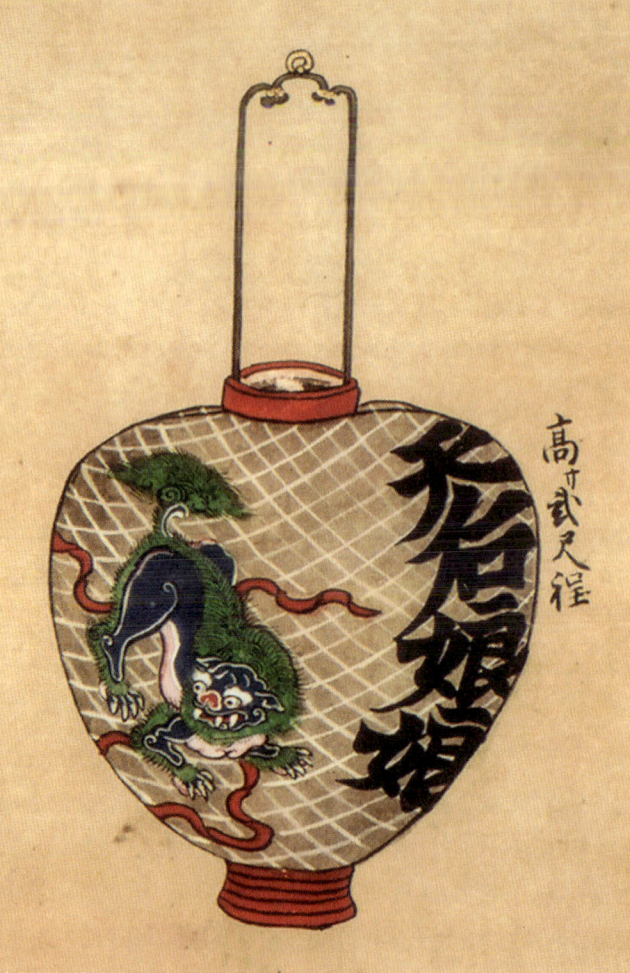

南京
寧波
臺灣
廈門
廣東
廣南
咬𠺕吧出シ
福州造リ

高サ貳尺程

天后娘娘

日本《唐船图》中，绘有专司妈祖的"天后娘娘"灯笼。"天后"即妈祖，在近现代的海船上，依然有在桅杆上悬挂妈祖神像的情况。供图／林瀚

一人为司香，不他事事。舶主每晓起，率众顶礼。每舶中有惊险，则神必现灵以警众，火光一点，飞出舶上，众悉叩头，至火光更飞入幕乃止。是日善防之，然毕竟有一事为验。或舟将不免，则火光必扬去不肯归。"

这种船上祭祀是极为常见的。古代日本人所绘《唐船图》中，就画有专司妈祖的"天后娘娘"灯笼。在近现代的海船上，也出现在桅杆上挂妈祖神像的情况。就普通渔船及小船来说，船工会用金纸将从庙里求得的香灰包好，放在船舱内干燥处，据说也能起到护佑船只的作用。

妈祖并非闽南地区唯一的海神，民众崇祀的海神还有通远王、真武大帝、龙王、好兄弟等。这些海神有些原本是远古神灵或祖先，有些是地域龙蛇崇拜的重塑，有些则是从人到神的转化。比如通远王最早是南安乐山山神，后来在九日山建祠奉祀，转变为佑护航海安全的海神，九日山也成为官方祭神祈风之处，山上所凿的祈风石刻，就是地方市舶司官员到昭惠庙举行祈风祭海活动后留下的文字记录。宋时，玄天上帝也成为官方祭海的对象，今天泉州真武庙山门后有一大磐石，可见明嘉靖十二年（1533）晋江知县韩岳所立石碑一块，上刻"吞海"两字，气势磅礴。

到南宋庆元二年（1196），在泉州城南"笋江、巽水二流之汇，蕃舶客航聚集之地"建起顺济宫（天后宫），祭海的主祭对象逐渐被妈祖所替代。流传于民间的众多妈祖显应海上的故事，为妈祖盖上了一层层神秘的面纱。在渔民、商人、官员的共同推动下，妈祖不断得到朝廷褒封，从"夫人"到"天妃"再到"天后"，其海神地位日渐声隆，信仰范围也随着闽南海商的足迹向外延伸，从闽南拓展到中国东南海域，进而远播到东南亚。泉商频频参与到沿海港口及海外众多天后宫的建设中，泉州天后宫由此成为众多海港天后宫的分香主庙。

除了上面提到的主要神明外，明清时期留存下来的各种海路针经向我们揭示了闽南人的海神群体比我们想象中的还要广杂。在《指南正法》中曾提到：神针大将、夹石大神、换水童郎、水盏圣者、起针神兵、位向守护尊神、目龙杠棋一切神兵、本船随带奉祝香火一切尊神等。《指南广义》则记有"东西南北中央五方报事直符使者，九天玄女，马头陀、张仲坚、李定、柳仙列位先生，掌针大将、转针郎官，叶石大神，巡海夜人，海上虚空过往神明等"。

这些海上信仰在现在看来，很多是怪力乱神、荒诞不稽之说，但当人们面对海上那种大自然狂野的原始力的时候，无助、恐慌等情绪的产生是人的本能反应，而这种从大海的虚像中幻化出海神的人格化形象，是人们摆脱绝望、奋力求生的动力。从这些神灵的名讳与神职中，也可窥见闽南人的海洋精神世界。

闽南人的『地中海』

文 许清 王建国

向海而生的闽南人，一度把亚洲海域经营成了自己的"地中海"。当西方殖民者来到亚洲，闽南人的海外贸易便卷入了世界经济的洪流。凭借着商人的精明头脑与血缘、地缘等错综而强大的关系网络，海外的闽南商人建立了自己的"商业帝国"，影响延续至今。

如果你关注亚洲经济，那么一定不会对海外的闽商群体感到陌生。福布斯、胡润富豪榜上，隐现着一个闽南人的"商业帝国"。以经济实力论，东南亚各国中除了泰国是粤商占据优势外，其余国家占据上风的都是闽商，印尼、菲律宾、马来西亚、新加坡等国近十余年的首富更由海外闽商交替把持。

追踪这些华商家族的发家史，会发现他们的先辈大多是在19、20世纪"下南洋"的移民运动中来到东南亚的。近代的移民潮给东南亚华人带来了"量变"，但华商经营南洋的贸易行为作为一种"质"，是自宋元以来具有高度延续性和稳定性的。经济史家彭慕兰与史蒂文·托皮克在《贸易打造的世界：1400年至今的社会、文化与世界经济》中，将"福建人贸易网络"作为全书第一章第一节，充分说明了闽商的地位。甚至可以说，在闽南商人最活跃的明清时期，亚洲海域是作为闽南人的"地中海"存在的。

亚洲海域视角中的闽南

这片"亚洲的地中海"不是一个地理学定义，我们可以通过今日国际政治语境中的"太平洋岛弧"来理解其地缘意义。距离亚洲大陆最近的"第一岛弧"北起日本列岛，经琉球群岛、台湾岛延伸至岛弧链南端的菲律宾群岛，这些岛屿与亚洲大陆共同包夹起了一片广阔的海域，海域近岸地带背靠东亚地区的文明中心，居住了整个亚洲近半的人口。

在沿海的诸多港口城市之间，人类进行中短途航海活动的历史十分悠久。这种地理形势与欧亚大陆另一头的地中海很是相似，唯一的区别仅在于地中海是一个实实在在深居于大陆内部的内海，而"亚洲的地中海"则由一系列不完全连贯的陆地松散地围合起来的海域组合而成。

在"第一岛弧"中，台湾岛是距离大陆最近的陆地，它西隔一道海峡与中国大陆相对，东面即是无遮无拦的茫茫太平洋。台湾以南，菲律宾群岛南与加里曼丹岛和马鲁古群岛相连，与中南半岛和马来群岛一道围合成南海；台湾以北、以东的朝鲜半岛、琉球群岛和九州岛一道，将东海和黄海包围在内。这两片海域与中国传统地理观中的"南洋"和"东洋"两个概念正相吻合，而闽南地区则正好把守在台湾海峡这个枢纽部位上，沟通"东洋"和"南洋"的航路必须从这里经过，这就为闽南成为"亚洲地中海"海域的关键角色提供了必要的前提。

闽南与地中海还有一点相似之处：面向海洋但不背靠沃土。古典时代的地中海诸城邦中，除了埃及的亚历山大港可以依靠背后的尼罗河平原外，爱琴海、黎凡特、北非、亚平宁以及黑海沿岸的港口大多位于山海包夹之中，与大规模的农耕地带相距遥远，只得通过航海和贸易寻求生计。闽南地区同样面向大海，与中原腹地远隔重山，人多地少，因而即使被纳入华夏农耕文明的势力范围已久，也依旧抹不掉本地居民向海为生的海洋传统。

在"亚洲的地中海"沿岸，像闽南一样腹地狭小但海运兴盛的港口城市不少：闽南在北，东起日本长崎，西至马六甲，南抵印度尼西亚的爪哇岛，亚洲海域绝大多数主要港埠都被纳入了闽南人的贸易网络中。

当南洋贸易关系着全球经济

欧洲的"大航海时代"彻底改变了世界历史的进程。1522年，麦哲伦船队完成环球航行的壮举，而他本人身死于菲律宾的部落冲突中。四十多年后，西班牙人卷土重来，从墨西哥出发，相继攻占宿务和马尼拉，用国王菲利普二世之名命名了这块新的殖民地。在此之前，葡萄牙人东渡印度洋，先后占据印度果阿、马六甲，并于1557年侵占澳门。西、葡殖民者会合于南海。西方殖民势力的进入极大地改变了原来"南洋贸易"的模式和规模，"澳门—果阿—里斯本"和"月港—马尼拉—阿卡普尔科—塞维利亚"两条远洋航线，将"亚洲的地中海"推向世界历史的舞台中心。

马尼拉的崛起是那个时期最典型的案例。当西班牙探险家雷加斯比在1570年登陆时，只有四十余名华商在此寓居，向当地土著销售中国陶瓷和其他生活用品。1572年，中国海商为菲律宾殖民当局运来了丝货、棉织品和瓷器等样品，双方议价成交。次年，大批中国货物如约而至，两艘西班牙商船运载着712匹丝绸和22300件瓷器从马尼拉扬帆远航，并于年末抵达墨西哥阿卡普尔科港，开启了著名的"马尼拉大帆船贸易"。贸易的一端是中国的丝绸、瓷器，另一端则是产自西属美洲的白银。16世纪中后期，墨西哥、秘鲁等地的银矿被大量开采，而此时的中国已采用白银作为流通货币，正苦于"银荒"。于是，马尼拉大帆船贸易就成了"丝银贸易"，而马尼拉也一跃成为世界级的贸易中心。

精明的闽南商人当然不会错过这一商机。西班牙文献记载了"Sangleys"（闽南商人，源自闽南语的"生理"）如何巧妙地根据市场形势调整货品售价，从而尽可能地赚取美洲白银。"生理人"往往等到商船起锚离开马尼拉之后，才开始和城里的西班牙人、墨西哥人讨价还价，进行易货贸易，因为此时城里的商品渐渐地开始匮乏，物价不断上涨。当看到西班牙大帆船满载着美洲白银驶入马尼拉港，而市面上的中国商品所剩无几时，他们便会哄抬商品价格。同样，若他们获悉马尼拉的银元库存匮乏，就会相应地减少当年从福建出口到马尼拉的货物量，静观其变，以维持丰厚利润。有学者估计，当时世界所产白银有一半通过马尼拉大帆船贸易流入中国，而中国自己占有世界白银产量的1/4到1/3。

大帆船贸易兴起后，因商业原因留居马尼拉的华人逐渐增多。明代福建巡抚许孚远说："东西二洋，商人有因风涛不齐，压冬未回者，其在吕宋尤多。漳人以彼为市，父兄久住，子弟往返，见留吕宋者盖不下数千人。"相比之下，同时期留居马尼拉的西班牙人不过数百。

闽南商人的成功秘诀

这些由商船和航线组成的网络背后，掩藏着更为错综复杂的人际网络。血缘或模拟血缘的宗族、地缘的同乡，甚至是和当地土著以及殖民者之间的合作关系，共同托起了闽南人的海上商业帝国，成为其经久不衰的基石。

有学者研究了明清时期闽南移民家族的族谱，发现同一家族的成员通常并不会前往同一国家或地区谋生，而是分散开来。如泉州安海《颜氏族谱》中，15—19世纪间，数百人漂泊海外，足迹遍布东南亚和东亚的各大商埠，包括巴达维亚、三宝垄、巨港、文莱、马尼拉、中国台湾、新加坡、槟城、吉隆坡、曼谷、占城、日本、安南以及其他名称不详只是被简单记录为"南洋"或"海外番邦"的地方。一个个地名象征着这个家族不断扩大的家族贸易网络。同时，一旦某个家族成员经营失败，他还可以去其他地区投靠亲戚，从而降低了失败的风险。

许多时候，宗族并非单纯的血缘群体。闽南有一种古老的收养义子的风俗，即买入穷亲戚或同乡的孩子作为义子，待其长大后便可辅佐打理家族生意。这种风俗在当时的海外闽商中十分普遍，是保证其海外发展的关键因素。

身处异国，华商需与殖民者和本地土著两个人群打交道。华商与当地土著的接触、联姻古已有之，出现了国内、国外各有一家的"两头家"。到了殖民时期，由于早期西方殖民者人手不多且不熟悉情况，久在当地的华人充当了"中间人"的角色。在菲律宾，西班牙统治者对土著与华人采取分治政策，限制人口流动，于是就有一些华人通过皈依（或形式上的）天主教的方式来获得自由迁徙以及与同样皈依天主教的当地女性结婚的权利。17世纪末，晋江罗山镇上郭村人柯仪南移居菲律宾，皈依受洗，改姓梅尔卡多（Mercado，意为华商），他的玄孙即后来的菲律宾"国父"——何塞·黎刹。

出于对华人的忌惮，西班牙人定期驱逐马尼拉华商，更曾五次屠华。凭借着上述富有韧性及多元化的闽南人网络，每次灾难后不久，就会有另一批闽南商人出现在马尼拉街头，重建华人社区。与徽商、晋商等中国其他商帮常常受到朝廷的支持和保护不同，行船海上的闽南商人被形象地称作"没有帝国的商人"，他们在充满危险和敌意的海外社会谋求生存和发展，只能依靠其独特的关系网络寻求自保。然而，这种模式也有着非政治、非国家的小团体性，实际上显示出一种边缘文化的特征。这既是闽南人能够快速融入当地社会并得到海外统治者信任的原因，也是闽南人社区在历次屠华事件中无力反抗，且无法在自己的商业区进一步争取政治权力的根源所在。同时，它还解释了为什么当同时期的西方商人通过资本积累与国际贸易直接推动本国现代化进程的时候，20世纪前的海外闽商对中国社会变革施加的影响却极为有限。

随着东南亚华人不断与本地结合，贸易网络由沿海港口城市伸向内陆腹地，贸易品也逐渐转由当地制造。当18世纪的大幕落下，海外华商网络的支柱和大本营已从中国沿海转移到海外华人社区，从而脱离了对国内市场和商品的依赖。不久，陈嘉庚、胡文虎们漂洋而来，在东南亚建立起了自己的企业与工厂，海外华商里冒出了一个个"橡胶大王""烟草大王""银行大王"……闽南人的商业帝国从此进入一个"大王"辈出的全新时期，其影响延续至今。

在闽南，传统红砖大厝与西式建筑风格的"混搭"是极为常见的建筑形式，海外贸易与移民促进了外来文化与本土文化的交流，因此闽南建筑也带有浓厚的"侨乡"色彩。摄影/赵剑飞

本土与海外的两个闽南

文 刘伯孳

今日东南亚地区的华人数量超三千万,大多数人的先祖来自中国东南沿海的广东、福建等地,其中菲律宾、马来西亚、印尼、新加坡等国闽南人尤多。异乡打拼的游子心念故乡,不仅在海外华人社区延续着家乡的方言、信仰、民俗,还把国外的财富、物产、经验带回闽南。在故乡与他乡的不断互动中,闽南文化完成了自身的新陈更迭。

医生　　　　　　　　佣工　　　　　　工人父亲、裁缝母亲和孩子们

若你身处东南亚马六甲、槟城、新加坡、泗水、马尼拉等地的街头，你会听到熟悉的闽南话从耳边飘过，偶尔可以从社团的聚会中听到悠悠南音，在街边可以吃到和家乡一样味道的闽南菜……好像把故乡的一切都搬来了，这些闽南人聚居的城市形成了闽南之外的另一个闽南。

若你来到闽南本土的某处侨乡，会看到两种建筑最吸引眼球，一是以朱红色为主色调的传统闽南建筑，比如南安官桥蔡氏古民居，大片的红砖建筑蔚为壮观。这些红砖古大厝翘着弧线优美的燕尾脊，细致的砖雕、木雕与屋中文人书画相映成趣，展现着闽南丰富的人文底蕴和民间匠人的心情。另外一种则是充满欧陆风情的洋楼，如著名的王顺兴信局遗址奇园就是其中经典，高大雄伟的罗马柱和精致的百叶窗，让人忍不住走进去一看究竟。洋楼内的建筑材料均来自南洋，优质的南洋木材被用来做成门窗或铺成地板，精美的水泥花砖更是极具异国风情。洋楼内，现代的抽水马桶、西式壁炉、发电机等一应俱全。这时，你或许又觉得自己置身于南洋的某个地方。

闽南是著名的"侨乡"，千百年来无数海外移民在东南亚乃至全世界开枝散叶。人口流动与文化交流使得闽南与南洋在故乡与他乡的认同之间不断切换，闽南人带着故乡的风物来到他乡，把他乡当作故乡一样用心经营；他乡的文化反过来影响故乡，促进了闽南自身文化的新陈更迭。海洋性是闽南文化的特质所在，当我们随着闽南人迁移的足迹，将地图放大到整个南海海域时，闽南文化更多的细节被展开，你会发现闽南文化并不是只在闽南本土孤立地发展，而是一曲故乡与他乡、主题与变奏的恢弘交响。

| 鞋匠 | 木匠 | 货郎 |

早期闽南移民从事的部分职业。
供图 / 新加坡牛车水原貌馆

要把闽南搬到海外，总共分几步？

闽南人移居海外的历史悠久，出土实物证明至少在唐朝已经有闽南人移居东南亚，随着宋元泉州海外贸易的繁荣，移民数量不断增加。明代郑和下西洋的浩荡船队中也有来自闽南的船员，他们跟随郑和到达了马来亚的马六甲、印尼的三宝垄等地，留居当地者成为早期的华侨。明末清初更是闽南人移民海外的高潮期，移民者在东南亚的巴达维亚、马尼拉、马六甲、三宝垄等地聚居，从事着这些城市日常需要的各种营生，从做理发师、厨师、裁缝、小贩等逐渐发展到土产批发商、铁器商、布商，再到经营旅店、酒店、银行、保险等行业。集市和街市不断地聚集人气，各种各样的宗亲会、同乡会、同业会纷纷成立，成为人们怀旧叙旧的地方，形成了粗具规模的华侨社区。

对于在异乡打拼的华侨来说，乡音是最亲切的了，他们首先认同于各自方言群，然后才扩展为对整个华侨族群的认同。故乡的宗教信仰也被带到了海外，除了拜大伯公、拜观音、拜关公等共通的信仰，不同的方言群还有各自的小信仰，显示出明显的地域差别。南安人有供奉广泽尊王的习俗，因此在东南亚的南安会馆中常常会设一个殿堂来供广泽尊王，而安溪会馆内则会供奉着来自故乡的清水祖师，一些乡村的同乡会甚至把故乡铺境（泉州古代基层行政单位）的境主搬到海外的同乡会中供奉，香火兴盛，不亚于故乡。

身处异国，华侨社群的信俗亦受到海外政治文化的影响，发生妥协与嬗变。在菲律宾描东岸市妈祖天后庙中，有一尊既似天主教圣母又似妈祖的金身神像，是当地渔民在河里捞到的。菲人为其建起小寺院作为天主教神像来崇拜，称为"该

1900年，马来西亚槟城坎贝尔街，一排排中文商店牌匾尤为醒目。坎贝尔街又称新街，以传统中药店、印度时装店和各种商店著称，现在是著名的观光景点。供图 / 视觉中国

沙赛"圣母，而华侨把她作为妈祖来信奉，这是西班牙殖民时期宗教同化政策下的权宜之计。有趣的是，现在每年三月妈祖诞辰时，人们既烧香点烛、抽签问卦，又请天主教神父主持弥撒；既向妈祖连敬三天传统中国戏，又在庆典的最后一晚举行花车游街，西式乐队开路，总之是菲、华信俗的大混杂。

　　海外华侨很自然地成为传统文化的实践者和保护者。比如在闽南地区拥有深厚民众基础的南音，就随着移民的脚步流传于港台和东南亚。菲律宾有24个南音社团，其中不乏金兰郎君社、长和郎君社这样拥有两百年历史的"老字号"。虽然有人认为早期的南音社团是一种秘密社会组织，但这并不影响其传承南音的事实和作用。南音是当地华侨寄托乡愁的方式，也是沟通海外与家乡的纽带，如长和郎君社曾邀请闽南著名乐师高铭网等人到菲律宾收徒开教，培养南音人才，使其在菲律宾薪火相传。菲律宾外，活跃于东南亚的南音社团还有新加坡湘灵音乐社和印尼东方音乐基金会等。他们20世纪80年代后频频以南音交流的方式造访故乡，闽南的南音社团也前往东南亚访问，传唱出海内外闽南人共同的心声。

槟城龙山堂邱公司，是马来西亚华人姓氏宗祠组织中最突出的一个，不仅有延续了近650年的宗族体系，更因金碧辉煌的祠堂与建筑群享誉海内外。供图 / 视觉中国

在海外社团的会所里，华侨们品尝着故乡的铁观音，眯着眼睛陶醉在悠悠南音里，仿佛回到闽南古大厝。移居海外的闽南人把家乡的语言、音乐、饮食、风俗习惯、思想道德观、宗教及民间信仰等文化元素一起带去，对这些传统文化的维护也是他们对家乡的感情及文化认同的反映。

家信里的近代化：洋货、革命与新式学校

当闽南人移居到海外时，有一种可以拉近与故乡亲友距离的媒介——侨批。"批"即闽南话中的"信"。在过去，海外华侨委托"水客"寄批和款给故乡亲友。水客的叫唤声是最令闽南人欣喜的声音，一张张充满情感的侨批温暖了亲人，而寄来的款项则给亲人生活带来了实际的改善。水客若还带来了南洋的新奇食物和用品，则可以让家人享受一下南洋的味道。海外的华侨也盼着水客，期待他们捎来故乡亲人的回批与音讯。

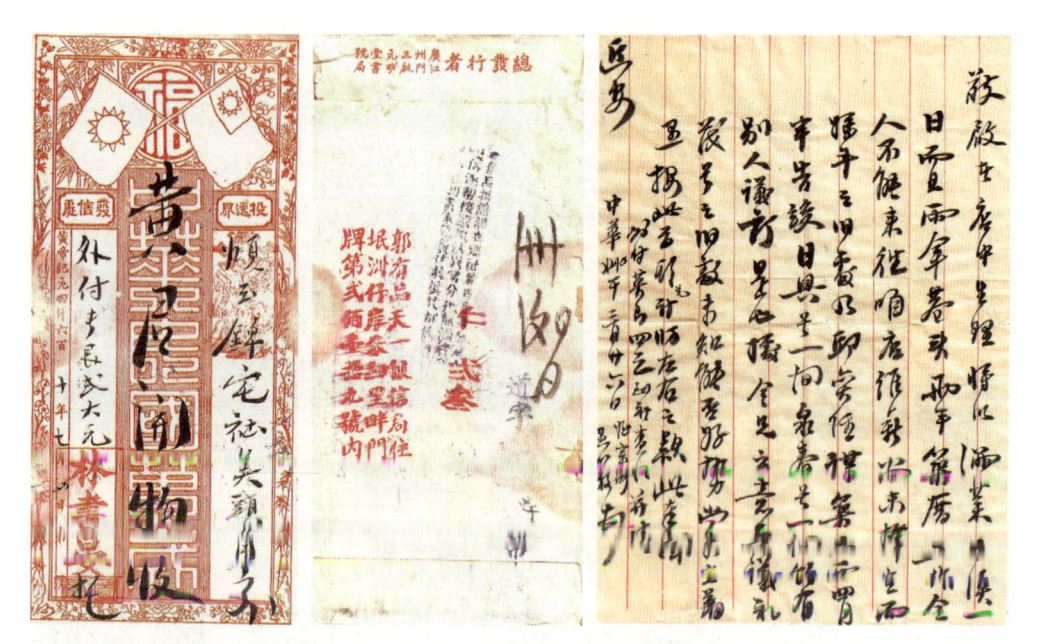

"侨批"是连接海外闽南人与故乡亲友的媒介。2013 年，"中国侨批"入选联合国教科文组织的《世界记忆名录》。供图 / 陈林浩

水客最初只是往返于国内和南洋的华人，顺便帮熟人带批与款，后来演化为一门职业。随着海外华人数量的激增，水客的经营范围、业务量与效率都不再能满足市场需求，便诞生了像天一信局这样专门经营侨批的侨批局，形成了覆盖中国华南与东南亚甚至北美的跨区域侨批网络。一封封侨批背后，是邮政、交通、商业网络、金融汇兑等环区域、环海域的国际性交流。可以说，连接闽南与南洋的侨批业是闽南近代化最先发生的行业之一，也是催动闽南地区其他领域近代化的重要媒介。

2009 年，闽南地区发现了 470 余封珍贵侨批，发出、收批地点包括马尼拉、香港、厦门、漳州等地。侨批的主人黄开物 1878 年出生于漳州角美锦宅村，与兄弟侄儿在马尼拉经营恒美布庄，参与普智阅书报社和菲律宾华侨教育会的活动，曾加入同盟会并担任马尼拉中华布商会副会长。和其他华侨一样，有意无意间，黄开物把他的海外经验带回了故乡，从他的家信里可以看出南洋文化对闽南本土在物质、社会、思想等方面的影响力。

通过侨批局的侨批只能寄信寄款，而通过水客的侨批则可捎带物品，所以有相当数量的"黄开物侨批"通过水客寄出。在黄开物的寄物清单中，附寄有乌洋布、花布、乌麻子粒布、椰油、玻璃瓶、童子鞋拖、金玳瑁梳、吧涂（水泥）、

番饼、雨伞、正白铜汤匙、铜锁、雪文（肥皂）等生活用品。物质文化的交流是近代闽南受到南洋文化影响最显见的层面，侨乡的南洋建筑自不待言，你若细心观察居住于建筑中的侨民后代，他们的生活方式也体现了南洋文化的影响。有些侨眷习惯每天喝咖啡，这便是来自南洋的物产和风俗，生活方式的改变更是潜移默化的，需要长期物质交流的积淀。黄开物寄出的物品只能瞥见闽南近代风俗演变的一角，但足以想见它背后是怎样一座巨大的冰山。

"黄开物侨批"中，同盟会会员林书晏、吴宗明等从马尼拉寄来的侨批反映了菲华社团和华文报刊宣传革命思想的情况。心系故国的人们以演出革命题材的戏剧等方式发动华侨踊跃捐输，在支持辛亥革命的菲律宾华侨中，既有邱允衡、陈迎来等华侨领袖，也有像黄开物等来往于菲律宾与闽南之间联络组织团练武装的中层华侨，更有众多为革命捐出血汗钱，乃至奔赴国内参加起义直接推动革命进程的普通人。海外华侨群体的民族主义热情，与他们既接受传统儒家四书五经的华文教育，又身处殖民社会而带着强烈的反抗殖民主义的情绪分不开。这些海外华侨对近代中国革命事业出钱出力，以至于当今天的我们听到"华侨"这一称谓，脑中总是会将其与爱国主义和荣誉联系起来。

起义可以推翻封建王朝，社会文化的进步却需要教育来积淀。黄开物及其宗亲在海外经商谋生的过程中，认识到只有文化和教育才能改变个人与故乡的命运，于是成立了锦宅华侨公立学校旅菲校董会，为家乡学校募集善款。学校建成后，黄开物更一度回乡主持该校的校务。从"黄开物侨批"里可以看出海外华侨在故乡教育事业上显现出来的热情，校舍的建设和修缮、教师的选聘、学生的服装制作、童子军的成立、学校的日常开支等学校事务，黄开物都亲力亲为。与支持国内革命的情况相似，振兴家乡教育的华侨并非均是富商。为了后辈的教育省吃俭用，全身心地投入，体现出华侨们心系家乡的民族情绪，这和他们认识到知识改变命运、建立新式学校的跨国经验其实是相辅相成的。

"回家的诱惑"

2013年，"中国侨批"入选联合国教科文组织的《世界记忆名录》，这是对侨批背后一代代海外侨胞的血汗与深情的认同。来往于故乡与他乡之间的侨批在字里行间呈现出各种信息，真实地反映了当时闽南社会的风气和面貌。同样重要的是，许多侨批展现了身处他乡的华侨如何"隔空"参与到故乡的种种家族、社会活动中，来自海外的资金和意愿如何强化了闽南本土的传统和文化。

1885年，菲律宾华侨颜良瞒从马尼拉寄往石狮钞坑妻子蔡氏的一封侨批中提到："倩一本梨园以敬阴光。""倩"是闽南语"请"的音译，像这样夹杂着口语音译的书写方式在侨批中极为常见，读之亲切温暖。"敬阴光（公）"是在泉州侨乡普遍盛行的一种民间信仰，祈求全家大小内外平安顺利，一般选在初一、十五，或重要的节庆如春节、"立厝"、"做大生日"等。"梨园"即有着"古南戏活化石"之誉的梨园戏，现在是国家级非物质文化遗产。依闽南习俗，民间会在许愿或起誓时，许诺"搬戏"酬谢神明，有时甚至连演数日，邀请全村邻里来观赏。在目前已发现的侨批中，"倩梨园"是常被写信人提及的事项，只因其事关重大，邀约戏班、搭台、祭祀、宴请等细节，均需要早早谋划，周全安排。

在另一封1937年从马尼拉寄往石狮钞坑的侨批中，丈夫颜清芬嘱咐在家乡的妻子，按当地风俗为儿子周岁"筹办牲礼筵味敬谢檐墘妈"。其中，"牲礼筵味"是庆典活动中必须准备的供奉用品的统称，"檐墘妈"则是闽南独有的民间信仰，俗名称"檐口妈"的。小孩满月或周岁时，为祈求家中孩子平安，在家里敬奉"床母"，而后再到屋外敬"檐口妈"。因为没有具体神明形象，需在人眉屋檐滴水来确定神明位置，所以得名"檐口妈"。寄批者用"敬谢"来表达虔诚，足见其重视程度。上述两个例子都是生活中的细节，体现了海外华侨对故乡传统习俗活动的热心参与，其他大型活动修族谱、修祠堂更是不在话下。

改革开放后，闽南侨批业退出历史舞台，侨批的汇款功能由银行接替，而其交流情感的书信渠道则由邮政与电子通信替代。同时，因为经济的发展与政策的开放，海外华侨也得以不断回到故乡拜祖省亲，有时甚至整个家庭几代人几十上百个成员浩浩荡荡地回乡。他们在捐建学校公路医院、设立奖教奖学基金等公益事业的贡献，使故乡的面貌焕然一新。有意思的是，这些在海外见识现代文明的华侨不仅给故乡带来现代的理念，而且成为故乡修建祠堂、编修族谱等恢复传统运动最积极的推动者。一些在海外依然保持的闽南传统文化，因华侨的回归而从他乡重返故乡。在海外华侨与乡人的共同努力下，闽南地区祭祖先、迎神佛、演戏酬神等在五六十年代一度消沉的仪式和习俗得以恢复，加之南音、南少林、南戏等文化交流，两个"闽南"之间文化传播的角色顿时反转。

海外的闽南华侨频繁地回到故乡，最初吸引他们回乡的因素来自血浓于水的乡情。如今，世界闽商大会、世界晋江同乡恳亲大会等超越宗亲和血缘的跨地域社团不断产生，更广泛地传承和发扬着闽南文化，成为"两个闽南"这部交响曲的最新篇章。

龙海角美东美村曾氏番仔楼。旧时，闽南人称漂洋过海到异地谋生为"过番"，"过番"的人回到家乡就成了"番仔"，所建洋楼被称为"番仔楼"。摄影/吴俞晨

咱厝人讲咱厝话

文 郑子宁

《爱拼才会赢》这首许多中国人听不懂的闽南语歌曲,为何能够影响全球华人三十余年?这不得不提到闽南历史上的贸易与移民,歌词正反映了闽南人向外开拓时爱拼敢赢的精神。随着开拓者的脚步,闽南话扩散到了世界各地,并在与不同地区语言文化的接触中不断发展,形成了一个影响范围远超闽南本土的闽南语世界。

如果翻开中国地图,厦门、漳州、泉州所在的闽南地区实在说不上是多大的一片土地。但是如果翻开中国语言地图,就会发现闽南语的分布并不局限在福建南部的小小角落里,北到浙江的舟山群岛,南到广东、广西海岸甚至东南亚地区,都有说闽南话的地方。在全世界说闽南话的人口中,闽南本土人口的占比甚至连四分之一都不见得有——光是海峡对岸的台湾岛,说闽南话的人口就几乎与闽南本土相当。从一隅走向世界,闽南语超强的扩张能力是在中国其他方言里看不到的。

宿命是迁徙:闽南语的"山海经"

闽南人把自己说的话称作"咱厝话",也就是自家话的意思。俚语说"咱厝人讲咱厝话",不但今天的闽南地区依旧是方言氛围浓重的地区,闽南语更随着历代移民被带往世界各地。

闽南人对自己的方言有很强的认同感和自豪感,其中一个原因就是闽南语作为汉语中保留上古汉语成分较多的方言而暗含着某种"根正苗红"。晋唐间中国北方的几次大规模战乱导致汉人南迁至此,闽南因其封闭的自然与交通条件,较好地保留了当时语言的样貌。今天闽南人仍然把锅称作"鼎",有些地方的闽南人应声时仍然使用汉朝人说的"诺",称呼妇人仍然说"诸妇"。而在语音层面上,

"哇\嘎/哩\共"

释义

我共汝讲（我跟你讲）
gguá gáng lī gòng

"讲古"是闽南地区特有的曲艺形式，讲古艺人运用闽南话丰富的词汇、特有的韵律及谚语、俗话对小说或民间故事进行再创作和讲演，深受当地百姓欢迎。

摄影/方托马斯

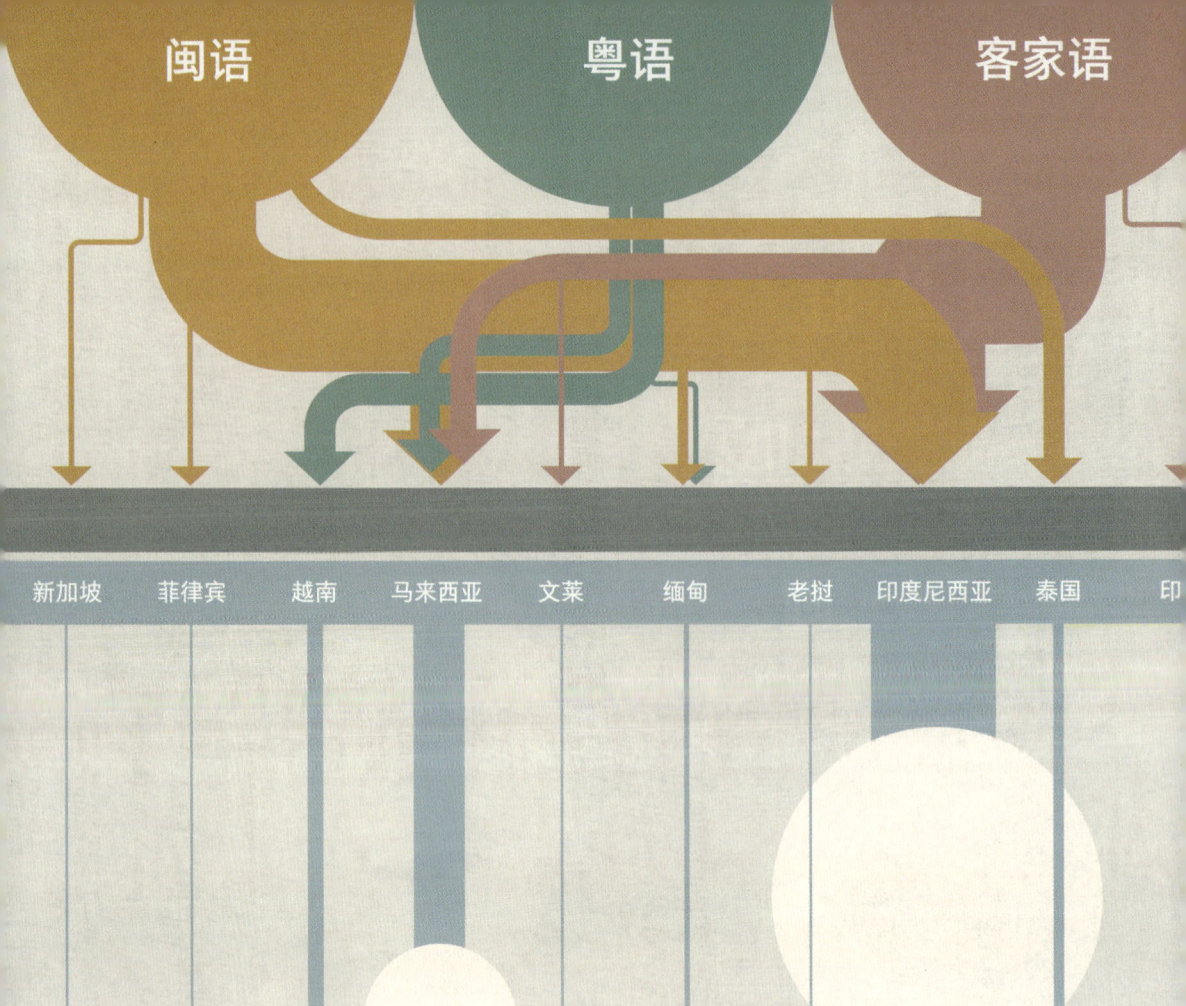

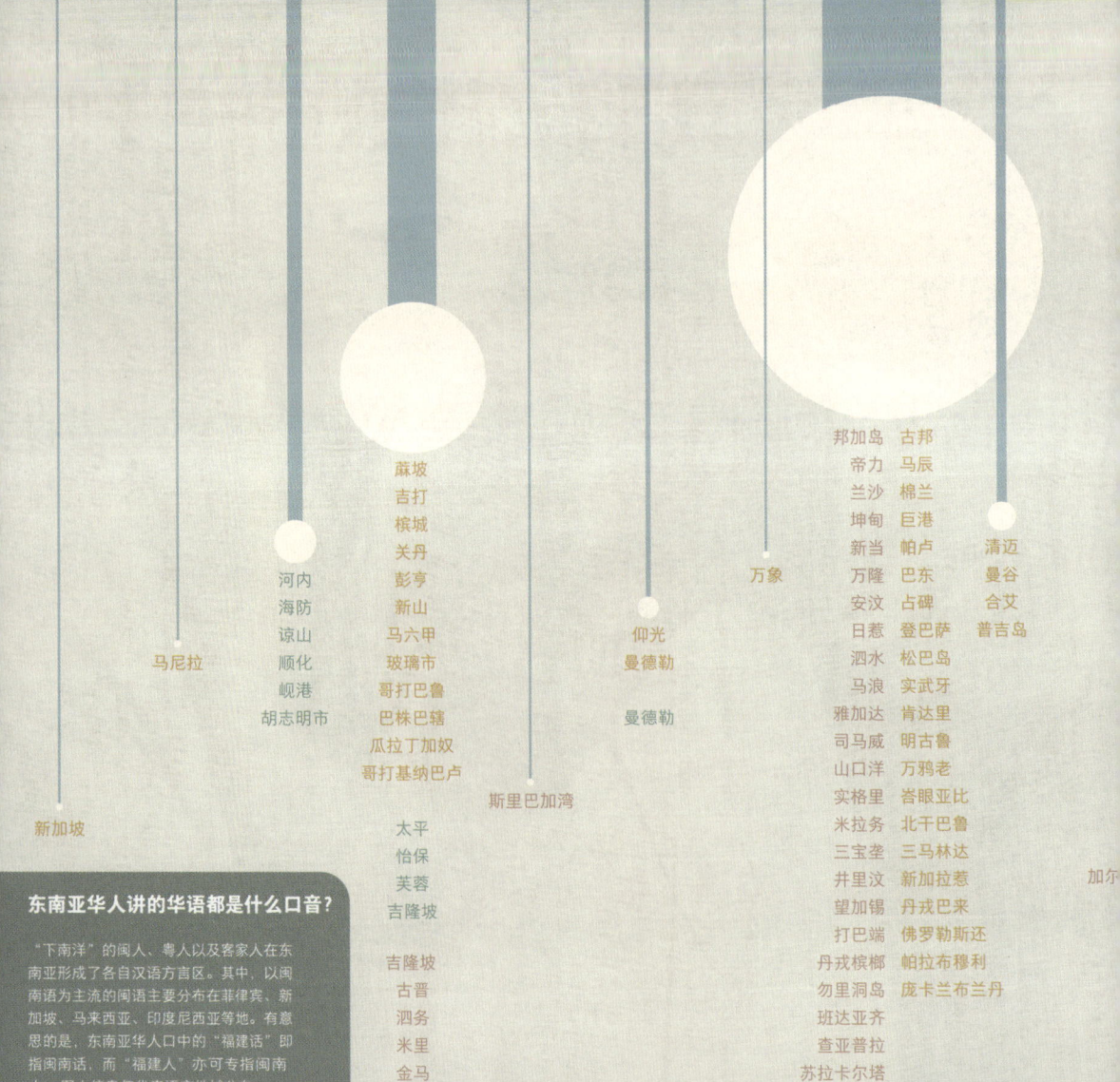

闽语　　粤语　　客家语

| 新加坡 | 菲律宾 | 越南 | 马来西亚 | 文莱 | 缅甸 | 老挝 | 印度尼西亚 | 泰国 | 印 |

| | 马尼拉 | 河内
海防
谅山
顺化
岘港
胡志明市 | 蔴坡
吉打
槟城
关丹
彭亨
新山
马六甲
玻璃市
哥打巴鲁
巴株巴辖
瓜拉丁加奴
哥打基纳巴卢

太平
怡保
芙蓉
吉隆坡

吉隆坡
古晋
泗务
米里
金马 | 斯里巴加湾 | 仰光
曼德勒

曼德勒 | 万象 | 邦加岛
帝力
兰沙
坤甸
新当
万隆
安汶
日惹
泗水
马浪
雅加达
司马威
山口洋
实格里
米拉务
三宝垄
井里汶
望加锡
打巴端
丹戎槟榔
勿里洞岛
班达亚齐
查亚普拉
苏拉卡尔塔 | 古邦
马辰
棉兰
巨港
帕卢
巴东
占碑
登巴萨
松巴岛
实武牙
肯达里
明古鲁
万鸦老
苔眼亚比
北干巴鲁
三马林达
新加拉惹
丹戎巴来
佛罗勒斯还
帕拉布穆利
庞卡兰布兰丹 | 清迈
曼谷
合艾
普吉岛 | 加尔 |
| 新加坡 | | | | | | | | | |

东南亚华人讲的华语都是什么口音？

"下南洋"的闽人、粤人以及客家人在东南亚形成了各自汉语方言区。其中，以闽南语为主流的闽语主要分布在菲律宾、新加坡、马来西亚、印度尼西亚等地。有意思的是，东南亚华人口中的"福建话"即指闽南话，而"福建人"亦可专指闽南人。图中信息仅代表语言地域分布。

信息来源：《中国语言地图集》

闽南话也颇保留了一些罕见于其他方言的旧音，如"猪"说 ti、飞说 pe，声母都与隋唐以前的汉语一样。此外，闽南最早的土著先民也在方言中留下了自己的痕迹，如闽南话称呼肉为 bah，就非汉语来源。至迟到中古时期，闽南地区已经形成了独树一帜的方言体系。

在闽南这片狭小的土地上生存，耕地稀少与人口增长的矛盾贯穿始终。正如先辈们跋山涉水来到闽南一样，背井离乡寻找更广阔的天地，仿佛成了此后千百年里闽南人的宿命。跟来自中原的先祖沿着陆路迁徙不同，闽南人的移动几乎全是沿着海岸方向扩张，今天北起舟山、南至印尼群岛的闽南语辐射区充分证明了闽南人海洋族群的特征。

◆ 闽南语古语词
厝 cù 屋子
箸 dî 筷子

在与闽南接壤的地区中，南方富饶的潮汕平原很自然地成了闽南人向外移民的首选。成书于宋朝的《舆地纪胜》描述潮州风土："虽境土有闽广之异，而风俗无潮漳之分。"据说，东南亚的"福建人"（闽南人）与"广府人"（广州人）发生械斗时，出于文化渊源，"潮汕人"是站在闽南人一边的，而非同省的"广府人"。这种文化根源最大的体现便是语言。潮汕地区虽然在广东省，但是潮汕话和粤语几乎毫无共通之处，反倒和闽南话接近，如潮州人和闽南人都把人称作"侬"、高称作"悬"、眼称作"目"，这些是其他方言不太使用的。

占领潮汕平原后，新移民试图继续向西南进发，一些人到了今天汕尾的海陆丰一代。这些移民相比潮汕人迁居时间更晚，语言上也更接近闽南本土。由于粤人占据了珠三角的平原耕地，闽南语村落零星分布在最靠近海岸的地区，如惠阳的淡水镇、中山的三乡镇。到了雷州，闽南人的势力再次壮大，今天湛江以南雷州半岛基本以说闽南语为主，说粤语的居民则把这些人说的话称作"黎话"。

闽南移民的"岛屿情结"：海南、台湾以及闽浙沿海的小岛们

跨越琼州海峡后，闽南人终于"发现"了新的移民宝地——海南岛。以此为标志，从海南到浙江，再到台湾、东南亚诸岛，闽南语的扩张进入了"海岛时代"。

闽南人大规模登上海南岛的时代大致在宋朝。有趣的是，登岛的海南人把海南岛上的其他语言称作"黎话"。今天海口城西和城南仍然有不少村庄说近似临高话的语言，被其他海南人称作"讲黎"，而山区的黎族说的是"黎话"就更不

> 闽南语特有词
>
> **古早** goǔzǎ
> 从前
>
> **番爿** huānbīng
> 南洋

用说了。根据明朝的记载,当时琼州府城说的话接近官话,而全岛海岸平原地区,尤其在东部流行的是"东语"或者说"客语",可见那时的闽南移民还是作为后到的"客"存在。然而在随后的几百年里,海南闽语进一步扩张,清代以后已成为海南岛语言的代表。今天如果一个海南人说"海南话",那一定指的是海南闽语,而不是临高话、儋州话、黎话等其他本土语言。

身处其他语言包围中的海南话,与闽南本土方言的差异也就更大,以至于许多语言学者并不将其直接算作闽南语的次级方言。海南话吸纳了大量闽南语中不存在的成分,譬如海口一带数百个"美×"地名,就被认为和临高话中的"树"或"大"有关。今天这些地方的人一般只讲海南话,然而地名反映出闽南人到来前的居民的痕迹。

明朝以后闽南人的海岸扩张屡掀高潮,潮汕和海南也向外输出了大量人口。闽南本土的一些人为了讨生活,一反之前南迁的传统,而向北迁徙到了闽浙沿海的众多岛屿。今天福州一带的海岛、温州苍南县、舟山群岛都有说闽南话的村庄。更离奇的是,太平天国后政府鼓励移民内迁江南,部分温州的闽南人迁入了宜兴、溧阳、长兴三市县交界处的山地,他们的后裔中仍有一些人说着闽南话。

古时因海峡隔绝而鲜有人至的台湾岛更是闽南移民的重要输出地。明清两代,闽南几乎所有县都加入了向台湾移民的行列,规模之大甚至让台湾形成了同安腔、南安腔等和闽南原籍对应的方言声腔。影响最大的当然是漳州腔和泉州腔,前者多分布于台湾南部和内陆,后者则在北部和海岸更占优势,两者交融则形成了台北话。由于漳泉混杂的形成模式和厦门极为类似,台北和厦门的闽南话也相当一致,以至于19世纪末的闽南话字典直接选择了厦门话作为正音。

环球旅行:"果子"、沙茶面和番茄酱

明清至于近代,中国东南沿海人群大量移民东南亚,说广义闽南话的闽南人、潮汕人和海南人都参与其中。今天,在许多东南亚国家仍然能找到大量说闽南话的华人,譬如马来西亚的槟城通行闽南话、印尼的坤甸通行潮汕话,就算已经改说当地语言,闽南人也留下了不可磨灭的影响。

闽南人在海外多从事商业和食品加工行业。印尼首都雅加达本是荷兰人建起

的市场集镇巴达维亚，和东南亚大部分地区一样，这里的通用语言是马来语。闽南商人在巴达维亚早期发展中起到了极其重要的作用，以至于巴达维亚马来语受到了闽南语的强烈影响。在今天的雅加达土话中，"你"说 lu、"我"说 gua，都是来自闽南语，而非一般马来语的 kamu/anda 和 aku/saya。

> **闽南语外来词**
>
> 雪文 sāphbún
> 肥皂
>
> 沙茶 sādé
> 一种辛辣调味品

在食品领域，闽南人更是为马来/印尼语贡献了大量词汇，如 bakpia（肉饼）、bakso（肉酥）、mie（面）、tahu（豆腐）、lumpia（润饼）等。最能反映闽南语在饮食方面影响的可能是 kue。今天的印尼人把点心小食统称为 kue，在马来西亚则一般写作 kuih。几乎所有的点心都包含在 kue 里，不单来自华人的 bakpia、lumpia 是 kue，来自印度的 puttu 也是 kue，本地的糯米糕 kue bugis、spekkoek、欧式的 kue cubit，统统都是 kue。这个词源自闽南话的"果"。呼点心为"果"是一种古老的说法，在很多汉语方言中都有留存，还衍生出了特指米制点心的"粿"，而受汉文化深刻影响的日语里也有"和菓子"一词。

闽南人给南洋带来了更多种类的食物，同样，当他们返回家乡时，也带回了南洋的物产和语言。南洋产的咖啡在闽南话中直接按照马来语 kopi 说，而南洋调料 satay（沙茶）传回闽南，由于方言不同还有了"沙茶"和"沙爹"两个翻译，沙茶面如今成为厦门的名吃。闽南人习惯把舶来品称作"番"，历史上由闽南人带回的"番薯"让中国的主粮发生了重大变化，随后引进的马铃薯则被称为"番仔番薯"。"番茄酱"也是"番"，虽然本身和闽南没什么关系，但是其英语 ketchup 竟也是源自闽南的"膎汁"（鱼露）。这种食物起源于南洋，却被闽南商人及其工厂发扬光大。在印尼群岛，印尼语 kecap 被用于泛指各种酱汁，与此同时，被西方殖民者带回欧洲的鱼露，做法和口味也逐渐演变，加入了不同的作料，并逐渐远离了腌制鱼酱的原意。19 世纪后，番茄被加进来，并最终由美国人调制成了现在的酸甜滋味。影响世界的闽南语里，更著名的要数 tea（茶叶）。英语、法语等主要语言中，茶均来源于闽南语 te，而这一次它的语义则没有变化。

闽南语的环球旅行从未停止，今天的闽南仍然是中国对外交流最活跃的地区，移居外地的闽南乡亲也时常回乡祭祖。从一千多年前漳泉狭窄的海岸开始，闽南人不断寻找新的家乡，始终伴随这些游子的，除了蔚蓝的大海，还有家乡的语言。闽南话的扩张演变以及和其他语言的互动，正是这场大移民留下的最鲜活的记录。

"燕尾脊"是闽南传统建筑代表性的建筑形式，它将正脊做成曲线的形状，两端往上翘起，在尾端分叉为二，形如燕子的尾巴，所以被称为燕尾脊。摄影／曾少辉

穿墙透壁：剖视闽南古建筑

文/绘 李乾朗

闽南地区传统建筑红墙燕脊的风格有着极强的地域性和辨识度，这种建筑风格随着闽南人的活动，在台湾与东南亚地区开枝散叶。台湾著名古建筑学者、画家李乾朗，总结四十余年来闽南古建筑研究心得，以"穿墙透壁"式的剖视彩绘，巡礼最具代表性的古建杰作，带领读者领略闽南工匠的神奇营造。

在中国传统建筑文化中，闽南建筑具有极明确的辨识性，令人一眼就看出它的与众不同。随着闽南向外发展的移民，这种独特的建筑风格被扩散出去，明末传播到台湾，清代则远播至南洋，如新加坡与马来西亚。中国建筑是传统文化的载体，今天我们只要看到有闽南建筑的地方，就可听到闽南话，就可发现源远流长的中国文化。

闽南地区主要包括福建南部的泉州、漳州、厦门，闽西与粤东的潮州与闽南相邻，建筑艺术也有许多相似之处。台湾自从明末郑成功驱荷之后，大量的漳泉移民涌入，后来虽有客家人移入，闽南文化在台湾仍是主流。到底什么是闽南传统建筑的特色？这是身处闽台的人们非常感兴趣的话题。

什么是闽南建筑风格

首先，从建筑外观看，无论是富家宅院，村落民居，抑或寺观庙宇，皆大量运用红砖，朱红色的墙壁给人明显而强烈的闽南印象。朱红色予人温暖亲切之感，在绿色大地上，红砖建筑尤为突出。世界上欧洲的英国、法国与德国多用红砖，而中国大部分地区多用青砖，这种建筑风格是否为外来的影响，也成为考古学界饶有兴味的课题。

其次，闽南建筑无论寺庙道观或民间宅第，屋顶多喜作曲脊，曲面特别明显，并且弯曲度随着建筑规模变化，越是高等级的寺庙或士绅宅第，其屋脊起翘越明显，被称为"燕尾脊"，民间相传要具备官位才能建燕尾脊。闽南式建筑的屋瓦有朱色与青色两种，但屋脊却少用瓦，而是以砖砌出曲线，外表粉刷白灰，这是一种现场手工才能完成的屋脊，与中国北方多用琉璃瓦件砌脊大不相同。也因为系匠师在屋顶上完成，因此发展出各种工艺，例如彩画、泥塑、镶瓷或陶片剪粘，屋顶的曲度由工匠判断制作，多彩华丽，成为视觉的焦点之一。

看了外观，我们走进闽南建筑内部，特别是寺庙，会发现闽南传统建筑保存了宋代建筑的许多特征。在宋朝李诫《营造法式》这部建筑专著中，特别绘有向上略弯曲的"虹梁"与成排相迭的斗栱"襻间"，这些宋朝的构造特征都可在闽南建筑上看到。闽南古建筑较少做天花板将梁架遮住，反而喜将梁柱斗栱露出来，施之精细雕刻，最明显的是瓜柱雕成"瓜筒"形，圆胖形的瓜筒下方还伸出爪子，有力地包住梁身，彰显它的力学美感！

屋檐下及室内梁架可以看到"斗栱"，这是中国古建筑最具特色的构造，以许多"栱"与"斗"将屋顶重量层层传递下来，发挥缓冲与悬挑的作用。闽南古建筑的"斗"使用有曲线的形状，斗底凸出一道线，古称为"皿斗"，这

"厝"是闽南语中"屋子"的意思，闽南民居多为三、四合院的单元式，红砖、曲脊是其标志性建筑形式。泉州南安丰州古街的闽南古大厝里，居民生活悠然。摄影 / 王茜

是汉代就使用的形式。栱身弯曲也比较明显，被称为"关刀栱"或"葫芦平栱"，也多用单向的"插栱"。这些技术在宋代东传至日本，如今在奈良东大寺南大门及兵库县净土堂仍可见到这种特色的斗栱。

闽南的传统建筑除了红砖、曲脊、梁架与斗栱具备明显特色，还特别善于用石。闽南盛产质优的花岗石，包括白石与青石。最受欢迎的是南安的白石与惠安玉昌湖的青石，这些石材近年因环保而渐少开采，显得更为珍贵。

在优质石材的基础上，闽南石匠的功夫也是举世闻名的。泉州开元寺的东西双塔为宋代所建，东塔"镇国塔"高48米，西塔"仁寿塔"高45米，皆为五级浮屠，塔身全以花岗石砌成，檐下斗栱亦巨石雕成，可看到前述的"皿斗"特征。不仅是在开元寺这样的大寺，一般寺庙道观也大量运用石材。除了柱珠、抱鼓石、门枕石、石狮及龙柱，寺庙、大宅的正面也喜用石，因此从墙脚的"地伏""柜台脚""裙垛""腰垛"及上层的"螭虎团炉"石窗、门楣，皆可用石雕成，不仅精美且极坚固。

众
生
的
居
所

新北板桥林家花园鸟瞰图

1　月波水榭
2　香玉簃
3　来青阁
4　定静堂
5　方鉴斋
6　汲古书屋
7　观稼楼
8　林家花园
9　三落大厝

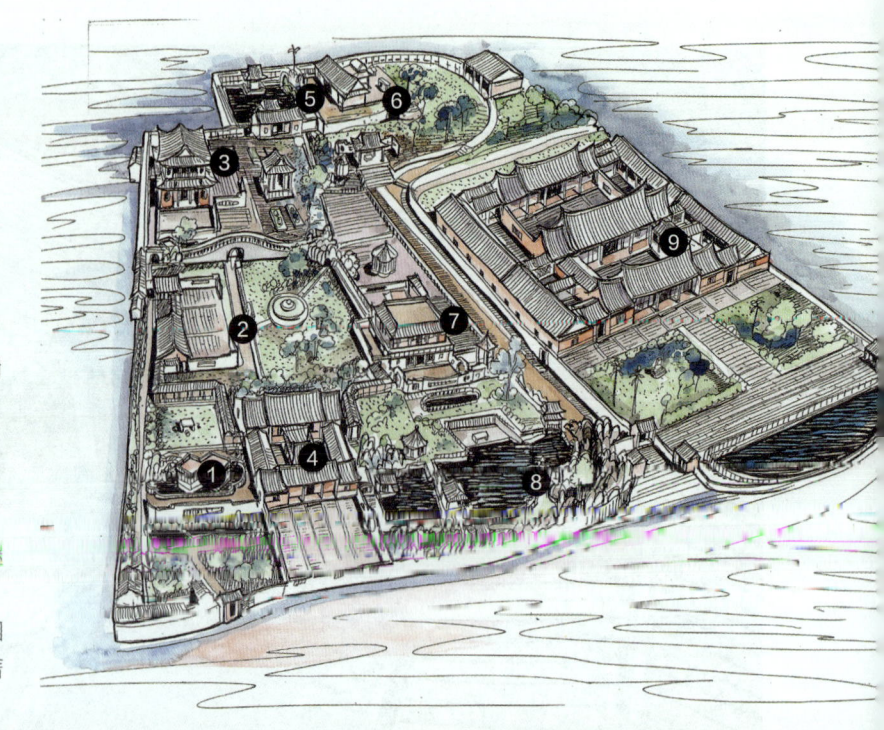

林本源庭园　　◎ 台湾新北板桥

在台北附近的板桥林家三落大厝是一座典型的闽南式大宅第，林家在清代为台湾首富，乃购置大量田产，并筑造大宅。三落大厝创建于清咸丰元年（1851），相传林氏特地回漳州老家聘请名匠到台湾建造。大厝共有三进，左右护龙（厢房）很长，房间数量较多。俗称为"大厝九包五，三落百二门"，即三进大宅，面宽九间，门厅五开间，共有120樘门窗。其平面最明显的特色是庭院中设许多屏风墙，依古时规矩，长幼有序，亲疏有别，屏风墙可以适度遮挡来访客人与家中妇女的活动空间。

三落大厝右畔是著名的林本源庭园，该园自1850年左右开始，经过长达三四十年的经营改建，终于在光绪十四年（1888）成为台湾规模最大的园林。与江南园林不同，林家花园有驳岸的水池与灰塑假山，显现福建园林的特征。园林主要以水为核心布局，园中的建筑物功能多元化，有住宿的房屋，有用餐的堂屋，也有演戏的戏台，生活功能丰富。庭园的水池旁除了有观稼楼以及钓鱼矶、双亭，还有数座小拱桥，以石拱砌成，谐音"隐居桥"。至于墙上的漏窗，则特别喜欢用寓意吉祥的动物，包括蝴蝶、蝙蝠，或是四时水果，作为窗形的图案。以人工的方式堆砌而成的假山，可登可游，且山中有小径可以登高，有山洞可探幽，显现出"山不在高，有仙则名"之境界追求。

山后王宅群　　📍 泉州金门

金门是闽南的大岛，岛上太武山巨石突出，远望如印章，因而古时被美誉为"海印"。唐代陈渊奉命来金门开辟马场，后人尊他为"牧马侯"，岛上至今仍可见牧马侯祠。宋朝朱熹到此讲学，人文荟萃。金门在明代中科举者多人，有村庄不满百人，但在朝为官者竟有 36 人，可见文风鼎盛。清代因人口增多，许多金门人远赴南洋，在新加坡经商成功致富，为光宗耀祖回乡起造大宅或洋楼。金门的民居建筑以小型的三合院或四合院为多，称为"一落带二榉头"（爬狮）、"四点金"或五开间的"大六路"。

金门至今仍保存许多自然村，村子多为单姓，如琼林村以蔡姓为主，斗门村以陈姓为主，而位于岛东北角的山后地区则以王姓为主。山后王姓村庄共有十八栋闽南传统建筑，由旅日华侨王国珍与王敬祥父子建于1900年，包括一座祠堂、一座学校（海珠堂）。王宅建筑群以棋盘式布局排列，前后左右对齐，学者称之为"梳式布局"，金门的村落多采用这种布局，它的优点是夏天因空气对流，产生自然的"穿巷风"，可降温，这是很高明的村落设计。也因为左右排列、前后对齐式的配置，而巷院分明，村落景观非常明亮整齐。

杨阿苗大宅　　📍 泉州鲤城

广大的泉州地区民宅以多进多护室的格局较常见，在泉州市鲤城区江南街道亭店村有一座规模宏大且雕琢精致的宅第，是由菲律宾华侨杨阿苗于清光绪二十年（1894）所建，被认为是闽南民居中极精美的佳例。宅第平面呈长方形，坐北朝南，实际上它由三个部分组成，中央五开间，左右各有三开间，通面宽为十一间，正面宽阔壮观。宅内留有近十个天井，通风采光极佳。建筑材料特别考究，除了红砖，还用青砖框边，红砖墙壁花样多，如同锦织。石材亦运用白石与青石，两色交替，青石质地坚硬，多作精雕。杨阿苗大宅的青石雕技巧多样，例如"水磨沈花"法（阴刻），"剔地起凸"法（浅浮雕）、"内枝外叶"法（深浮雕），令人目不暇接，百看不厌。

杨阿苗大宅的木结构高明，有减柱做法，以获得宽敞的室内空间，木雕精细，尤以正面的"莲花吊筒"及员光最为精美。木作表面多漆黑色，这是民宅的传统用色。所谓"红官黑祖厝"，寺庙才涂以朱色，民宅仍以黑色为雅。杨阿苗宅的油漆出现"黑底泥金"做法，将金箔研磨成粉状再加胶油，也称为"泥金"或"擂金"工艺。总的看来，本宅集中表现闽南建筑各种工艺技术，可以说是闽南民居工艺的博物馆，1991 年被福建省人民政府公布为省级文物保护单位。

漳州市南靖县书洋镇上坂村田螺坑土楼群，为黄氏家族聚居地，宅由一方、四圆五座土楼组合而成，被摄影爱好者亲切地称为"四菜一汤"。摄影／马木波

二宜楼

◉ 漳州华安

闽南漳州地区民居也有土楼,其中华安县仙都镇大地村的二宜楼被视为最具代表性的圆土楼。二宜楼建于清乾隆三十五年(1770),名字取自"宜山宜水,宜室宜家",直径达71.2米,属于大型土楼。平面为单元式,分内外两圈圆,内圈为厨房,外圈楼高四层,上层作为卧房。虽然每家有各自的出入口与天井,但必要时内圈走廊也有门洞相通,因此兼有通廊式的优点,匠心独具。这种布局既有合族而居强化向心的优势,也有私密安静的好处。

二宜楼防御设施十分周全,坚固异常。首先外墙底层厚达2.5米,采用当地的石头迭砌,上半段是夯土墙,而且向内斜收;一到三层不设开口,外墙顶层内设有一个暗廊连通全栋,称为"隐通廊",外敌来袭,各户皆可进入通廊防备,墙上辟有内大外小的窗洞,遇袭时可以向下投石射击;第四层的前廊虽是分段的,紧急时亦可开门相通。内部除了土墙以外,走廊跟室内隔间都采用穿斗式木结构。出入大门皆采用花岗石砌筑,门上有孔可以灌水,防止敌人火攻;此外还有平时作为下水道的暗道,紧急状况时可以掀开石板进出。防御设施周全、建筑构件及装饰精美的二宜楼是福建土楼的瑰宝,被列入世界文化遗产。

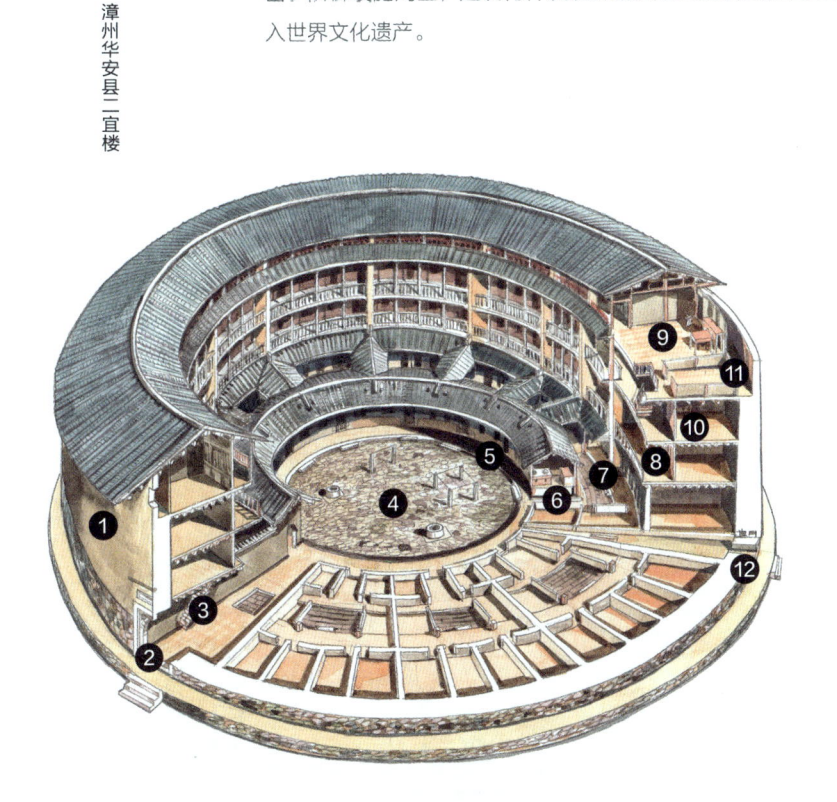

漳州华安县二宜楼

1 夯土外墙
2 正门
3 外环楼梯
4 中央庭院
5 各家入口
6 各家厨房
7 各家天井
8 内通廊
9 各家祖堂
10 各家卧房
11 隐通廊
12 侧门

神灵的殿堂

开元寺　　📍 泉州鲤城

泉州开元寺始创于唐代，现存东西两座石塔建于南宋，大雄宝殿重建于明洪武二十二年（1389），是闻名海内外的闽南古建筑。它属于禅宗丛林，重视明心见性之顿悟与实践清规，力行一日不作，一日不食。寺殿宇力求朴素，殿内双塔制为佛寺史的一种过渡形态，佛教初入中原先盛行单塔，后来出现双塔，最后塔不建在中轴线。

开元寺范围广袤，中轴最前方隔着泉州城内的东西大街，竖立"紫云屏"照壁，与山门对望，山门后带拜亭，面对一个大院落，两边有历代所遗留下来的石经幢、舍利塔以及山蕉叶的阿育王塔等，尽头大台基上即为重檐歇山顶的大雄宝殿，两侧回廊相接及围绕大殿的走马廊，此乃唐代以来典型佛寺的布局，明清时期的佛寺通常不设廊道，而厢作为配殿使用。

大雄宝殿为歇山重檐式屋顶，面宽七间，进深五间，前后带步口廊。该殿始建于唐，历唐、宋、元、明四朝屡毁屡建，格局逐渐扩大，目前保留的是明代重修的格局架构。它有两个重要的特征，其一为殿前有一月台，月台基座雕饰充满了浓厚的印度风格，应是重修时由他处移置于此，走马廊有好几根柱子也是取自印度教寺庙，可见佛教吸收融合的肚量，也为泉州自古文化交流留下的见证。二是在大雄宝殿内，出现许多飞天乐伎木雕斗栱，它同时兼顾装饰与结构双重作用，人们到大殿中参拜，总是不能忽略这几十尊手持各式乐器的飞天

1　金刚力士像
2　坛台
3　卢舍那佛像
4　八角藻井
5　八角攒尖顶

开元寺甘露戒坛

乐伎。飞天乐伎在梵文中称为"迦陵频迦"，即所谓妙音鸟；以妙音鸟来侍奉大佛，仿佛殿中随时洋溢着庄严美妙的乐音，充满佛教故事的意象。

大殿前东西两侧各有石塔一座，年代较中轴线的殿堂来得早，像一对双胞胎，远看相同，近看不但位置有异，高度及细节也不一样。双塔原为木结构，至宋代才易为石构。中国北方多砖塔，福建产优质石材，因而石造佛塔较多，不但是中国石塔最多地区，而且技术最精良，体形也较宏伟。开元寺东塔额题"镇国塔"，西塔额题"仁寿塔"，塔高皆五层，墙内有中心柱，并以石梁及石斗栱联结外壁，留设一圈回廊以置楼梯。为了强化结构，石塔每层皆有"真窗"与"盲窗"，且交替出现。最值得注意的是檐下的石造斗栱，从额柱出挑二次，并有"皿斗"的特征，表现着极古老的做法。

另外，开元寺大雄宝殿正后方有一座八角攒尖三重檐的甘露戒坛，这是出家人举行正式受戒仪式之殿堂。甘露戒坛的建筑形式特殊，由八角攒尖顶、重檐的四角攒尖顶和歇山顶三种屋顶所组成，因此可见其外观的四角屋顶上方覆以八角顶，形式有如巨大的华盖，罩在殿内佛像之上，内外呼应极为协调。殿宇上方置八角藻井，下方转为方形，中央耸立石造坛台，供奉卢舍那佛像，寺隅则供置金刚力士，空间高低层次得宜，衬托出庄严的宗教气氛。

神灵的殿堂

泉州开元寺鸟瞰图

1　仁寿塔
2　"紫云屏"照壁
3　山门
4　殿前月台
5　大雄宝殿
6　甘露戒坛
7　藏经阁
8　镇国塔

开元寺镇国塔

1　石梁
2　中心柱
3　塔刹
4　真窗
5　盲窗
6　八角形台基

神灵的殿堂

慈济宫　　📍 漳州龙海

位于福建省漳州市龙海台商投资区角美镇白礁村的慈济宫，是一座主祀保生大帝的道观，始建于北宋景祐四年（1037）。保生大帝原为道士，在泉州同安一带行医，得到人民的爱戴，海峡两岸皆尊为医药神，台湾也建造了许多保生大帝庙宇，例如台北保安宫等，然其香火多源自白礁慈济宫。

白礁为保生大帝吴真人出生地，宋代始建庙，历经明清数次重修，现貌多为清光绪四年（1878）大修之结果，规模宏大，结构精巧，为一座典型的闽南式宫庙。慈济宫坐东北向西南，依山势而建，前殿面宽五间，做二层楼阁，殿内有藻井，其斗栱左右不同，推测为分由两组匠师承作之结果，这种施工形式也被称作"对场作"。中天井有一座花岗石献台，据研究为宋代遗构，须弥座浮雕神仙图案，构图流畅。台上置石狮一尊，亦传为宋末原物。献台下有一口龙泉井，其泉水相传可治病。白礁慈济宫在宗教信仰上有悠久历史，其建筑的龙柱、石狮、龙虎垛与木雕艺术皆为闽南建筑之杰作，1996年被国务院公布为全国重点文物保护单位。

南普陀寺　　📍 厦门思明

厦门南普陀寺初建于唐末五代，因其观音道场可与浙江普陀山相比，所以人们尊称它为南普陀寺。其寺建于鼓浪屿五老峰下，背山面海，气势雄伟。它的殿堂甚多，除了天王殿、大雄宝殿、钟鼓楼及藏经阁外，在大雄宝殿之后有一座大悲殿，清初由施琅创建，供奉观音菩萨。至1930年重建为八角形三重楼阁式，聘请溪底大木匠师王益顺主持设计建造，王氏的姓名如今尚可见铭刻于楼阁之石造台座，题"民国十九年岁次庚午春月工程师王益顺"。

大悲殿供奉千手观音，信徒颇多，成为南普陀诸佛殿中最具特色的建筑，王益顺在此之前并未设计过类似的八角形楼阁，因此可谓具开创性。阁为正八角形平面，台基高达三米，围以石栏，前后石级。柱分内外两周，底层设回廊，两层及三层的柱子向内缩，使屋顶层层收小。每层屋檐之间可见连栱，外悬吊筒，底层悬出四朵，中层悬出三朵，顶层悬出两朵，层层递减。值得注意的是此殿的结构，由于跨度较大，结网以放射状排列斗栱，在回廊可见如车辐般的斗栱，宅内的结网分为三层井，下井用四十组斗栱，中井用三十二组，上井用二十四组，最顶端则缩为十六组。主从有别，繁简分明，在构造上甚为合理。

鹿港龙山寺 ◉ 台湾彰化

鹿港龙山寺创建于清乾隆五十一年（1786），主祀观世音菩萨。至道光十年（1830）有一次较大规模之修建，修建内容及捐献者在石碑上留下记录，建筑属于泉州风格，大木结构与石雕艺术水平颇高，为清代台湾建筑之代表作品。寺之规模宏大，包括山门、五门前殿、戏台、拜亭、正殿、两廊及后殿。其中，山门之构造奇巧，形式秀丽，并且运用了减柱及移柱并施之法，匠师在此展现了优异而熟练的木结构技巧。

在五门殿背后，戏台的八角结网（藻井）是台湾现存最古老的一座，成于道光九年（1829），跨距也是最大的。斗栱形式丰富，有插栱造与计心造。栱身多为简洁的"葫芦栱"或"关刀栱"，但1958年重修时多在栱身上加绘"螭虎栱"，显得过于华丽。石雕部分，五门及正殿拜亭各有一对泉州白石所雕蟠龙圆柱，姿态雄健、刚劲有力，一直被公认为全台最好的作品，这是乾隆、嘉庆至道光初年流行的风格。

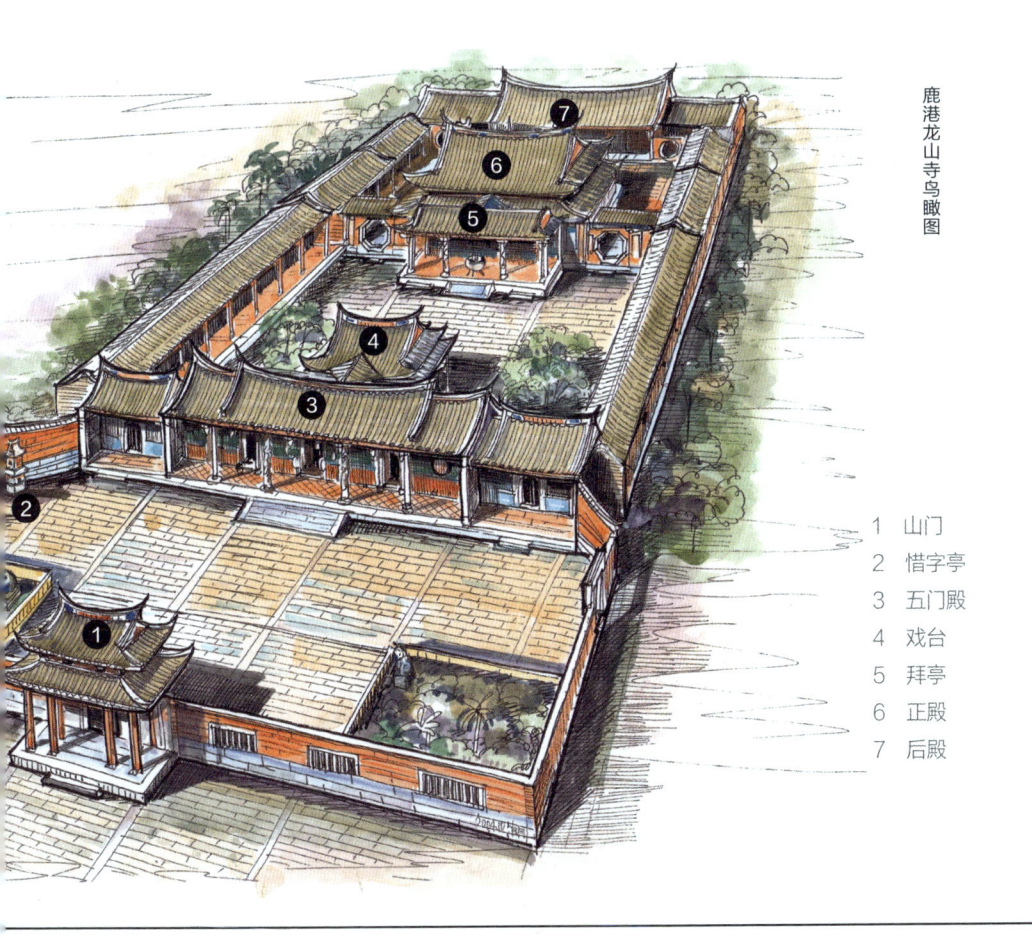

鹿港龙山寺鸟瞰图

1　山门
2　惜字亭
3　五门殿
4　戏台
5　拜亭
6　正殿
7　后殿

神工与巨匠：闽南建筑的远播

闽南建筑的建造习俗承继悠久的传统，例如建屋之前必须举行动土典礼，谢天谢地。建筑物的上梁典礼尤其隆重，必请和尚或道士作法，设坛祭拜鲁班公。另外还有一种建造习惯，称为"对场"或"拼场"，它的目的是提高建筑工艺之水平。特别是寺庙大建筑，常常邀请两组匠师各作一边，使其竞艺。以一样的经费供给两边匠师，最后经评选，工艺较优的一边可获得奖赏。采取"对场"的建筑，我们如果仔细比较，可以看出一些差异。前述白礁慈济宫或是一例，台湾的许多闽南式寺庙如台北保安宫、二重五谷王庙及台北孔庙大成门等，也是当年实行"对场"建筑的结果。浙江一带的戏台，有所谓"劈作"，也是左右不同的做法。

这些精巧设计与精心修造的传统建筑出自哪一派匠师？古时重谱轻器，工匠们平凡地位低人以而难以考证。20 世纪 80 年代泉州开元寺落架大修，在中梁上发现上栋式仪式所留下的墨迹，发现有惠安工匠匠师的名字，这与近年我们所调查的惠安崇武溪底村的王姓匠师家族可能有关。台北最著名的龙山寺其信徒多为泉州晋江、惠安与南安移民，在 1919 年集资大修时，特别自惠安聘请溪底派大木匠师王益顺率领数十位名匠到台湾，他们后来又陆续完成了台北孔庙、新竹城隍庙、鹿港天后宫与台南代天府王爷庙的改筑工程，由于工精艺巧，获得人们赞赏。

王益顺于 1929 年回泉州，随后设计建造厦门南普陀大悲殿。这座八角形阁楼式殿堂外观造型雄伟，殿内精巧的十六组斗栱构成八角藻井，王益顺的名字被刻在石造台座上，至今仍清晰可见，由此可知当时建庙匠师因技艺高超受到一定程度的尊重与肯定。

闽南除了优秀的大木匠师，还有其他匠师配合，惠安盛产优质的花岗石，当地石匠师以蒋姓为多，20 世纪 20 年代曾受聘至台湾的蒋馨、蒋文墙、蒋细来、蒋丰及蒋连德等皆著名石匠师，他们后来在 1926 年参加南京中山陵工程。著名的木匠师与石匠师有些留在台湾，收徒传艺，其徒弟后来也成为著名的匠师，这是闽南匠师开枝散叶的成果。

南洋新加坡、马来西亚及菲律宾的闽南华侨基于对故乡文化的爱慕与眷恋，有机会兴建寺庙、会馆时，也多回乡聘请匠师，甚至许多建材也运自闽南，特别是石雕。新加坡著名的佛教丛林莲山双林禅寺为早期漳州人刘金榜捐建，它从漳州及泉州邀聘木匠与石匠到新加坡施工，如今这座佛寺被新加坡政府明定公布为重要古迹。近年修复时，也大量聘请闽南匠师前往，百多年来，技术一脉相传，传为佳话。

厦门灌口凤山庙庙门，为两岸信徒集资重修，石雕、彩绘极具闽南特色。其庙香火旺盛，在台湾的分炉多达160余座，在缅甸、马来西亚、印尼、泰国等地亦有分炉。
摄影／张鹤岩

爱拼才会赢的闽南人，拼不过怎么办？奉香火、拜天公

世俗闽南、神在身边

泉州好戏

厦门：海的女儿初长成

泉南旧事

人生海海

老人与海

风

爱拼才会赢的闽南人，拼不过怎么办？奉香火，拜天公

文/绘 陈花现

在闽南，"转角遇到神"很平常。

不必说散落于乡间村野的各路神仙，城市中亦是众神云集——老城区中三步一宫、五步一庙；新城林立的高楼中间，总有华丽雕饰的歇山顶一角"飞出"，其下信众往来不绝，香火直入苍穹；连接新老城区的高架桥下，一支队伍浩浩荡荡从远处走来，抬神执香、挑"牲"举旗的各阵头，与旁边的车流、行人并进，这是某位神仙出来巡一巡其庇护的"境"。闽南地区究竟有多少神仙？恐怕再资深的研究者或爱好者也无法说清。

抱着"搜神"的目的在这片土地上行走，会惊叹其数量之众、层次之丰富。只要灵感显赫，万物皆可转圣，成神是一件极为平等的事。由于生存不易，闽地先民的信仰是极其主动、便利且朴素的，天地、山海、祖先，建功立业、乐善好施者等不必说，一棵树、一只狗、一个客死他乡的旅人，乃至一个早夭的牧童，都有值得奉献香火的闪光点。

在闽南，与神仙的互动既是整个社群不吝钱财、倾尽心力的最要紧的大事，也是家家有神龛，遇事掷筊卜天意、见庙合掌求保佑的日常。

这里一年到头都是人与神的狂欢，其中折射出的民间社会的活力、表现力、创造力和内在动力，表现出的对生命历史细节的珍惜、对自然与天地的敬畏、对畅快生活的向往与歌颂，让人见之惊叹，深受感染。

闽南人祝祷常愿"香火万年"，香火的概念在他们的世界里，不只于血脉，还在于文明。精神上借一炷馨香沟通古今与天地，于现实中便可能通达更远、更富饶的地方。

新正 一年之计在于祭

祭祖围炉

除夕得更春帖、燃爆竹，先祭祀祖先和神，曰"辞岁"，入夜炙炉炭团聚饮酒，曰"围炉"。厦门人管这个炉叫"暖炉"，暖炉的作用从早期的取暖发展成了涮涮锅。按习俗，年夜饭里得吃血蛤，吃完后把蛤壳洗净，抛入床底，以祈财贝。

新正

初一早晨，一家大小得沐浴，穿新衣，先是在家里互拜新年，随后走亲访友贺年。家家都已备好蜜饯瓮，亲友一到便请甜食，以示一年的甜蜜开头。"吃甜甜，生后生"，抑或"年年春年年富，赚大钱，起大厝"，新年第一天定是得句句吉祥话，小朋友们则美滋滋地将大小红包收入囊中。

拜天公

正月初九是"天公生"，这是闽南人一年中最为重视的祭祀，初八夜便得设好供桌，一到初九子时便焚香向虚空祭拜。设祭的八仙桌得围好桌围，三牲、五果、六斋、龟粿、发糕一应献上，且会烧特制的"天公金"。泉州地区还得分好顶桌、下桌，分别摆放不同的祭品。入厝、结婚、祝寿等重要的日子闽南人都要拜天公，漳州、泉州地区都有设天公灯的惯例，样式稍有不同，泉式的天公灯上会写"一心诚敬"，所以也称"心灯"。

漳州角美玉江村三元祖庙，信众正抬着土地公踏火，冲过火路的神轿扬起炽红的炭堆。元宵节是属于火的节日，取火能带来光明、祛除疫病之意。闽南一带元宵左右一般是村庄的社日，社日里要游神巡社，巡社之前便要先踏过火路以示净化。摄影/刘国强

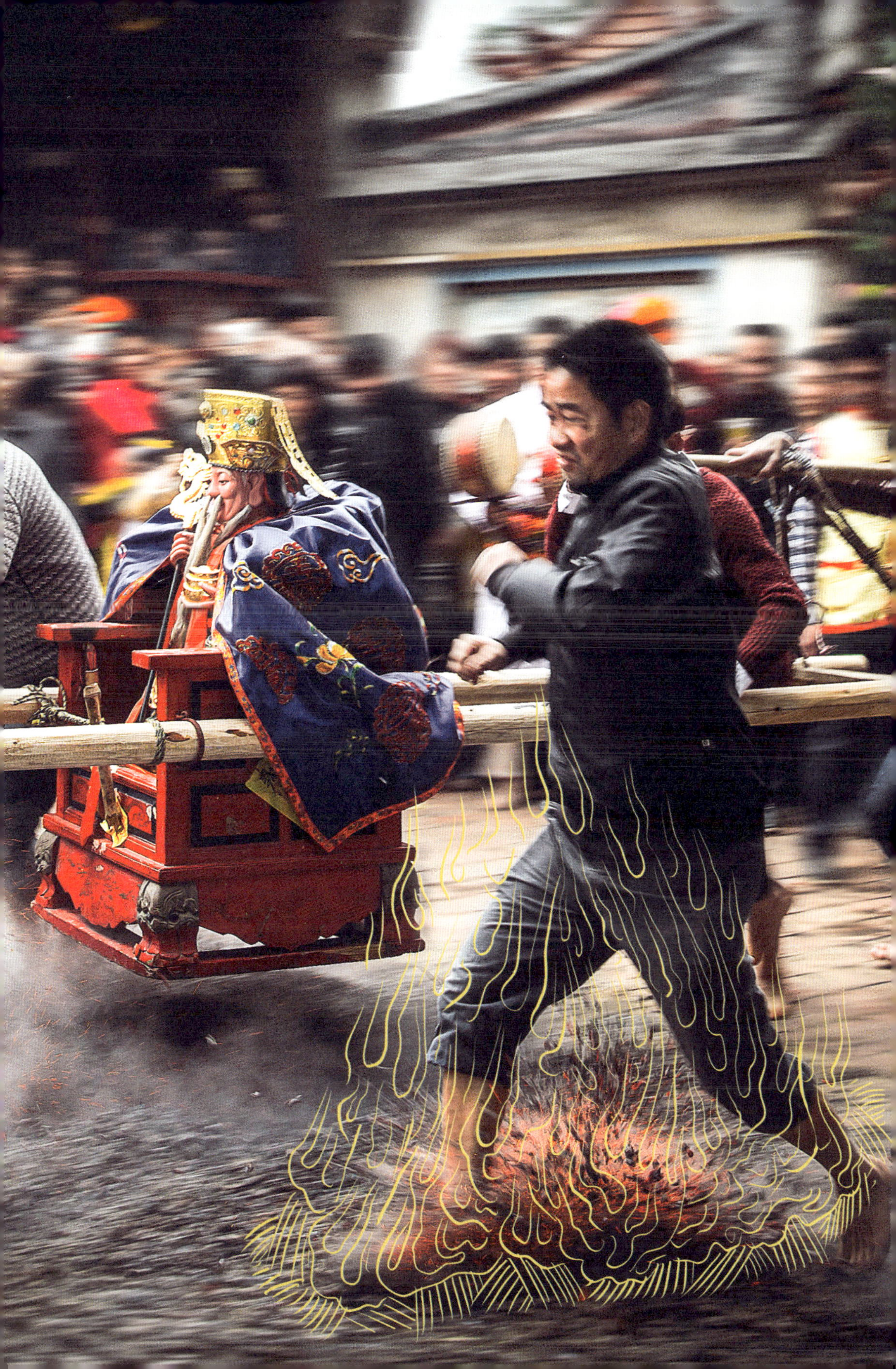

元宵 属于火的节日

穿灯脚

在泉州永春的达埔和海沧的青礁村，都会有一场炮炸玄坛爷的活动，在永春称"炸佛"，在青礁称"炸玄坛"。玄坛爷就是现在被大家称为武财神的赵公明，在闽南民间信仰里，他是一个无炮不欢的角色，在元宵夜对他表达虔诚的最好方式就是拿鞭炮炸他，炸得越热闹，他就越开心。这也是一场乡勇的试炼，在鞭炮的洗礼下，一个村庄男丁的勇气得以展现。

"灯"在闽南语的发音与"丁"是一样的，闽南人赋予了灯以"人丁兴旺"的含义。往闽南有元宵到宗祠穿灯脚的习俗，当年的新嫁娘与新生命，都要到宗祠去，从华丽的花灯下钻过，以求子祈福、迎祥纳吉。

炸佛

过火

关于火的试炼，一直是人类对于自然能力界限的探索之一。在闽南，元宵过火是少不了的活动，有过干草堆烧起来的"生火"的，也有过由几百斤柴炭堆起来的炭火的。冲过火堆的一刹那，是精神洁净的过程，也是对勇气与信仰的考验。

游油枝

元宵夜前后，在厦门海沧和漳州的村社会"游油枝"，大家举着在当地称为"油枝"的火把参加游行。油枝的做法大致是把一根大概两米长的竹子，从前头到中段破成四份，缠上浸了油的牛皮纸，中间填入甘蔗渣，能持续燃烧几个小时，还能遇风、遇小雨不灭。队伍一路走在皓月当空的乡间小路上，有如火龙夜舞，时隐时没。

三月 众神的诞生

三月

三月三 | 上巳节，玄天上帝的生日。玄天上帝为北方真武神，其在闽南颇有灵迹，神祠分布众多。因为北方属水，且北斗为中天之坐标，也因明代月港开启，玄天上帝在闽南成了重要的典祀神明。玄天上帝的形象很有意思，披发仗剑，脚踏龟蛇。

三月十五 | 保生大帝诞辰。在古泉州府与古漳州府地界的礁山，诞生了一位神医叫作吴夲，他在世时一直试图扭转旧时来坐个水医的陋习，悬壶济世，一生不娶，又"不分贵贱，悉为视疗"。备受爱戴的吴夲，累朝加封致"保生大帝"。

三月廿三 | 妈祖诞辰。妈祖原名林默娘，灵起莆田湄洲屿，因为能预知凶险，被呼为神女，厥后常着红衣巡游海上，在海难中每祷必应，后来随着福建海贸的浪迹，遍布海表。因为常年以慈母心肠照顾在风危浪险中的船员，且祷应频频，于清代被封为"天上圣母"。以前出海的大船尾部会有一盏长明灯，称为"妈祖灯"。

刈香

指各分灵的乡社神明到祖庙谒祖进香，分取香火回来祷祝合境平安，连香吉庆。泉州的请香火，也很有意思，"师公"用镰刀刮碰石头，激起火星，去点燃铺在纸上的硝石，颇为魔幻。

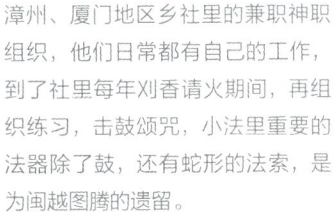

三坛小法

漳州、厦门地区乡社里的兼职神职组织，他们日常都有自己的工作，到了社里每年刈香请火期间，再组织练习，击鼓颂咒，小法里重要的法器除了鼓，还有蛇形的法索，是为闽越图腾的遗留。

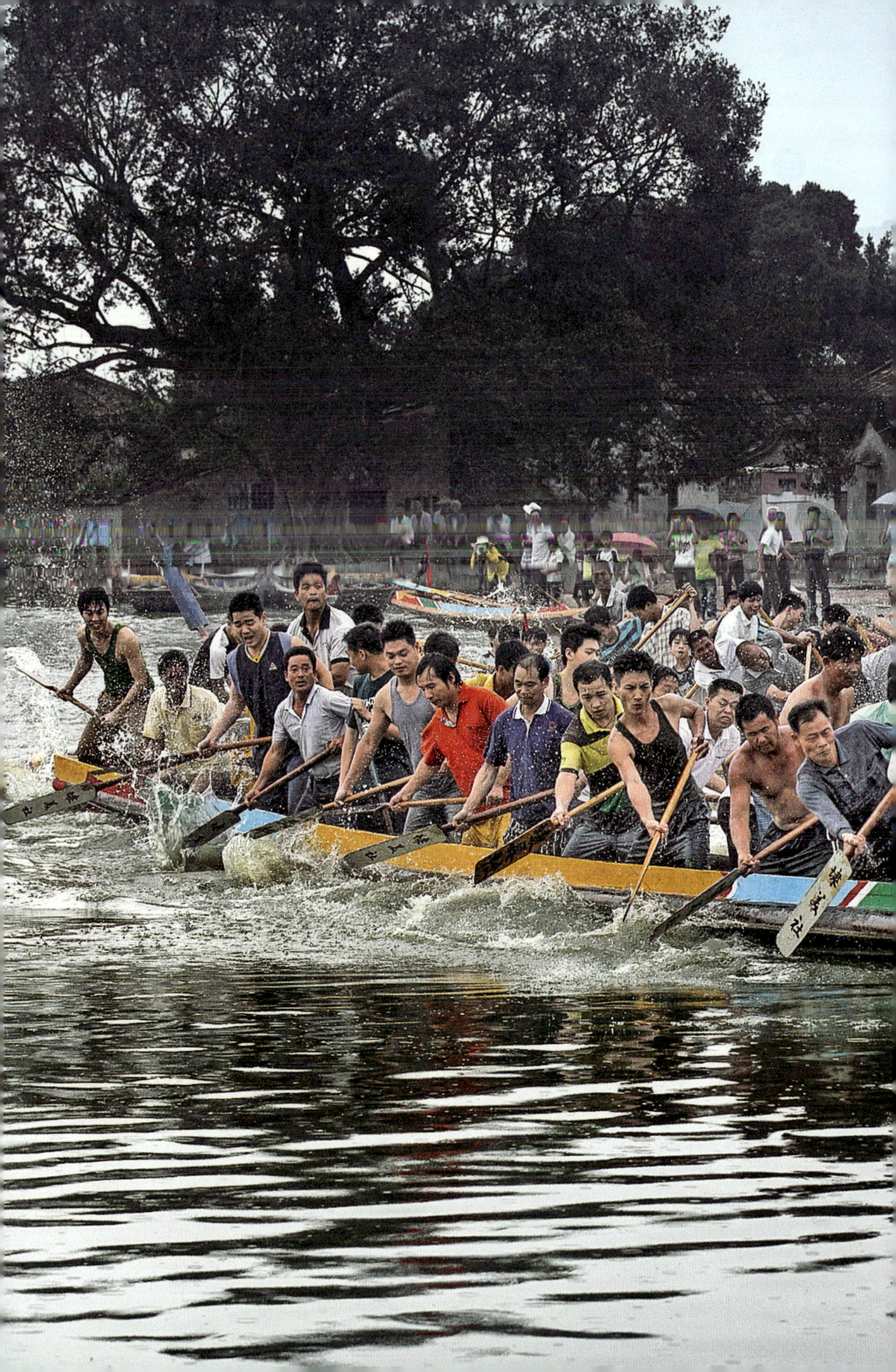

水仙尊王龍舟勝會

端午
水上的精神血脉

泉州的端午，以龙王爷为主角。古传在历经梅雨季以后暑气窜起，交替之时亦是瘴疫气最重之时，所以要请出能够吸取雨气的龙王爷来游街采莲，到各家祛瘟逐疫。唆啰嗹的队伍里最具特色的是铺兵公与花婆，铺兵公身挑着装满雄黄酒的壶与猪脚，边走边饮，花婆会给采过莲的门户分发花朵，后跟着乐队反复奏唱"唆啰嗹"古曲。

唆啰嗹

五水仙

漳州的端午节，可以持续整个农历五月，从五月初一到五月三十，各乡社轮流做东举办龙舟盛会。端午节的主角是水仙王，水仙王信仰是很朴素的闽南舟神信仰，旧时的福船上网脑供人上上阔，被称为"水仙门"。传说水仙王有五水仙——精于治水的大禹、自刎乌江的项羽、跳入汨罗江的屈原、钱塘潮神伍子胥、懂造船的鲁班。除了大禹和鲁班，他们多数都不得志于水里，但世人又希望他们能以这丝残念去庇佑在水里讨生活的人。漳州的端午亦会有游江与祭江的仪式，把粽子抛入江底以飨水中先魂的桥段，在这里就能看到。

蜈蚣旗

龙舟在水上巡游的时候，会有人在船头挥舞着代表水仙王的蜈蚣旗，这类旗帜以前也会出现在远洋的大船上。长长旗身，伴着四周的火焰在风中飘扬，如同蜈蚣一样。

漳州龙舟

漳州的龙舟为旧时的土船样式，没有龙头，很长，龙舟越长代表社里人丁愈旺，财力愈强，平时停在江边的龙船寮里，端午前才会"请"出来练习。相传旧时水灾时，长长的龙舟也会被用来当救灾船。

七月普度

拜普度公 | 农历七月，是闽南人传说中的"鬼月"，婚嫁、入新厝等人生大事都要避开这个月，夜晚还要尽量避免外出。从七月初一"开鬼门"，到七月中"做普度"，至七月三十"关地狱门"为止，却是一个月的饕餮之旅，各家做普轮流请客，既为"度"可怜无祀的孤魂，也满足自己的口腹之欲。

抢孤棚 | 漳州、泉州地区七月都有挂普度灯的习俗，祭祀方式也是各有特色，泉州一带流行烧普度马，漳州则有抢孤棚、放小灯等节目。用于孝孤的米饭，要装饰得无比华丽，称"饭翁"。

八月中秋

博饼 | 博饼来源于色子游艺——状元筹，模拟了旧时的科举制度，原为赌筹，也是旧时知识分子占卜秋试成绩、讨个科举彩头的游艺。明清时在闽南，筹演变为饼，有了现今的博饼习俗。

烧塔 | 烧塔是闽地乃至潮汕一带的中秋民俗，以砖搭塔，在其中燃起火堆，塔内火光熊熊伴着噼噼啪啪之声，象征祈求生活的红火兆头。

拜土地公 | 春祈秋报是旧时农耕社会的风俗，春天许下愿望，到了秋天收获的季节，就要犒赏田间地头的土地公，而所祭之物为当时收获的地瓜、芋头等在地食粮。地瓜在闽南语里叫作"番薯"，是形容土与俗的标志物，一度拯救了福建的大饥荒，在泉州某些地区的民俗里还将正月初一定为地瓜王的生日。

十二月冬至

祭祖 | 闽南人说：冬至不回无祖，春节不返无某（"某"指老婆）。冬至是返乡、祭祖、家庭团圆的日子。依传统，男子要穿着蓝长衫、头戴黑礼帽到宗祠里祭祖，由乡社里的礼生领礼统筹，这亦是儒家家礼在闽南的传承。

吃汤圆 | 在闽南一年中有两个日子要吃汤圆，一个是六月十五，吃的叫"半年元"，一个是"冬至元"。小时候长辈常说吃一粒汤圆就长一岁，这番激励下，急于早日"翻身做主"的小朋友一碗汤圆快快落肚。

香火 万年香火奉众神

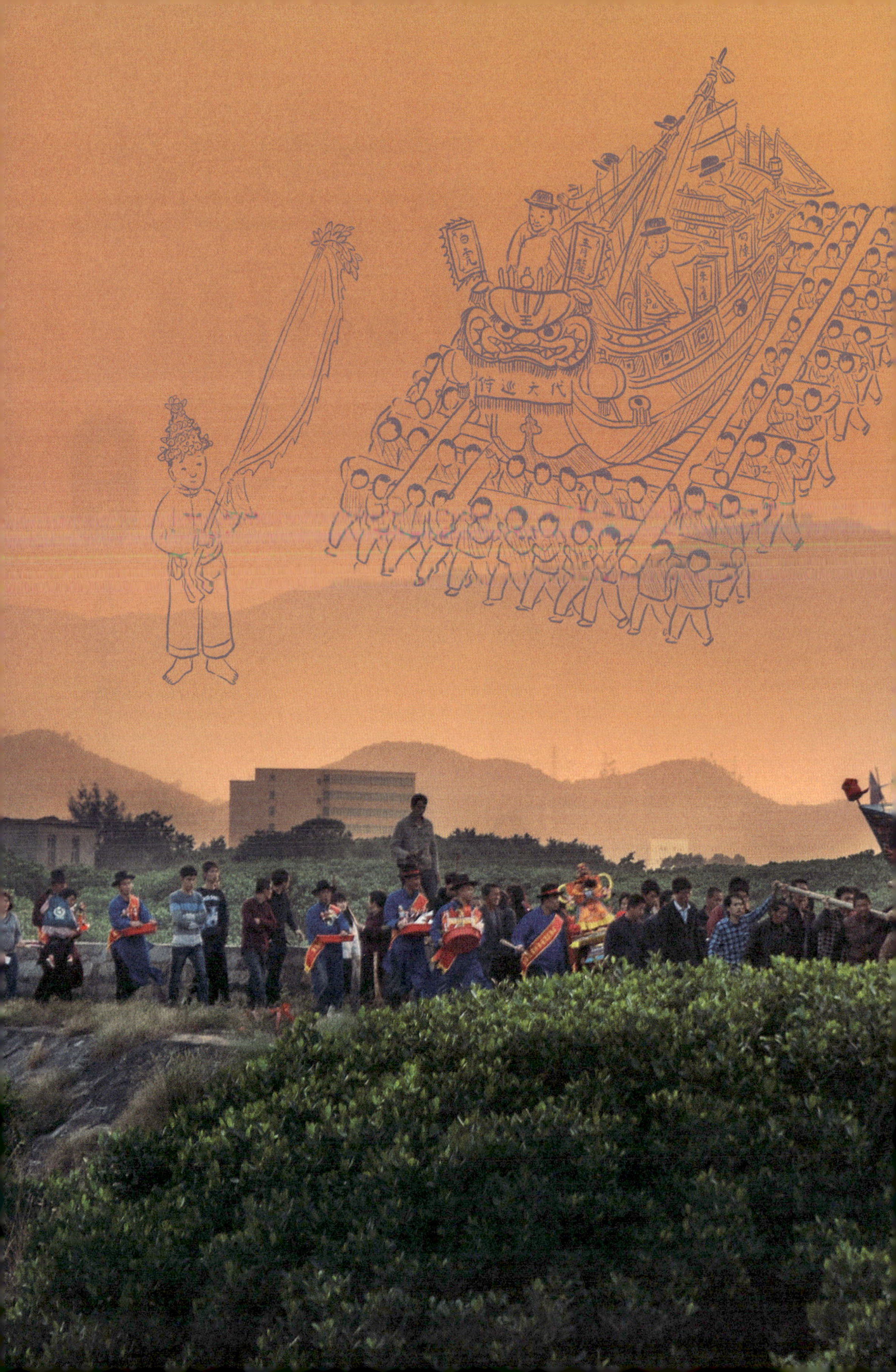
白虎
青龍
朱雀
代天巡狩

送王船，是闽台、东南亚的沿海地区长期以来盛行的一种敬奉海神的传统活动，每个地方举行周期不同，数年一次。王船作为贡礼，奉献给"王爷"，其中包含的物资与心力，都是人们对王爷保佑的答谢，亦取送瘟出海、扫除瘴疠之意。摄影／陈东辉

世俗闽南，神在身边

文 张侃

闽南人信奉"举头三尺有神明"，无论是"官方认证"的观音、如来，还是居于一隅的地方俗神，都能连同祖先、宗亲，被供奉于宫庙当中。但神明并非高高在上，婚丧嫁娶、柴米油盐，世俗生活中的大小事，神明都可参与。当神在身边，闽南人的内心有了安稳之处。

"此地古称佛国，满街都是圣人"，这副对联据说是南宋朱熹为泉州开元寺寺门所撰。泉州被誉为"世界宗教博物馆"，佛教只是闽南信众精神生活的冰山一角。宋元鼎盛时期，泉州佛教、道教、景教、印度教、摩尼教、基督教、天主教等并存，大小寺庙逾千。

实际上，放大到闽南区域，泉州的宗教信仰仍是冰山一角。除了制度性宗教，闽南地区分布最广的是体系庞大的民间信仰。举头三尺有神明，是闽南民众日常生活的精神格局。

酬神谢恩，民间狂欢

在闽南，无论是徜徉穿梭在城市街区，还是散漫游荡于乡野荒郊，五步一庙，十步一祠，极为寻常。人与神、鬼、祖先共居，是当地普遍又深刻的文化现象。

早在鸦片战争时期，厦门鼓浪屿的兴贤宫、种德宫就通过外国人的摄影镜头传播到世界各地，引发了汉学家对中国宗教体系的浓厚兴趣和深入研究。1877年，年仅23岁的荷兰人高延（J.J.M.de Groot）来到厦门，被这里各色各样的宫庙及琳琅满目的宗教仪式所吸引，于此做了大量的田野笔记。后来整理出版的《厦门岁时记》《厦门的佛教丧葬仪式》《中国的宗教体系》成为西方汉学名著，由此开启了欧陆汉学研究的新传统。

一百多年过去，西方学者对中国的宗教体系仍抱有强大的好奇心和持久的新鲜感。之所以如此，一定程度是因为闽南社会的神明信仰超越了神圣－世俗的二分逻辑——这是西方宗教理念无法解释的谜团。

闽南神祠众多，单单泉州城区就有三十六铺、七十二境。铺境有空间，有边界，有各自的铺主公和境主公，每位神明的诞辰都要举行庙会。再加上观音、妈祖、保生大帝、玄天上帝、关帝、文昌、城隍等普遍祭祀的神明，一年四季，闽南的城乡庙会络绎不绝，酬神谢恩层出不穷。

每届神诞，家家户户、善男信女到庙进香祈拜，期望国泰民安、风调雨顺、世道太平、家人安康。有了对神明的期待，就有了精神的支撑，也有了向上的奋斗力量。朝拜之外，闽南人的酬神活动极为多样繁杂，歌舞、杂技、鼓乐、戏曲，几乎无所不包。

戏曲表演是必不可少的内容，民间戏班生意兴隆，形成了庞大的文化市场，也推动了民间曲艺的繁盛。千百年来，大传统与小传统在此互动，雅文化与俗文化在此融合。体现在戏曲种类上：典雅委婉的梨园戏，是中原贵族的"七子班"、寻常巷陌的"下南戏"以及从温州南戏演变而来的"上路戏"的集合；铿锵有力的高甲戏，源自民间游艺的"宋江阵"和田间小戏"竹马戏"。

戏班锣鼓敲响，演员粉墨登场。戏台上，公子王孙、才子佳人演绎着家国情仇、人生悲欢；戏台下，村野凡夫、游客行人其乐融融，沉醉在闽南古韵之中，为戏中人叹息，为千秋功过扼腕。一台戏不只是演给神明看，不只是娱神，也是演给自己看。

在民间，酬神狂欢的高潮莫过于神明的出巡或进香，仪仗、旗帜、蜈蚣阁、大鼓凉伞、大鼓吹、宋江阵、高跷、马队等穿街串户，挨家祈福，请火刈香。这种时候往往万人空巷，人们把"神灵"请出来，近距离沟通，与神同乐的同时，表达对神明的虔诚。

丰富多样的神庙仪式、酬神活动，充分体现了闽南民间文化的狂欢本质。如俄国学者巴赫金揭示，"每个节日在其官方的——宗教的和国家的一面存在的同时，还具有第二个，民间狂欢节的、广场的一面"，这是一种自然地展示人的自由和生命的重要方式。

草根神明，制衡内外

闽南地区的神庙组织庞杂却又井然、喧闹却又有序。令人惊叹的强大生命

燕尾脊高翘、色彩艳丽的江头水都宫，张扬地立于闽南的城市建筑群中，身后拔地而起的现代高楼几成陪衬。闽南人与神同居的不亲现会，将两种看似混搭的建筑而貌得到了极好诠释。摄影／赵锋会

五穀丰登

力，与它的草根属性关系密切。可以说，在闽南，神明的感召力根植于民间社会。

在长期历史演化过程中，神庙信仰作为日常生活的结构性要素，并非仅仅依靠基层社会的内在演变，外部条件也是其生生不息的动力之一。也就是说，闽南作为空间单位，"闽在海中"的地理环境确实会让人产生"孤悬"之感。中唐诗人刘禹锡曾论，"闽有负海之饶，其民悍而俗鬼"，其陌生和疏离感流露在字里行间。直到今天，不少北方学者面对闽南地域内成百上千的神明，常会产生"这里是不是中国"的困惑。如果加上时间维度，问题就可以得到较好解决。

唐宋以来，闽南逐渐被纳入中原的正统文化体系当中，民间祭祀活动的正统化成为国家进入并管理地方社会的重要方式之一。

在福建，妈祖的神格演变就能充分说明这一过程。莆田林默娘，从湄洲港民女变成湄洲神女，随后通过王朝敕封，升格为圣妃、天妃、天后，如今已有"海峡女神"的美誉。这个标准化历程，反映了国家正统在地方社会不断延伸整合的进程。

闽南地区影响最大的神明——保生大帝的正统化进程也是如此。保生大帝名叫吴夲，民间称为慈济真人、吴真人、大道公等，他的早期行迹具有巫医色彩，明代获得敕封后进入国家正统体系中。如今每年三月十五保生大帝神诞，海峡两岸的众多分香庙宇都会来祖庙进香谒祖，规模宏大。与妈祖类似，背后实际是国家、道士、士大夫、乩童共同文化建构的结果。

这一过程中，另一个尤其值得注意的问题在于：无论在城坊还是在乡村，民众共同信奉的中心庙宇，除了具有信仰中心的功能，还可以对社区人群的生活实施有效控制。在这样的背景下，士绅精英、家族组织与庙宇体系整合，建构起了社区权力中心。

家族与神庙的关系极为复杂，它们之间的结合或整合，取决于历史条件和时代环境。在明清时期的禁海与开海、迁界与复界的过程中，滨海人群一方面以宗族形式展开同姓联宗或异姓结拜，整合人力控制社会资源；另一方面又依托神庙组成仪式联盟，实现地域集团之间的势力对抗与械斗格局。

流动的神明，回得去的故里

闽南地区神明信仰之发达，与侨乡社会的特质同样关系密切。

民国时期，社会学家陈达曾指出华侨家庭中信仰与生活的密切关系。在侨眷看来，侨居海外家人的身体安康与否，事业顺利与否，需要神明保佑，"每逢夏历初一、十五两日，佛祖诞日，'大伯公'神的寿辰等，即必多办纸钱香烛及糖饼果实等物，前往庵庙祈拜许愿，祝望如心所愿，合家平安"。华侨对家乡神明也特别重视，常常寄钱回乡支持宗教仪式和庙宇修建，不少侨批书信即为此而写。

历史学家王赓武先生曾描述，以闽南为主体的东南亚华商是一群"没有帝国的商人"，因缺乏王朝支持和保护而被攻击、掳掠。需要补充说明的是，闽商却是一群有原乡的商人——他们因宗族与庙宇形成了根系，没有"帝国"，却有"祖国"。

即便经历战乱或隔绝，他们仍可回归或回哺故里。厦门海沧区青礁慈济宫右壁上，有一篇康熙三十六年（1697）的碑文——《吧国缘主碑记》。文中叙述明清鼎革之际，海沧因清军与明郑拉锯而导致慈济宫损毁。局势安定后，侨居巴达维亚的华侨首领从吧城（全称"巴达维亚城"）保生大帝神明会的祭祀基金中抽出部分，用来重修青礁慈济宫。

实际上，如果留心观察，闽南神庙中的捐款题名碑就常透露出华侨与原乡的连接。闽南供奉保生大帝的祖庙——白礁慈济宫和青礁慈济宫，素来香火兴盛，历代捐助者甚多。细细品读捐款题名碑，一个广布于东南亚各国的海外华人网络几乎呼之欲出。一位学者曾以"庙际与国际"为题分析侨乡与海外乡亲的神缘关系，很有见地。事实也确实如此，我们随意漫步在闽南庙宇，弹丸之地常有国际格局。

以庙宇为中心，海外华人华侨不仅长期保持着与原乡的密切联系，甚至介入原乡的社会建设中，这样的例子在闽南当地比比皆是。比如泉州同样供奉保生大帝的花桥慈济宫，在海外华侨乡亲的大力支持下，于光绪年间先后成立"泉郡施药局""花桥善举公所"，成为闽南地区重要的华侨慈善组织。厦门的正顺宫，乃供奉谢安、谢玄两位神明的庙宇。清代嘉庆二十三年（1818）重修时，钱款由署名"大使爷槟城"和"大使爷台东、台港"等的团体捐助。"大使爷"为谢玄的俗称，"大使爷槟城"指的是槟城五大公司之一的邱公司，他们不仅在故里捐资修庙、修建宗祠，也捐资纂修族谱。

以这样或那样的方式，闽南人与海外华侨共同构筑了闽南千姿百态的地方性宫庙及仪式。这些庙宇搭建出神灵与民众的沟通桥梁，也无形中拆去历史与现实的阻隔。只要庙宇仍在，神明就一直在。

泉州好戏

文 霍亮子

泉州有好戏，这里是"戏窝子"，小小一地集中了梨园戏、高甲戏、木偶戏、打城戏、歌仔戏等多个剧种，其中不少属泉州独有。泉州既是闽南地方戏曲的精华浓缩处，也是古乐南音的传播腹地。好戏吸引、滋养了一代代好戏者，他们因戏成痴，支撑着这些好戏坚韧地更新、成长。

透过戏曲这面多棱镜，看到的是泉州的历史、信仰、风俗、民情，泉州延展至海外的影响力，以及，何为泉州人。

古戏新生

元宵前后，泉州分外热闹，各路戏码铆足劲上演，不仅城中戏迷过瘾，还引来一群外省戏痴。这些戏痴多居住在北京、上海，受过高等教育，有一份体面职业，其中几位还经营着戏曲类自媒体，近些年元宵往返泉州看戏已近于常规，吸引他们前来的是泉州特有的古老剧种——梨园戏。

2017 年，我在北京第一次现场观看梨园戏。两天的剧目分别是《御碑亭》和《朱买臣》，前一出属于新编，不同于已有的京剧范本。梨园戏的演绎改头换面，人物命运与立意都有所不同，聚焦在女主角孟月华身上。孟月华甫一出场，我就被她的手势吸引了，每一个定格都似敦煌手姿，柔若无骨，像一叶舟划开如油的湖面，像至清潭水里浮动的鱼，"皆若空游无所依"，令人屏息。好演员只需要一秒钟就可以抓住自己的观众，扮演孟月华的曾静萍就是这样的演员，她是梨园戏目前最耀眼的明星，也是全国唯一的梨园剧团——福建省梨园戏实验剧团的团长。

2019年3月,我来到泉州,在梨园古典剧院顶层半开放的茶室里,先见到了资深编剧王仁杰。王仁杰叮嘱旁人泡上自己带来的老枞水仙,又点上一支烟,慢悠悠从头说起:泉州嘛,因为山川隔断、语言特殊,兼之文化杂糅,"就像一个大冰箱",将宋元以来的时光冻住了。梨园戏号称有800年历史,比"百戏之祖"昆曲还古老,保留了南戏最初的诸多形态,比如剧名往往以男主角命名,像我两年前看过的《朱买臣》,就是传统梨园戏的代表剧目;"头出生,二出旦",男性角色一定先出场。朱买臣休妻的故事在多个剧种都有搬演,剧情大多是朱买臣为穷酸书生,其妻崔氏嫌贫爱富,强逼朱买臣写下休书另觅他人而嫁,结果却上当受骗。等朱买臣一朝博取功名,夸官游街时,崔氏幻想重修旧好,朱买臣马前泼水,以覆水难收为由拒绝,崔氏在羞愤之中自缢而亡。梨园戏的《朱买臣》却很不同,女主角赵小娘虽然好吃懒做、嫌贫爱富,居然在泼皮无赖之中还有一种可爱,不但被观众谅解,还经由街坊说和,最终与朱买臣破镜重圆。全剧诙谐幽默,保留了众多闽南古谚。一出充满教化色彩的故事,在梨园戏里却成为热闹好看、时时令人捧腹的谐剧。王仁杰的说法,如果昆曲代表的是文人趣味,梨园戏便是市民趣味。

同时,它又是"宋人审美的体现""典雅、简朴、缓慢"。这种趣味投射在舞台上,便是没有布景,连最简单的一桌二椅都嫌烦琐,只用一张长凳替代。乐队以特有的压脚鼓作为领队,仍保留小规模的传统编制,没有改弦更张为管弦乐团。极度精简的舞台突出了演员,观众得以专注于他们以数百年前的规范演绎数百年前的故事,如人、如偶、如梦、如幻,让人着迷。这种迷恋是多重的,对演员的技艺,对熟悉又陌生的传统,还有历史场景的复现。犹如打开"月光宝盒",借由一组基因片段想象一整个古代的中国——哦,我们曾经是这样的。

梨园剧团在年轻专业的观众中赢得口碑,并不只因为保存下来的八十多出传统折子戏。曾静萍两度获得梅花奖的作品《节妇吟》《董生与李氏》都出自王仁杰之手。与众多昙花一现的新编戏不同,梨园戏的新编戏做到了新戏如旧,在不断的打磨和上演中"渐渐成为老戏"。

曾静萍强调剧团一直以来都对传统十分珍视。梨园戏在泉州从繁盛到衰落,新中国成立后只有这一个剧团独存,剧团的抉择直接决定了一个剧种的命运,也因此对于任何"革新"都分外敏感。王仁杰补充说,剧团第一次请外来导演卢昂复排《董生与李氏》,导演在开会做报告时,不仅退休员工通通到场,连剧团的厨师都出席了,"生怕把梨园戏改得不成样子"。因为这些"顽固派",梨园戏成为当下中国剧种里传统样式保存得相对完整的少见案例，而其精简的舞台效果、古老又独特的表演范式，与现代剧场潮流不谋而合，使得梨园戏在近些年屡屡跻身中外各地的当代剧场展演，吸引了一大批闽南地区之外的新观众。

1987年出生的南京女孩张婧婧因为痴迷梨园戏，加入剧团成为专职编剧，首部作品《御碑亭》即博得好评。定居泉州10年，她已经可以讲一口闽南话，这位全团唯一的外省人告诉我，梨园剧团像家。剧团的另一位编剧谢子丑也十分年轻，在幕后人才缺乏的中国戏曲界，梨园剧团成为令人羡慕的拥有两位专职年轻编剧的剧团。

张婧婧说，首部作品便能由曾静萍、林苍晓、张纯吉这几位梨园戏资深演员来演绎，是自己莫大的幸运。"看戏还是要看演员啊。"

舞台下的曾静萍不施脂粉，一身运动装，泯然众人，这样的反差并不令人意外。少人意外的是她从艺生涯的蜕变。王仁杰回忆说，曾静萍基本功虽好，但并不特别刻苦，在当年的一帮学员里天赋也并不突出。1977年梨园剧团招生时，她是作为候补学员补录的。毕业入团之后参加福建省首届青年演员比赛，获得铜牌，落后于不少同学。

但曾静萍是个擅长反思的演员，她在接受吕彦妮采访时曾说："学戏的时候，别人都是很快跟着老师教的样子学，我就慢半拍，我都在那里想，哪个好我要学，哪一些不是我要学的……我是不太守规矩的演员，也从来没有想过要成为人家的范本，因为什么？因为我觉得非物质遗产的传承是活态，不是死的，如果是死的，不可能从八百年前到现在还存活……我2000年前后去上海戏剧学院学了一年的导演课程，要感谢这整整的一年，去学了以后我没有发现外面的世界有多好，反而发现我身边的东西有多宝贵。原来我们在找的那些珍贵的、安静的、厚重的和有积淀的东西，就在我们身边，就在泉州这个城市里。"（《曾静萍：外面的世界没有多好，你身边的东西才更宝贵》）

王仁杰提到，梨园剧团曾跟法国导演帕特里克·索梅尔（Patrick Sommier）的团队合作数年，对方评价说，"程式是一种更高层次的自由"。曾静萍的表演脱胎于戏曲程式，又不完全拘泥传统，特别注重人物的刻画塑造，现代剧场给了她更多的可能，他们小心处理着灯光、服饰、声音、色彩、对比、形象，使用大块面的减法和小细节的加法，使得梨园戏在与当代剧场结合时做出了有意的探索，并得到市场的肯定。

曾静萍固然像王仁杰所说，是"祖师爷赏饭""一百年才出一个"的天才式演员，但正因为她不那么守规矩的反思，才与梨园戏互相成就，这是彼此的幸运。

戏痴说戏

梨园剧团的前辈演员林赋赋,曾在泉州电视台主持"泉州讲古"节目多年,是熟知泉州掌故的老泉州人。他今年76岁,是亲历过泉州戏曲繁华时代的人证。

林赋赋住在古榕巷梨园剧团旧址,这是一处古迹。1129年,南宋朝廷的"南外宗正司"迁至此地,管理皇族事务。1277年,元将唆都带兵围困泉州时,蒲寿庚降元,在城内"尽杀南外宗子及士大夫三千余人",妇幼不能免,"备极惨毒"。规模宏大的南外宗正司等建筑毁之一炬,"顿成废墟"。蒲寿庚本人是阿拉伯商人后裔,在泉州从商,曾为保卫商路而自组武装对抗海盗,从而成为泉州地方豪强,他的故事也勾连起典型泉州的脉络。

就是在这遗址之上、院落深处,林赋赋以讲古一般的口气,述说当年:

我出世的时候是在泉州的南门,那是泉州最富庶的地方。泉州,有句口头语叫"北穷南富",很多大商行都是在南门,那里又有码头,所以南门集中泉州的商业贸易。有些有钱人,请会武术的师傅来弄一个武馆,还有南音馆,我家的隔壁是大杉行,请了南音师傅在那边教南音。

南音馆跟我们家的厨房是相通的,耳濡目染,我就喜欢上(南音)。他们白天要做生意,晚上再一起唱。我偷偷把他们的乐器拿到家里,自己学,玩一下。当时我很小,嗓子也非常好,大概是10岁还是11岁,(南音的)四种乐器我都会了。

我父亲开金铺,我的母亲是一个大戏迷,她整天两个最重要的事情,就是看戏和打牌,要么就是到处去拜菩萨。我是独子,每天跟着她,她在大众戏院看了37场《梁山伯与祝英台》的高甲戏,我就跟她看了37场。到今天为止,50年代的高甲戏哪一出、什么演员扮演、什么布景、舞台怎么样装置,我都记得。那时候泉州高甲还叫作泉州大众(剧社),为什么叫大众? 就是1949年以后把晋江所有散落在民间的高甲名艺人全部集中起来(成立的剧团),这是最棒的一个文艺团体。

我住的地方社区里也有布袋戏,又有提线木偶戏,弄得我整天逃学,如果布袋戏也没有就逃学去听讲古。结果考试就是零分,老师把考卷寄到我家里来,我被母亲揍了一顿,到了晚上还是跟她去看戏。所以从小思想上根本不在学习,满门心思都对艺术非常喜欢。那是解放初年,就是(19)52年到(19)56年的事。

在现代化的热力炙烤之下,泉州这座大冰箱也在解冻。然而,还是有些人像当年的林赋赋一样,不知为何,被古老的传统吸引,并自觉成为其一部分。王啸波就是这样,他1983年生于晋江安海,主业是闽南语主持人,业余爱好

新编梨园戏《御碑亭》。编剧张婧婧说自己的首部作品便能由曾静萍（中）、林苍晓（右）、张纯吉（左）这几位优秀的梨园戏资深演员来演绎，是自己莫大的幸运。"看戏还是要看演员啊。"摄影／元末

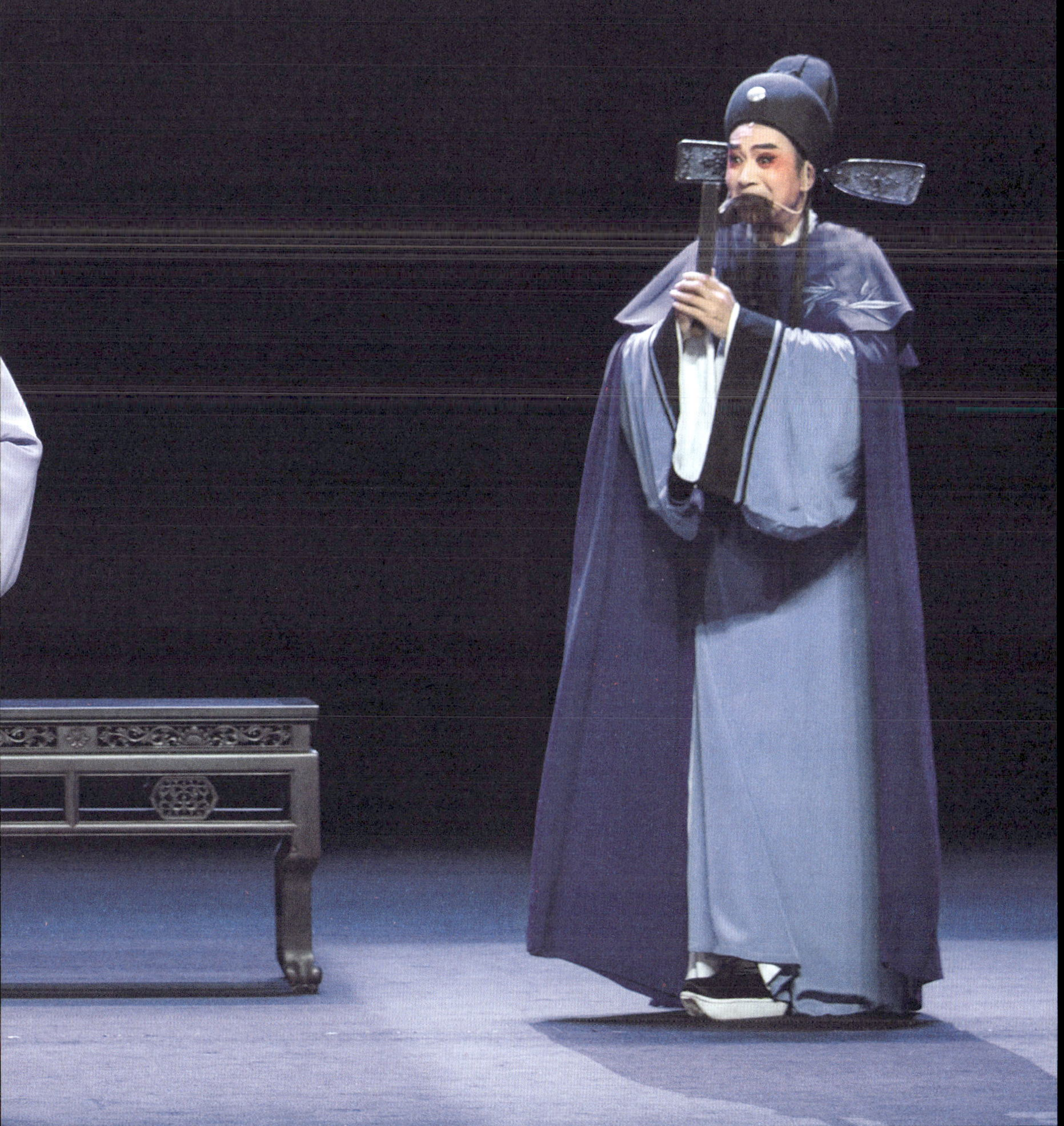

戏曲，会制作木偶的冠饰。我们在西街后巷中的一个茶馆碰面，他边泡茶边说：

我对戏曲是从小时候就很喜欢。之所以喜欢木偶，是因为它很像是把戏曲舞台微缩，可以搬回家自己玩。跟戏曲舞台一模一样，而且这么小，有另外一种美感，拿在手中就很好玩。小时候太喜欢木偶，所有球状的东西都把它想象成木偶头的一部分。比如把乒乓球挖一个洞，再插一个东西进去，然后做成木偶。

当时我外公认识晋江很著名的一个操偶师，他在"文革"期间下放到机械工厂，所以才会跟外公成为同事。这个老师帮我蛮多忙，他虽然说不会制作，但是很多制作的过程都是他跟我讲，要注意什么细节，因为很多东西不是技术问题，还得考虑到表演。

像提线木偶的帽子跟布袋木偶的帽子就有区别，除了尺寸不一样——一个大一个小。还有就是提线木偶比较大，观众是平视的，但是掌中不一样，操作时（站位）比较高，观众是仰视，帽体的部分就要稍微有点斜度，后面的部分高一些。还有提线木偶因为有线，所以掌中木偶很多往外延伸的部分，提线就做不了，反正一切都要服从表演。

夜深了，我们起身告辞，王啸波又偶遇了一拨年龄相当、爱好近似的朋友。这些常出没在西街的青年，总是抬头不见低头见，无事便聚在一起喝茶谈艺，不知到几时才结束。几乎像是续摊，他们次日一早还去了开元寺参加每月例行的"勤佛"——烧香、吃斋面、祈福，那一天是正月二十六，开年最热闹的一次。王啸波和他的伙伴们是泉州这座冰箱保温层的一部分，构成隐藏在游客背后的西街故事，如哈利·波特的九又四分之三站台，你要碰到对的机缘才能开启它。

南音远播

王啸波告诉我们，月末，他会去台北参加王心心的演出"轻轻行"。后来我看到他在微信朋友圈这样发文："上半场是传统指套，《百鸟归巢》在配器上做了设计，有新意又全然在传统的框架里，很有意思的尝试。下半场是几首以《蝶恋花》为词牌名的颂词，谱以南管旋律。心心老师特地穿了一件古董的氅衣，草绿底子镶粉边，着黑裙，一片春意盎然，很是点题。灯光设计也恰到好处，斑驳的光影如同树影婆娑，随着琵琶捻指声起，席中众人就被带到另一个空间里了。今晚的演奏厅里几乎满座，中青年为主的观众，也是南管最好的观众。"

王心心是出自泉州的南音艺人，从90年代起定居台北，也是当下南音最著名的表演者之一。南音,又称弦管、南管等,是一种流传于闽南地区的音乐形式,有纯器乐的部分,也有人声演唱。就像梨园戏的乐队会使用压脚鼓,南音也有特定的乐器,以横抱的南音琵琶和南音洞箫最有特色。在泉州城乡,处处有南音馆阁,很多有上百年历史。南音馆阁是南音的传承场所,通常由本乡富有的企业家资助,子弟们可以免费学习,南音社也会受邀在仪式性场合演奏。

1989 年以来,因为泉州定期举办中小学的南音大赛,学校成为民间之外的南音教学场所,以比赛为导向的教学模式对南音传承有深远影响。

蔡雅艺 1980 年出生,小学的时候正好赶上南音大赛,也是参赛者之一。她 1993 年入读泉州艺校南音班,2003 年泉州师院成立南音的本科专业,她又以第一名的成绩被录取,可以说完整地接受了学院派的南音教育。这期间,她两度赴新加坡担任南音老师,前后近十年。

像蔡雅艺这样优秀的南音从艺者,被请至南洋做南音先生,早有传统。她的前辈苏诗咏就曾经长期在菲律宾和印尼的南音馆担任老师。苏诗咏 1946 年出生,15 岁时考入泉州民间乐团,也就是现在泉州南音乐团的前身,现在是国家级的南音传承人。拜访她时,她正在指导泉州东湖社区的南音社团活动。隔壁南音乐声传来,琵琶声碎,箫声呜咽,歌者的声音绵长悠远,伴随屋外淋漓的春雨,徒增一点忧愁似的。她对我说:

1987 年,我第一次参加福建南音代表团到菲律宾演出,我一回来他们那边马上就要邀请我去(担任南音老师)。但是因为家里有事,所以 1992 年才去。当时马尼拉有四个(南音)馆,邀请我的是国风郎君社,是财力比较雄厚的,当时其他三个馆也都有先生,有从中国过去的,也有本来就在那边的。国风郎君社应该有八十几年历史了,以前华侨从小就在家乡听南音,在南洋听到乡音不容易,所以有好多热心的人,花了好多钱(建了南音社)。我们就住在郎君社,那里有两大套房子,好几百平方……我刚去的时候,正好有四五个大陆过去的小女孩,我就教那些小孩。

那边的学生,年轻的、中年的、老年的都有。我们每星期有一天是叫"打馆日",就是馆会,所有马尼拉会南音的人一般都来。我们四个馆,一个星期就有四个馆日,今天你来,明天我去,就是弦友交流的日子。大概几十个人,新华侨和老华侨都有。另外,我们还教了一批在那边出生的(学生),也算是混血,不会讲闽南话的。

在东南亚,可以说菲律宾的南音是比较强的,因为菲律宾大多数是这边家乡过去的,都是会(南音)的,其中有几个还是比较好的。他们在那边有自己做生

掌中木偶表演。木偶戏在闽南自古就被赋予一种超自然的力量，老师傅们说，木偶戏是敬天的，人戏是敬神的，出场顺序一定是先偶戏，再人戏，旧时请戏人家对待木偶戏的师傅也会多一份礼遇。摄影/黄水木

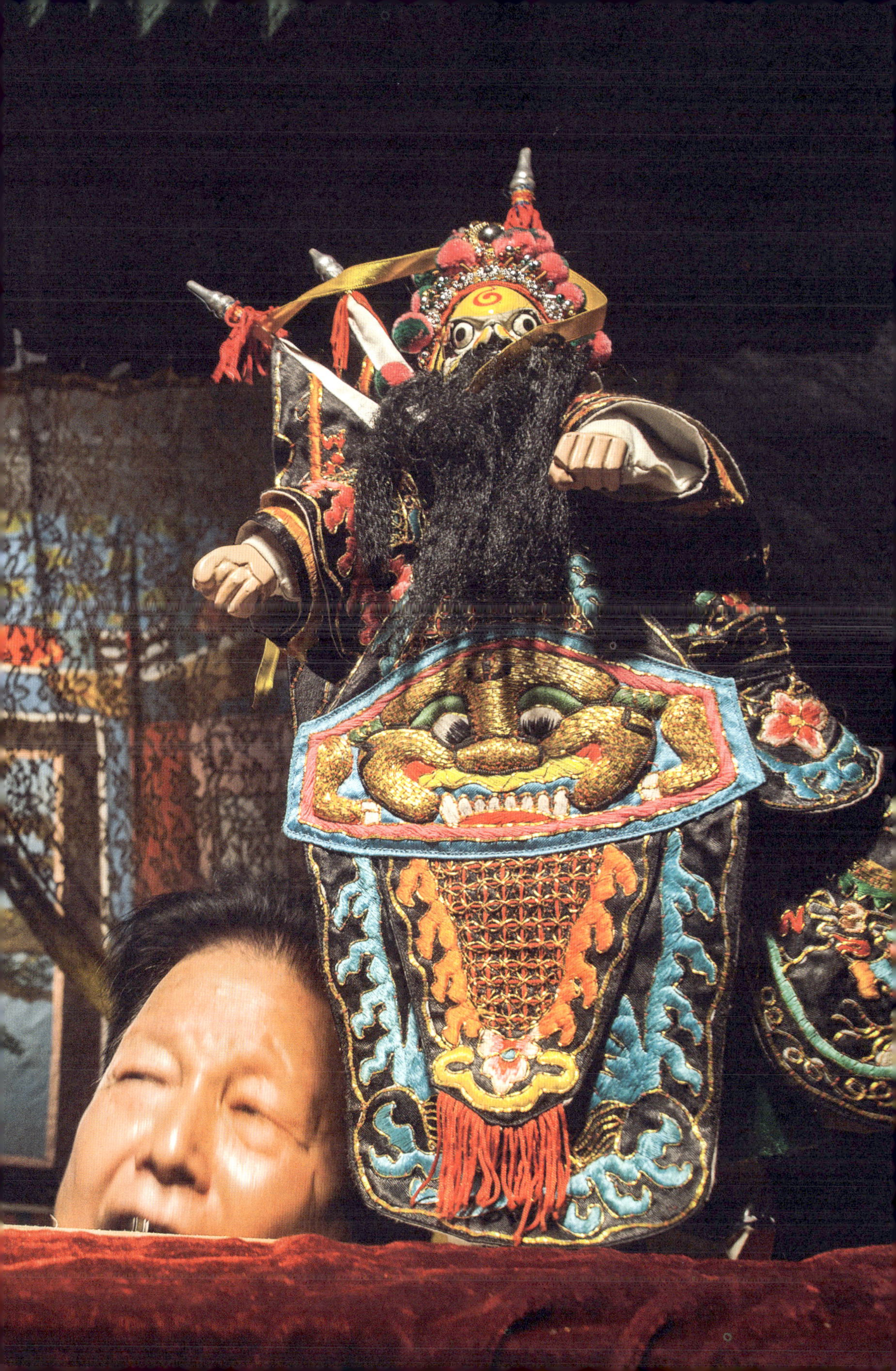

意的,有打工的。馆日一般下午两点到两点半开始,有唱有和,一直到吃晚饭。晚饭就在那边吃,有些喜欢的晚饭之后会继续。

除了馆日,我们还去中国公园玩,去了好几次;还有(19)97年香港回归的时候,我们也去参加那边的庆祝活动。另外就是佛诞日,或者说乡亲在那边过世了,我们都会去参加。

在那边我很习惯,南音社就好像同乡会一样。我每年都回来,一回来就一个月,因为菲律宾比较近,国内有什么活动我们都参加,有时候,一年回来好几次。

后来郎君社内部有矛盾,气氛就没了,几乎就快停下来,我就想回泉州了。我一回到泉州,大概还没几天,印尼那边就知道我回来了。因为之前我还没有去菲律宾时,他们就想请我,但我已经走了。我(2005年)1月份回来,3月份就又去了印尼,在那边也住了六七年。印尼的组织是叫印尼东方音乐基金会。我刚刚去的时候,七八个学生。现在几百了,比较年轻的,其中有一家子五六人,父母加三个儿子,是移民的第三代、第四代,闽南话都不会讲了,但是父母都希望他们的儿子,要记住家乡的语言文化。他们现在非常活跃,基金会也挺好的。

苏诗咏借由南音在他乡遇到故乡,又用南音慰藉了南洋乡愁。而像蔡雅艺这样年轻一辈的艺人,海外教学带给她的是丰沛的反思。20岁时,蔡雅艺远赴新加坡,在一个陌生而多元的文化环境中重新认识了南音对于自己的意义。2010年赴英国参加"兰戈伦国际音乐比赛",获民间独唱独奏组冠军,2017年参与中国国家交响乐团在维也纳的项目,南音在更广泛的音乐世界里获得确认,这给了她自信。

2013年,蔡雅艺在泉州成立"南音雅艺",是不同于传统馆阁,也区别于学院教育的新型南音传播机构,有着新媒体时代的主动性。除了厦门、泉州这样的闽南腹地,在北京、成都也有跟随南音雅艺的学生。她对南音的理解也日渐成熟,在南音雅艺工作室里,墙上除了挂着各式南音琵琶,还有一幅字"雅正清和"。"我一直在做南音,我们到底做的是什么?大家都说传统,传统是什么?我回忆我的一些前辈,他们对南音的理想是什么?比如他希望你做人谦卑,他希望你的乐器出来不要吵,他希望你的琵琶弹起来非常稳、大气,就像大家长那样照看各个乐器……我一路揣摩,最终揣摩出四个字,就是'雅正清和'。这四个字我觉得怎么排序都行,都符合我对南音关键的一些审美。"

这是南音的理想国,是要到达的彼岸。那么当下呢?她回答说,最近我觉得南音真美,南音就是我的诗。

位于泉州府文庙旁的南音传习所，每晚都有公益性的南音表演，观众可免费观赏传统的南音演出。
摄影 / 方托马斯

泉州晋江陈埭民族南音社社长丁培坚（左二）和弦友们在丁氏宗祠前演奏南音古乐。摄影 / 平深

戏剧团下乡，"戏神"供奉在侧。闽南戏曲艺人把原型为唐朝乐人雷海青的田都元帅奉为"戏神"。不少剧团中都自有牌位，香火日夜尊奉，甚至外出演出都会"请出"同行。摄影 / 黄水木

高甲剧团乐队演出中。高甲戏的伴奏音乐由锣鼓经和大、小吹组成，伴奏乐器分文乐和武乐：文乐以南嗳（小唢呐）、品箫为主；武乐中的响盏和小叫，在高甲戏特色的丑戏中不可缺少。摄影 / 李晓峰

江湖之远

在泉州，传统戏曲音乐的各个门类都有各自悠远厚重的脉络，也各自赋予从业者一份骄傲。南音自成一格，不屑与娱人耳目的戏曲、曲艺为伍，尊奉自己的独门祖师爷，传送自己的故事，将历史一直追溯到汉唐；梨园戏古典雅致，演绎繁难，为闽南地区众多后来剧种提供养分，从艺者自有一分清高；老师傅们说，木偶戏是敬天的，人戏是敬神的，出场顺序一定是先偶戏，再人戏，旧时请戏人家对待木偶戏的师傅也会多一份礼遇……

与之相比，19世纪才成形的高甲戏最具有亲民性质。高甲戏发端于闽南地区以武戏为主的"宋江戏"，至清末始称"高甲戏"。在发展过程中广泛吸收木偶戏、梨园戏等古老剧种的表演程式，又受到新兴京剧的影响，在新中国成立后其丑角艺术得到发展，以丑戏闻名。"杂取"与"融合"是高甲戏的特点，因而最能灵活适应市场需求。

泉州地区号称"戏窝子"，是因为一整套信仰习俗的保存，剧场中的戏曲艺术是少数派，更多的戏曲团体所面对的最大市场，就是泉州城乡的酬神赛会、婚丧嫁娶、添丁寿诞、乔迁开业等活动。现在占据市场份额最大的剧种便是高甲戏，演出最热门的地区公认是晋江、石狮、南安。这既与当地的风俗民情相关，更是经济实力的体现。

参与市场竞争的既有国营剧团，如泉州高甲剧团、晋江高甲剧团，也有民营戏班。不少剧团会有固定的合作关系，比如关公生日，泉州关帝庙按定例会请泉州高甲剧团演出。国营剧团因为有国家补贴，加之班底强大，演出水准稳定，所以市场要价较高，民营戏班则以价廉和灵活取胜。无论国营、民营剧团，每年的演出总要到200场以上，有些还会达到300场。

根据《高甲戏史话》记载，20世纪三四十年代是高甲戏发展的鼎盛时期，仅晋江地区就有近百个高甲戏班，"即便是在抗日战争时期，侨乡经济萧条的境况下，也有七八十棚戏班子在晋江竞相演出"。1978年后，古装戏复演，大量民间高甲剧团兴起。"1981年9月统计，全县取得'准演证'的民间剧团有56个，从艺人员约1400人"。进入90年代，戏曲演出市场有所萧条，不过根据晋江市文化馆2007年的记录，"进入21世纪，晋江市的民间职业剧团每年保持在20团以上，从业人员700余人，全年演出4000余场，平均每天有十二三个本市民营剧团在演出，每年观众数约达500万人次，年营业额为1500万元（另有外县、市约40个专业、职业剧团进入晋江演出的，不计算在内）"。

林庆龙，绰号火炎，1997年随吴天乙、黄莺莺夫妇学习打城戏，2004年后转入民营高甲戏班,至今已有 15 年。火炎所在的德化高甲,老板同时经营着三个戏班,是实力雄厚的民营剧团,火炎也是身价最高的高甲戏演员之一。从火炎的讲述中,我们可以窥见民营戏班的生存概貌:

> 我们剧团一年差不多演出两百二(十场),我每场都要演……有的剧团每年要演 300 多场。现在很多剧团都是算包年的工资,请这个演员来,比如一年给他 10 万,不管他演几场都是 10 万。老板就宁愿让人演到 300 多场。我是算场次的,一年(收入)十六万左右。如果我去拿包年,戏酬更高,但太累了,之前一年最多演过 280 场。
>
> 农历二月份、七月份、十一月、十二月是淡季,八、九、十是最旺的,因为都是民间的佛生日,就会请戏。旺季的时候请戏,一场要一万块,有的要一万多。淡季的时候,有的用了也演,不用也演。
>
> 国营剧团价格更贵,他们人多。像我们团队 16 个演员,国营(剧团)一场出来可能要三四十个人,场面就不一样了。我们后台的呢,拉二胡,还有一个吹唢呐的,还有一个笛子、一个扬琴,加上打鼓的、打锣的,总共后台就七个人。国营的(剧团)后台就十几个人。我们出去演,后台加演员 23 个人,还有管理服装的、管电的,还有两个跑台的,30 个左右的工作人员。过年正月到现在(二月初一)已经演了 24 场。
>
> 刚开始演高甲戏的时候,也是挂布景,以前有的村里面(戏)台不好,只有四根柱子,反正都是通风的,布都飞来飞去(笑)。现在都用 LED 屏了。
>
> 国营剧团排戏要排几个月。像我们这种民营剧团排一个剧目最多五天、六天、七天,很快的,然后就在台上慢慢熟悉。只要是别人没有演过的戏,我们就算新戏,有些剧本是莆仙戏的,方言不一样,我们改成高甲戏的方言,改顺了。我们演出比较受欢迎的《赵氏孤儿》,京剧、豫剧都有,故事都是一样,就是台词稍微不一样,用高甲戏的音乐去演出。

变与不变

正月二十九是泉州蟳埔村妈祖巡境的大日子。经过数年磨合,全村上下训练有素,任务明确,着装规整,有舞龙的、有挑担的、有击打腰鼓的,还有整齐的二八老式自行车方阵负责执神牌,不但不违和,还有一种新鲜创意,可视为传统流变。

然而在今年(2019 年)盛大的游神庆典之中,并没有按照惯例安排戏曲演出。蟳埔村的负责人告诉我们,一是因为戏台整修还未就绪,更重要的是"现在谁还看戏"。取而代之的是闽南语歌曲大赛,这是颇受欢迎的节目,不但本地人报名踊跃,还有外乡人来参赛,家家户户正在积极备战。

从纳入晋江文化馆统计的数据来看,对比 2007 年和 2018 年,本地活跃的民间高甲剧团是减少的,从 20 个上下缩减为 10 个左右。而且,戏曲本身的丰富性变少了,配着 LED 屏演出的民间高甲剧团,多以生旦戏迎合市场,武戏、净戏都衰落了。

王啸波最近搬了新居,一直照拂他的提线木偶戏老师傅林文荣说会帮他做一次"入厝"的仪式,即在夜晚特定的时刻演出窦韬、祯祥、郭子仪的剧目,叫作"见光三节",分别代表"父子状元""一门双喜""多子多福"的吉祥意思。传统上,泉州的木偶戏有着通鬼神的魔力,但现在能演出"见光三节"这样传统"吃饭戏"的艺人已经罕见。林文荣告诉我,"文革"前他因为有机会跟随老艺人下乡,所以多少有些传承,每一出都可以演出部分,但完整的剧目也没能继承。

3 月,作为人大代表的曾静萍在两会上提案,呼吁关注戏曲演员的待遇:"目前团里 1/4 的青年演员扣除三险一金后到手的工资不到 2000 元,还有 1/4 的演职员税后收入约 2500 元。"这样的收入水准与他们从事这个行业所需付出的辛劳显然不成比例,这还是在泉州地区颇受重视、一直得到扶植的独苗梨园戏。

更迫切的现实是几乎所有剧种都面临招生的困难。梨园剧团大约每十年招收一次学员,剧团中青代的演员郭智峰参与了最新一届招生,他遗憾地对我说,他看中的小朋友"一个都没有来"。生于 20 世纪 80 年代的火炎也告诉我,在民营的高甲剧团,比他年纪还小的演员很少了,"现在的父母谁舍得小孩受苦"。当然总有例外,在泉州艺校采访,正逢一个十五岁的小演员为参加福建省戏剧水仙花奖的竞赛做准备。校长谢千红告诉我,他是少数主动要求报考高甲剧团的学员,虽年龄不足,但招生老师被其反复恳求的赤忱打动,破格录取。看到他似模似样的丑戏表演,想到这些天见到的年轻人,一点忧心又被击退了。

对于戏曲来说,这不是最好的年代,也不是最坏的年代。

在戏窝子泉州,只要闽南话还在讲,庙门没有关,大戏就会一直唱下去,千百年里,消失的消失,新生的新生,戏比人的生命力强韧,它会在人群之中一代代筛选自己的守护者。不论冰层怎样断裂融化,只要最硬核的演员与戏迷在那里,就能守住这座城市神秘、美丽、古老、魔幻的气息。无论这场战役多持久,无论结果是不是已经注定。

晋江高甲戏剧团下乡演出，演出前，团长正在给大家说戏。摄影／方托马斯

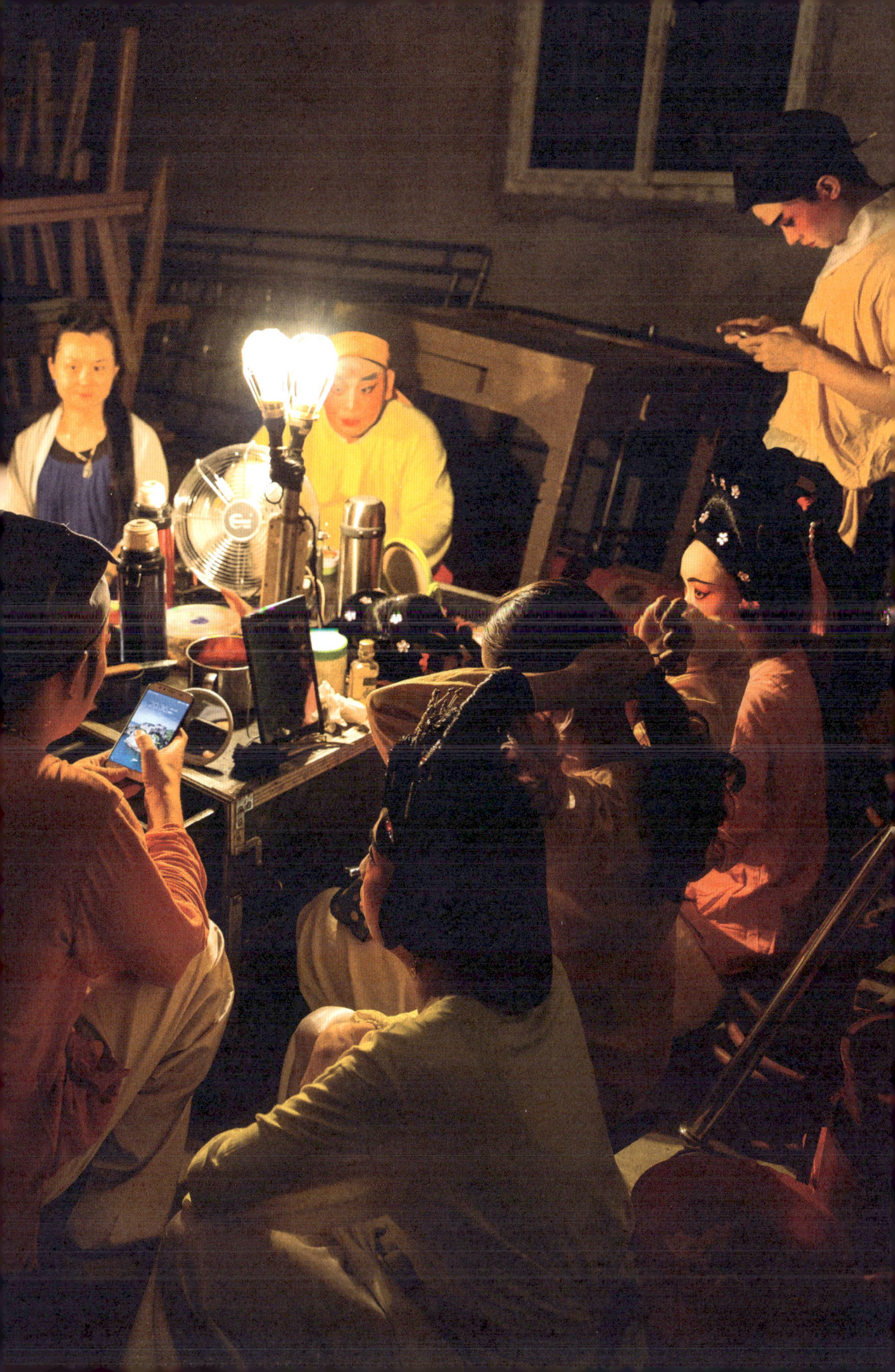

厦门：海的女儿初长成

文 孔雪

厦门，这座海滨城市很年轻，"像个稚嫩的未成年少女"。在近现代中国城市发展过程中，得天独厚的少女初长成，享受精致美好的生活，徜徉于"花园"之中，光彩夺目。但海的女儿不能永远沉湎于海的庇护之中，缺乏现实磨砺的沉淀，这座城市亦有少女般成长的烦恼——对自我与世界的认知懵懂多变，对未来的发展充满期待，又尚未找到前进的方向。

"我们决意撑船去玩。"

在记述有"老厦门"讨海生活回忆的《厦门吃海记》中，少年们就是这样招呼彼此出海的。几十年前，厦门岛后江埭一带渔民的孩子撑船去玩时，会用草绳扎住旧短裤的裤腿做成袋子，捞一缕缕"浒苔"（生长于海洋中的绿藻，多晒干后食用），不过半个时辰，人人喊"满了"！

筼筜港还未被围填之前，后江埭有水面百十顷。暮春时分，一条"阔头仔"静静泊在埭内，漾动粼粼波光。渔人们预计长时间不用船，便把小船侧洞打开，让它半沉入水，免得干裂。

出海与归来　海长进了身体里

"我们现在坐的地方，以前是海底。"《厦门吃海记》的作者、生于1950年的渔文化研究学者朱家麟，在位于浅水湾畔的家中客厅中说起海。"海是我生命中的一部分。"朱家麟的母亲小名就叫作"阿海"，那是外公给最宠爱的小女儿的名字。厦门，于朱家麟这样的厦门人而言，自建城以来，城在海上，也在海底，它是海与岛、海与人之间从未止息的动态的造化。

传统意义上的厦门港有两重具象的意义。朱家麟笔下的"厦门港"，是如今沙坡尾一带的渔港，曾在20世纪闪过渔业时代金色光芒，至80年代开始日渐衰落；另一重意义是货港，鹭江道一路接连不断的码头见证了20世纪30年代厦门货港的鼎盛期。而今，厦门港是一个广义的现代概念，它拥有东渡、海沧、嵩屿等八大港区，还将漳州的古雷港区、东山港区等并入其中，辽阔得一眼望不到头。

"我们海边的小孩子很野，一年365天，有200多天要泡在海里。"讨海童年有苦有乐。放学后，背起渔篓，追着潮和小伙伴去讨小海，海中的碎石和海蛎壳把手脚划得生疼；捕鱼拉网，胳膊上的肌肉块练得鼓鼓的。这些生于20世纪五六十年代的厦门渔家子弟身上，还流动着先辈们的海洋秉性，不怕苦，不怕邪，夜半三更要一个人出海。怕有什么用呢？不下海，家里便没有吃的。

天幕四垂，世界全然黝黑，船划过的海路，隐隐若有星光，那是海面上漂散着的鱼鳞。天地之间，好像只有那个少年，在幽暗中，踏着浪花……

几十年后，这寂然又生动的画面依然能随时被召回到朱家麟的脑海中。偶尔路过禾祥东西路时，他会幻想透过厚厚地层潜进曾经那片闪着星光的黝黑中，去听数十年前讨海少年的踏浪声。

杨晖也有少年时挥之不去的梦中画面。

鹭江，横在厦门岛与鼓浪屿之间的一小片海。梦的画面从窗口望出，是对岸的厦门岛鹭江道和当时一度是最高建筑的鹭江宾馆，近处是鼓浪屿上的八卦楼。梦里鹭江干涸了，他可以径直从鼓浪屿走到厦门岛上，耳边，是轮渡和鹰厦铁路上跑火车的两种呜呜声。

18岁之前，杨晖一半时间生活在鼓浪屿，又因父亲下放到漳州，另一半时间要经厦门岛码头去漳州。彼时，鼓浪屿和厦门距离虽近，却是两个世界。

鼓浪屿曾是一座人烟稀少的岛。1840年厦门成为通商口岸后，西方人陆续在鼓浪屿上修建教会学校、医院、教堂、书局和领事馆等。而早期泉州、漳州下南洋打拼的华侨，也不约而同地选择了这个草木葱郁、幽静得有隐逸感的岛屿，不惜斥巨资，选择上等建筑材料和先进技术，造一个回乡梦。鼓浪屿上，约70%的建筑在20世纪初至二三十年代集中建造，此后时局大起大落，鼓浪屿这座小小的岛屿得以避世。其实，第一代建别墅的华侨很少在岛上居住，有的甚至从不曾如愿在此歇脚。鼓浪屿是这些人求而不得的梦。梦的外壳——岛上留下的建筑，庇护了族人与后代。

"我小时候，岛上很幽静，静到人会孤独。夜晚出门，门口都是墓地——西方社区和中国村落人神鬼分居的格局不同。"岛上生活，早餐多是煎鸡蛋、面包和咖啡；傍晚，邻居家飘来钢琴声——这座有"琴岛"之称的小岛上，几乎每家

20 世纪 30 年代 ⟶ 2017　　　　　　　　　20 世纪 30 年代 ⟶ 2017

20 世纪 30 年代的厦门大生里街市"超时空连接"2017 年的厦门大生里。供图 / 紫日

1937 年，各界社会贤达倡议修建厦鼓轮渡码头，那年秋天，轮渡管理处正式成立。80 多年来，轮渡码头见证了两岸时事变迁。供图 / 紫日

每户都有钢琴。

　　杨晖已经很久没回过鼓浪屿。想回去，只能和游客一起挤上游轮，"回一个不存在了的家"。20 多岁时，他拍过一组纪实照，画面零散串联起一个小男孩从家去海边游泳的路。自鼓浪屿景区化管理后，"知名旅游景点"和"世界文化遗产"冠名鼓浪屿。而如照片中那样走在安静小路上的鼓浪屿人，已四散了。

　　厦门人还在。

　　"外人以为存在一个统一的厦门人概念，根本就是误解。厦门原来就是分裂的，存在一个以鼓浪屿人为主体的上层社会和海港渔民为主体的下层社会，这两部分人老死不相往来，互不认同，连口音都不一样。"同样在鼓浪屿长大的学者黄绍坚曾这样评价"老厦门"空间中存在的阶层分化。

　　从时间维度看，厦门人的气质也发生了很大变化。1987 年两岸戒严令解禁，厦门开始迟滞了三十年的现代化市政建设，厦门人变得更彬彬有礼，平和温暾。"底色不一样了，我们是粗粝的，那片海有父亲的粗暴也有母亲的温厚；他们的海更像是一泓池水。"朱家麟说。已无狂风骤雨，也无半夜少年，青年一代的厦门人，包括移民构成的新厦门人，对海的认知是享受式的，渔家孩子的海洋性格和与海相感知的微妙体验，就此断裂。

　　一种优雅也在代际间断层。"我外婆那代人很在意自己的形象，每次出门总

20 世纪 70 年代 ⟶ 2018

曾经，鹭江水面上帆船点点，如今，其上游艇穿梭，两岸高楼林立。供图 / 紫日

20 世纪初 ⟶ 2018

南普陀寺大悲殿。20 世纪初，一群德国水兵在殿前合影，"偶遇"2018 年兴致勃勃的游人。供图 / 紫日

要在镜子面前收拾很久，发丝鬓角精致。"杨晖回忆，穿过动荡大时代，荣辱一生的富家女儿，繁华归于平淡，仍有余力保有一种体面。风霜后镜中人的从容，与今日厦门"漂浮"于海面的小资，或是茶杯中的闲适，有别。

纵横参差之下，在今天行政区划意义下的"大厦门"，厦门人的面孔更宽泛模糊。但到底都是无数次涨潮退潮中睡去醒来的人，有一片海长进了身体里。

"有次我突然想吃大排档，那种有海腥味、带酱油水，坐在街边的大排档。"那是王琦还在上海《生活》杂志工作的一个冬天，"在台湾菜馆聚集的古北地区，走很久才勉强找到一家店，点了份白灼虾，蘸着酱油水吃。老板还特意来问，确定要坐在店外面吗？"

突如其来要找海腥味，实在寻不得，那么便来碗厦门特产双山泡面——沙茶汤底的沙爹味，大致可以为身在异乡的厦门人即时"泡"出那片海。

"还可以丢进去一只膏蟹。"石磊补充说。

"浪漫"的局限 岛变成了一座城

石磊，80 后厦门人。他研究厦门老城区，已近十年。

老旧的骑楼下，开着沙茶面店、酸笋店、水煎包店、卤味铺子……时日久了，各自沉淀出自己的味道。路人拎着菜篮往来不绝，时不时遇上一两只横躺在路旁的小土狗，也总能碰上人在路边支张简陋小茶桌，泡喝不尽的功夫茶。所有这些厮磨着家常，活络着老城的毛细血管。它还活着。

"你会发现从那时到现在，厦门的老城区好像没什么变化。比如镇海路、中山路都是我小时候熟悉的，看它们一次次出现在各种老地图的细密肌理中，像在玩一种高级游戏。"

从厦禾路起，进入老地图层叠出的另一片海洋。20世纪20年代，厦门开始了一轮现代化建设，厦禾路是城区北部填海造地形成的道路，石磊将其作为厦门旧城市区的北界，又将文园路、虎园路以及五老峰的南面山麓一直接连到厦门大学的东区作为东界，北界和东界的西南部城市区域定义为"厦门旧城市区"。鸦片战争后，作为首批中国开埠的城市，厦门开始了近200年的城市发展。经历门据时期、1949年建国初期、私房改造、"文革"、改革开放、国有资产改制，及至近20年房地产爆炸式发展，这片骑楼林立的旧城市区竟然得以保存，肌理大致未变，其功能逐渐从过去的商业、政治、文化中心，慢慢过渡为当代的杂居及旅游区。

相比之下，厦门岛四十年来填海造陆，就是现代版本的沧海桑田。1979年，叶剑英发表《告台湾同胞书》，台海进入和平时期，厦门开始了新一轮的城市建设。岛内继筼筜新区建成后，逐步向东部、北部延伸，并建高集海堤、厦门大桥、海沧大桥连接厦门岛与岛外，厦门从海岛型城市发展为海湾型城市，岛内外一体化发展的策略使大厦门的格局逐渐清晰。

规模可观的陆地与城市扩张，也不断冲击厦门人对岛城与城市的人文地理认知。曾为租界的鼓浪屿一度是厦门的核心，之后核心概念扩展到本岛，尤其是与鼓浪屿相对的思明区；随着湖里区的发展，它又与思明区一起，在当代构建起厦门本岛这种内核感。

"以前觉得湖里区很远，就像另一个城市，小时候住在厦大，都算是'郊区'；说去'厦门'，就是去中山路。"石磊回忆。"这些年岛内通常是一大片地拿下来，新楼房、新群体给人感觉是突然出现的，完全没有地缘关系。"王琦说起在厦门做《搜街》时有关新城的选题，"但你走进附近的小巷，看老渔村残存的痕迹和宫庙，又处在一种很神奇的拼贴状态。"

"现在厦门整个岛，已经变成了一座城市。"作家萧春雷说。

海岛是浪漫的，容许人感性地去眷恋，但在城市化发展语境下理解一座城市，又有另一层深意。

20世纪70年代末，厦门与深圳、珠海、汕头成为中国首批四个经济特区，

厦门岛、鼓浪屿不同时期岛域面积、海岸线示意图

因人口增长、城市建设发展需求的推动，同时受制于海岛地形条件，厦门发展历史上不断进行着包括港口建设围垦、盐田围垦、公路建设围垦、工程建设围垦等多种沿海岸线向海扩地的围填海活动。围填海工程增加了海岛适宜建设用地面积。从20世纪初到新中国成立初期，厦门岛城市建设主要向南部缓慢扩张；20世纪50到70年代，城市扩展方向转向西南部的筼筜港，围填海面积大，海岸线变化剧烈。改革开放以来，厦门城市建设提速，适宜开发的土地又少，中心城区的城市空间扩张主要依靠填海造地，岛屿面积增大，海岸线趋于平滑，自然岸线几乎消失。据厦门政府公布的数据显示，2000年，厦门岛内城市面积为132.54平方公里（不包含鼓浪屿1.91平方公里）。到2017年底，厦门岛城市面积达到157.98平方公里（包含鼓浪屿）。

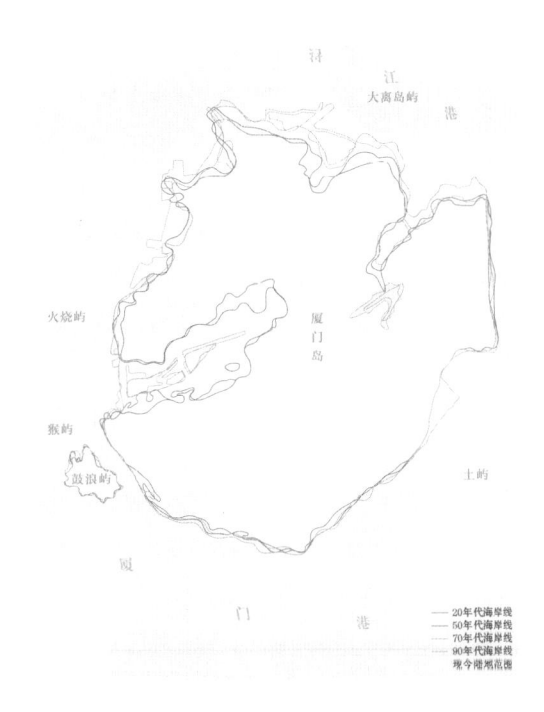

随之而来的蓬勃时期至今模塑着老一辈厦门人的城市自豪感以及青年人闪着光的童年记忆。"以前火车站对面的友谊广场有各种外贸产品，厦门的小孩子可以买到国外的铅笔盒，家里用国外电器，到大学了买日本跑车，绝对吸引女同学们的目光。"石磊说起那种光晕，"你会觉得全世界的东西都可以轻易地在厦门买到。"90年代，厦门曾有可能建起一座88层的大厦——即便今日厦门新地标双子星只有64层。

但地基打好后，大厦并未拔地而起。随着国家对走私犯罪活动的整治，90年代末，厦门商业发展受挫，外贸与招商引资一度停滞，前路陷入迷茫，直到它迎上房地产的风口。过去20年尤其是10年间，厦门经历了房地产发展的黄金期，但对于这座体量有限的海岛城市而言，影响绝非长远有益：厦门成为国内收入与房价比最不合理的城市之一。

厦门乘过风，但拘于岛的局限性，并未在过去三四十年中布局出平衡的产业结构，工商业、制造业尚未夯实，起伏之后，尽管政府有意扶持文化、动漫及高新技术产业的发展，但潮水仍向着房地产、旅游和会展业逐流。而旅游业，正在分化出两个厦门：服务于游客"打卡"的厦门和本地生活的厦门，后者被前者大大扰动。

"人多了之后，我会讨厌厦门的梅雨天。撑伞在老街走路时，熙攘的人群中时不时有人把伞举高,雨水顺着从高往低流,肩膀全都湿了。"石磊说。以前,你可以做一个在骑楼下举个伞、悠悠然走路的人。

诸如沙坡尾这样的老社区为应和发展而被粗暴地打开,变成一个被驯化的景观。原有社群、当地小店铺因资本、连锁店、网红店的进入和租金上涨等原因撤离,带走了社区原本的特质与活力。另一方面,厦门的旅游业依然停留在基础阶段,追求人流量而非体验。游客大量涌入,重新磨合着厦门生活的尺度。在游客感慨这里"宜居"时,厦门人正面临着一座旅游岛城越发不宜居的生活困境。

花园与果园　趋向美好和创造美好

"三面被大陆温柔地环抱,像依偎在大陆怀中的小女儿。"萧春雷也曾这样描述厦门。同属闽南的另外两座城市泉州与漳州,则像两位兄长。

"清中期的厦门是壁垒森严的军港,福建水师提督的驻地,晚清的厦门是万国通商口岸,租界风情十足;民国年间厦门被日本占领,进行殖民统治;建国初期的厦门是海防前线,全民皆兵;改革开放后的厦门是经济特区,全民经商。"萧春雷因而总结说,厦门虽以闽南文化为底色,但又增添了西洋、南洋、国防、商贸、殖民地文化等元素。厦门,在闽南社会中最不闽南。

她趋向保守,海洋性格淡化。两位兄长搏击海洋、发展海外贸易时,厦门是打击倭寇的军港,后又因清政府的迁海禁令,人种断绝岛荒废。闽南海洋文化的高光时刻属于泉州与漳州。即便反叛冒禁的海洋性格在当代具化成商业打拼精神,厦门仍然不甚属于这个范畴。对照泉州,厦门真的很"乖"。

"1949年到1979年,如果你长在厦门中山路,都没办法去到海滩。厦门市区不敢建设,因为倘若战争爆发,厦门的居民就需要撤退到内陆地区。海防和国防,影响了厦门当代的城市性格。"萧春雷说得坦率,"平庸,缺乏锐气和血性。"

不过,相较本地文化浓郁的漳泉,厦门更包容。厦门是移民城市,它懂得接纳,不会排外。历史上,在这里创造和享受优越条件的主体不是本地人,而多是西方人与华侨;历史上推动它前进的很多重要人物中,郑成功是泉州籍,主持骑楼建设的周醒南是广东人。然而这种包容似乎又相对消极:接受存在,而非建立在共情与理解上的让渡与拥抱。"厦门让你来,没有说我反对什么或者支持什么,其实大家对新东西的接受有限,大多数人仍在熟悉的舒适圈。"王琦说。

尽管厦门在跌宕的历史长河中迎来送往各方力量,但其间缺乏碰撞,这个年轻的城市尚未有能力融会贯通,只好客气地保持距离;未有深刻的沉淀,也无法

鼓浪屿上卖尤克里里（一种四弦乐器）的摊位，摊主架起麦克风自弹自唱。摄影 / 刘继章

鼓浪屿街头写生的人。"老鼓浪屿人"的生活方式是很西式的——住洋房、喝咖啡、画油画、办家庭音乐会。这种生活方式以奇特的形态幻化延续，一度塑造了鼓浪屿浓郁的"文艺"氛围。摄影 / 刘继章

俯瞰厦门，新地标世贸双子星十分醒目。近几年，厦门的城市化建设如火如荼，特别是以2017年金砖峰会为契机进行了大规模城市面貌改造，如今的厦门俨然一副国际化都市的模样。供图／视觉中国实现真正的多元。来者皆是客，但外来的元素难以渗进它的骨血里，本地产业依然同质化，缺乏创造性与张力，也缺乏内省和批判精神。

"别忘了，当初回到厦门的闽南人，是要找个归处的。"杨晖说，华侨如燕归巢，但泉州本土太浓郁，已然回不去了，厦门作为通商口岸被打开，相对更好融入。"厦门不是一个出发点，而像一个歇脚点，把身心放下来的地方。"

厦门由此发展出一种生活文化。相对安稳与富足的生活；小圈子化，半熟人社会里，处事上比较平和中庸，和气生财；地理位置的相对边缘与自然条件的温和，使人心较温柔，不需要也不想去了解海岛之外的大是大非，有余地打磨生活的细节和留白。这样的日子自有迷人之处。

"20世纪二三十年代的厦门是很繁华的，花砖就是那个时期进入厦门的。当你低头，你希望地板有美学，那时人对生活要求很高。那是华侨理想的家。"从贵州移居到厦门已十几年，在旧物仓创始人杨函憬眼中，对美好生活的追求始终贯穿在厦门的城市气质中。"所以很多这里的年轻人成为'生活方式'创业者，自发去做了可以被定义为'理想生活运动'的事"。

但格局有限。青年人也还有一段路才能以智性去思考生活文化与在地文化的关联，去反思打卡式体验的流行，更重要的是，去培育和夯实这个年轻城市的内质，而非短视地迎合外来需求和风潮。"厦门是个花园，不是果园。它没有果。大家来看花，我就种花给你看，一季一季很短暂，今年是这批花，明年是那批花。"杨函憬说，"厦门生活环境舒适，大家应该用它去创造人文，去结果，而不是只享受。厦门现在是趋向美好，但趋向美好和创造美好是两回事。"

老厦门人见证了80年代厦门经济快速发展的时期，城市自豪感和心气很高。而年轻人会发现，对海岛的眷恋，已不能解决在此谋生立业的困惑，想借用它的利好，也越发紧迫地要去内省它的局限性。另一重希望来自移民，更多"新厦门人"，他们的想象力、创造力，哪怕是格格不入的批判精神。就像萧春雷，这位生活在厦门多年的闽北人，迷上功夫茶与厦门人的包容从容，也能敏锐地嗅出海风的另一面，它多多少少吹蚀了力量与思想。

从五口通商开始，厦门就像一个逐渐被外力撬开的蚌，是否有珍珠，是个仁者见仁的问题。在我看来，珍珠多少成于磨砺的痛感，但未必人人撬蚌为寻得珍珠，蚌肉鲜甜，也是一种美味。

多少次出海与归来，塑造了这座海岛的过去。如今她仍然迷人，让人易动泡茶、吹风、听浪、看月亮的闲心，缱绻于她的温柔之中。或许少女终究要成长、独立，去拥抱辽阔的世界。

泉南旧事

图文 陈世哲

20世纪80年代是中国社会发生巨大变化的拐点。以1978年改革开放为起点，民间传统习俗、社会生产力和生产关系、经济基础和上层建筑，以及人的价值观都开始发生巨变。我很幸运地在那个可被描述为"日新月异"的时代，挎着相机，行走在家乡泉州的土地上，去记录普通民众的百态人生以及有趣的场景和人物。

作为著名侨乡，泉州因其特殊的地理位置，以及历史、宗族、语言、文化等与港澳台地区、东南亚国家的华人社群有深厚联系，在实行改革开放之初，立即成为外商投资热土。泉州的经济表现一直比较突出，与充分利用改革开放前二十年的"天时""地利""人和"打下的基础有必然关系。泉州积极地抓住机遇、拥抱交流，也意味着要直面变化。外来文化和价值观与本土文化和价值观之间的矛盾与冲突、融合与自洽，也在汹涌的时代浪潮下悄然发生。

贾樟柯说：拍家乡就是拍中国，拍中国就是拍世界。几十年来，我用我的第二支笔——照相机，"勾勒"出我最熟悉、最有情、万花筒般的家乡生活。

记录的虽是旧事，如今看来，新意无穷。

1981年

德化县盖德乡凤山村的理发店，每当夜幕降临，村里的民间南音爱好者聚集在此演奏南音。

1983 年

1983年，开始逐步取消人民公社，集体经济又变成个体经济。渔民们每天出海，必须全家总动员，把搁浅在沙滩上的小木船推到海里。

1992 年
石狮蚶江与台湾鹿港有持续了几百年的、紧密的宗族、血缘联系。每年端午节，两岸渔民们都会举办盛大的海上泼水节。

1992 年
节日里，聚集在惠安崇武海边岩石上观看表演的群众。

1993 年
挑着担子从渔市归来的惠安崇武妇女们。

1987年

晋江农村宗族祠堂里的祭祀仪式。"文革"中大量被摧毁的民间宫庙祖祠，短短几年间，在海内外乡贤和富有的乡镇企业家的资助下，纷纷修复。消失多年的民俗礼仪、祭典仪式等，随着民间实力的提高逐渐恢复，且声势日益浩大。

1987年

每逢宗族盛事，祠堂外广场上都有戏曲表演。家家户户都会拿上草席提早去占位。

1985年
位于瓯江下游的蜻埔渔村的街市。改革开放后，人们的生活物质丰富起来，由此带动商贸活动日渐活跃。

1990 年

改革开放后,被封建习俗限制了几百年的惠安女,第一次集体走出家乡,到城市务工。

1988 年

这是个全国上下大兴土木、开展建设的年代,石狮九二路这望不到尽头的载满石料的手扶拖拉机队列,就是那个年代的象征。

1986 年

国门开放后，海峡对岸和旅居海外的宗亲纷纷回家乡探亲。他们慷慨捐资，支援家乡的公益事业，投资兴办企业，大大促进了家乡经济的发展。

1989 年

鲤城区浮桥外黄甲街上，一个杂货店老板在门口午睡打呼噜。后来这条街道被拆除，这是城镇化建设迅猛发展的必然结果。

1990 年

90 年代是泉州乡镇企业的兴盛时期。乡镇企业初创时期，环境是十分艰难的，这是一个用竹子搭盖的鞋厂车间。

1995年

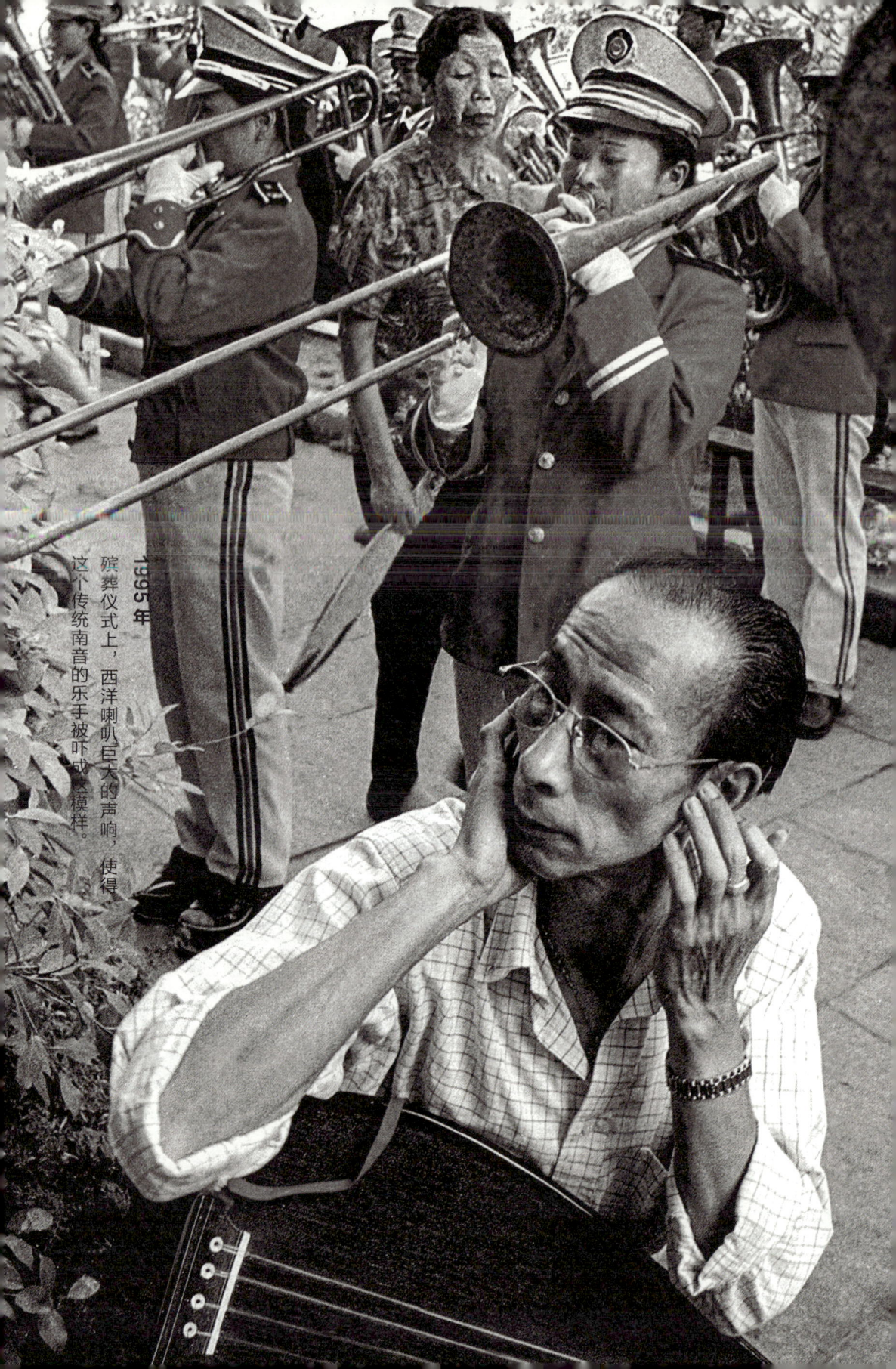

殡葬仪式上，西洋喇叭巨大的声响，使得这个传统南音的乐手被吓成这模样。

1988 年
田头"斯诺克"。

1986 年
农村杂货铺外贴着电影宣传海报,老板娘看到有人要拍照,吓得躲进屋内,一个路过的老外主动"闯"进去充当店小二。

1982年

德化县城关桥头，一群小孩在看小人书。图中蹲下去捡被风吹落的小人书的女孩，如今成了德化县作家协会的主席。

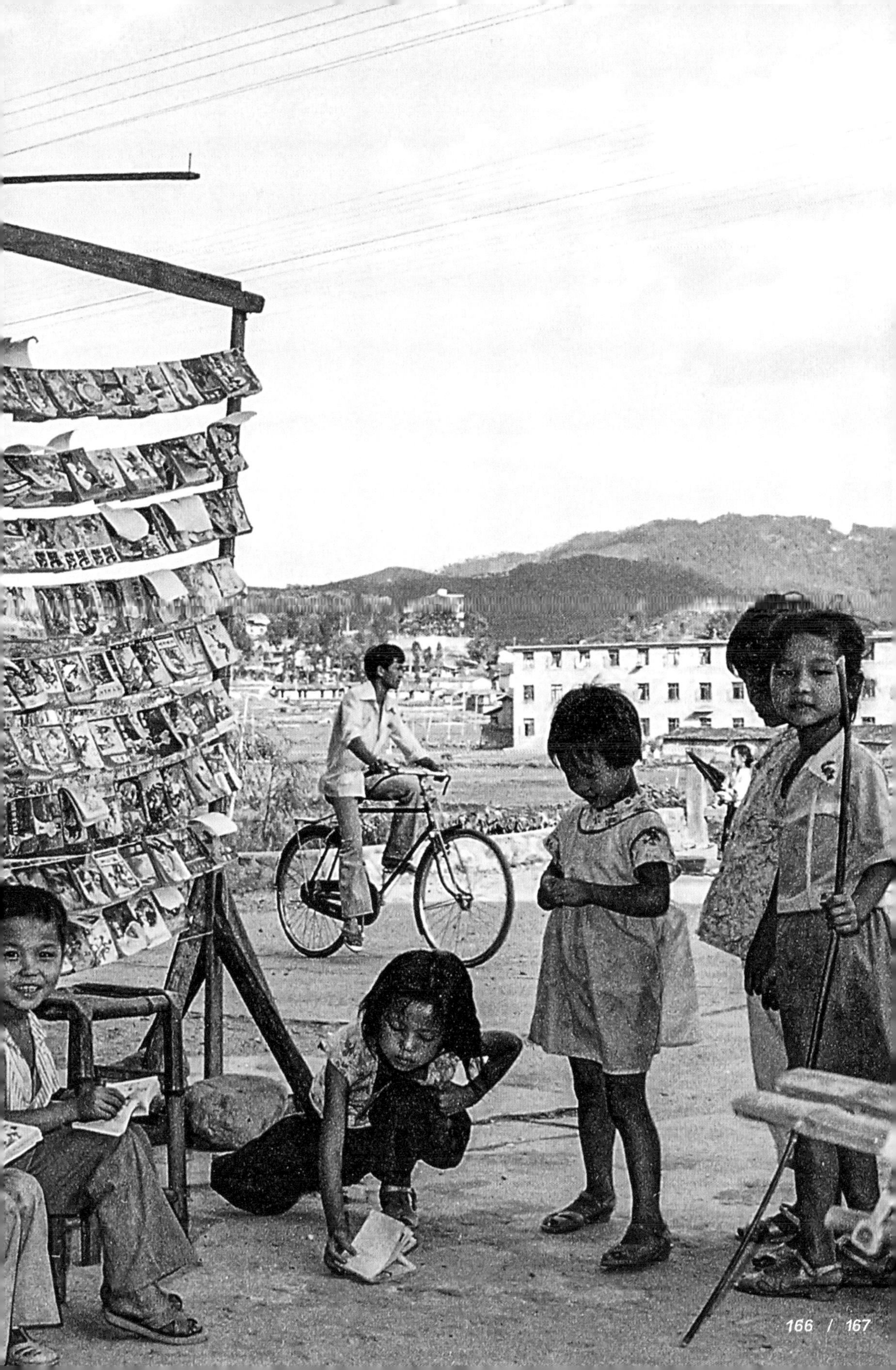

人生海海

向海而生的人们，于未知中求生存，大海既塑造了他们务实耐劳、勇于冒险的性格特点，也赋予了他们对于人生"尽人事、听天命"的豁达态度。既然人生际遇比大海还要变幻莫测，既然"无常"才是日常，那么"人生海海""欢喜就好"。

* 蟳埔，城市角落的讨海人 张掖

* 身怀秘籍的海澄造船人 许路

* 上岸的『船底人』：曾经以海为田，如今酱米油盐 吴颖雯

人生海海，敢需要拢了解

人生广阔多变，哪需要全了解

有时仔清醒，有时清彩

有时清醒，有时随便

有人讲好，一定有人讲歹

有人说好，一定有人说不好

若勿想遐济，咱生活较自在

如果不想那么多，生活更自在

人生短短，好亲像咧七桃

人生短短，好像在玩耍

有时仔烦恼，有时轻可

有时烦恼，有时清乐

问我到底，腹内有啥法宝

问我到底肚有什么秘诀

其实无撇步，欢喜就好

其实没什么妙招，开心就好

上岸的"船底人":曾经以海为田,如今酱米油盐

在漳州和厦门的两座庙宇里,我拜访了两拨人,他们有一个共同的名字——"疍民"。怕"疍民"这个称呼有不尊重之意,聊天时我十分小心,他们则笑得开朗:"以前被看不起是事实。'疍民''连家船'……怎么叫无所谓,船就是渔船,我们就是船底人,我们就是渔民嘛。"确实是我小家子气了。他们一直忙着生活,何曾顾着这些,何况在意这些"有虾落用(有什么用)"?

阿伟来找我时,我正站在漳州芗城区江滨公园的南山桥上。

南山桥连接九龙江南北两岸,几年前重新整修,桥面干净宽阔,上有仿古阁楼,桥的两端又连接着五彩斑斓的天桥。这种桥的"拼配"很新奇,倒十分受市民喜欢,桥上人来人往。九龙江沿河地段的整理一直持续不断,比如,以聚集各种造船修船作坊而得名的船寮,其间的居民区已被拆除;已拆除的烧灰巷是渔民最为念叨不舍的,据说巷子有700多年历史,因巷头烧蚝壳得名,曾是芗城区渔民渔船的主要停靠点之一。

阿伟给我带路,不一会儿就到江边。隔绝了鼎沸人声的幽静角落,水居社"进发宫"的两只小船依偎江岸,旌旗飘荡,遗世而独立。这片九龙江水域,曾经渔船往来如潮,渔民上行平和、南靖,下至石码、月港,或捕鱼,或运输,好不热闹。今日,大桥阻隔人船,水库控制水量,政府管理水上作业,这江河早已风平浪静。

今漳州芗城区的渔民所在地为水居社。在九龙江芗城区这片流域上,原有103只"连家船"(渔民生产、生活共用的船空间),分属郑、欧、陈、张等诸多姓氏的渔民,自2010年政府下令拆除连家船以后,只剩下几只连家船与其他生产船集中停靠于渔业码头,及水居社进发宫这唯一的庙船。这只庙船为水泥船,总面积约120平方米,是社群里最好的船。船以杉木板做墙和顶,外刷蓝色油漆,内刷清油;前舱类似前庭,中舱为客厅,地面铺着瓷砖,而后面两舱为卧室,还配有卫生间,船的一侧还伴着一条作为厨房的小船。走在船舱内,宽敞明亮,如履平地。

庙虽小,香客和参观者倒是往来不绝。这座有五百多年历史的袖珍级木宇庙里,不大的佛龛中密密麻麻地供奉着二三十厘米高的神像数十尊,诸如池、朱、邢、李诸姓王爷和九天玄女、关帝爷等。我发现竟供有土地爷,略表惊讶。阿伟的叔叔、今年61岁的郑休山不以为然:"船靠岸就有土地啊,当然拜土地爷。"在渔民眼中,大概海就是田。除此之外,进发宫还供奉着蛇神,木质蛇头不知年份。对蛇的崇拜,是渔民可能源于古越族的一个证据。

"'行船走马三分命',船底人与天打交道,以前船小,台风大雨的时候,

只能自救。船上不用摆放神明，用嘴念，请王爷出来保佑。"郑休山说。当人力不足以抵抗灾难时，无所不能的各方神仙是个强心剂。即便现在人们多已不讨海为生，进发宫依旧香火兴旺，每月初二、十六，要"做牙"，以鱼、肉、面三牲敬奉。"以前也是这样拜，只不过人都吃不饱的时候，拜的东西就量少一点。神明也知道啦——他们自己都没得吃，还要整多大桌？"他笑得开朗，话说神明，就如聊起邻友一样。常年的日夜相伴，神明不再高高在上，倒多了分人情味。"农历九月初九到十三，我们这里送王船。农历三月份请王爷来保平安，到了九月后，几乎没有台风，气候平顺了，没有太危险的事，就送王爷，让他们休息。"送王船是闽台一个重要的民俗活动，包括王船的制造、出舱、祭奠、巡境、焚烧等仪式，以送走瘟疫与灾难，求得航运与生活的平安。

"上岸定居"不断推进，各地连家船纷纷拆除，这座庙宇也成了周边地区渔民的精神寄托之地，尤其达工船的门了，南靖、平和、石码等地的渔民驱车而至，"一天能吃上两三百斤面"。人们带着金银纸、酒、鸡鸭等牲礼前来，店船内挤得满满当当，亏得执事的渔民在一旁维持秩序。在以前，这座庙宇是不公开的，大型祭拜时船会开到远离人群的江面。后来庙船也被列为拆除对象，渔民申请陆地建庙无果，最终选择公开进发宫的历史，以寻求帮助。最终这只庙船被正式收编，移交给渔民选出来的"芗城区船民进发宫理事会"管理。进发宫成了漳州市文物点，永存于九龙江上。

普通的连家船就没有这么幸运了。80后阿伟就是在2010年上的岸。连家船拆除，人们或是租买房屋，或是住进政府提供的廉租房。上岸多年，郑休山仍在做相关的事——在附近的市场摆鱼摊，每天一大早去水产批发市场进货来卖。在岸上谋生并不是一件容易的事，那只"折旧卖给政府"的船，曾经是不少渔民仅有的资产，郑休山这一辈人多未受教育，也缺乏其他技能，上岸了只能靠打零工为生。

船不在了，记忆在。阿伟身份证上的住址，至今还写着"水上住家船"。"上学时，老师念到'水上住家船'的时候，学生都在笑，会觉得自卑。不过我们至少比上一辈人好，听说他们以前上岸，会被小孩子扔石子。"

能上岸对大部分渔民而言，还是幸福的。"以前船底人很歹命（命苦），风吹日晒的。"郑休山反复强调，"抓不到什么鱼，没鱼就没办法卖掉换米。一家十口人，吃一斤米，怎么吃？但是没办法，命中注定当渔民。"

早晨八点的厦门沙坡尾，"网红店"还没开张，游客还未鱼贯，避风坞沿岸三两居民走得优哉。阳光打落，错落有致的楼屋更有层次感了，水面上那几只刷得锃亮的、已成为景观的渔船，鲜艳得有点刺眼。

面对如此祥和的沙坡尾，我不大适应。印象中的沙坡尾——午后，讨小海的船只归来，装满各式海鲜的大小竹筐沿道铺开，甚至避风坞旁的小巷子里也蔓延着鲜货。人声嘈杂，或讨价还价，或评头论足。渔货怎么判断新鲜，在各地如何称呼，怎么处置味道最佳，这里是最直接的课堂。2015 年，1934 年始修建的沙坡尾避风坞关闭，渔船清退，这场景不复存在。作为厦门港最后一块保有传统渔业生态的水域，沙坡尾终归历史，一如曾厝垵、黄厝等地。

此时的沙坡尾龙珠殿里，有几个渔民在泡茶聊天，见我在门口，立马热心指着庙里写有"免费热水"处，"热水在这里"。待我说明来意，他们热情地招呼："来，坐，喝茶。"

一听我是漳州人，大家立马切换成"闽南语频道"，参与聊天的人也变多了。"我们也是漳州的，以前龙海过来的，这边水路更好，抓得多，祖辈就到这来了。"他们说的"这里"，是包括沙坡尾和沙坡头在内的厦门港，也被称为"玉沙坡"。沙坡头是厦门早期港口，靠近虎头山，后因不堪重负，渔船南迁到沙坡尾，并配套了相应的市政设施。厦门港是九龙江出海必经之地，是咸水向淡水的转折点，渔业资源丰富，对于受制于造船技术、无法远洋的九龙江流域渔民来说是巨大的诱惑。尤其明后期漳州月港衰落，许多人从海洋贸易转向传统渔业，到了明末清初郑成功占据、开发厦门，厦门人口剧增。市场大了，资源丰富了，从事渔业相关的人更多了。渔民、造船手工业者涌向厦门港，比如现在沙坡尾的阮、张、欧等姓，主要来自漳州龙海，从事捕捞；而骆姓、郭姓，则从泉州惠安迁入，主要是造船、修船和渔具的销售。难怪沙坡尾的渔民理直气壮地跟我说："这里是厦门的发源地！"

厦门港一开始就比漳州更享有优势，包括资源、机遇、城市的开放程度。早在 1922 年，厦门就成立了全国第一所由渔民出资兴办的渔民学校。渔民小学除了开设与普通学校同样的课程，在高年级班还设有渔业常识。与我泡茶聊天的渔民中，就有几个是渔民小学出身的。"我是本科四年，文化程度最高。"一位阮先生自我调侃道。

今年 74 岁的阮石奴，虽没有机会上学，但赶上了渔业的好时代。阮石奴小时候，全家 11 口人在小船上生活，他十三四岁开始"走大船"，22 岁时当上了船老大——一只船中的最高掌权人。船上有严格的等级分化，船长得具备气候及海水情况的判别能力、危机应对能力、船员人力管理能力等。那年头有船民证才能上船，每只船有一本"户口本"，船老大就是"户主"，与这船有关的问题，大家都找船老大。

阮石奴一开始进入的是鼓浪屿渔业大队，属集体，那些年厦门成立水产局、组织渔业人民公社，大办水产工业。公社收购渔民的船，又返租给渔民，船上一切由渔民自行负责，渔民最终的收益为鱼获的 18%。到了 80 年代，渔民迎来了好时机，可以承包渔船。一改之前传统延绳钓法，用底拖网方式，两船合作。这种方式捕捞强度大、效益高，高峰时，出去一趟六七天，扣除伙食费、工资、柴油费、冰等支出后，还能余有一百多万。

"做承包和做集体的时候还不错，比山顶人好。"阮石奴说的"山顶人"是指陆地上的人，在渔民眼中，"讨海人"和"山顶人"界限是很明确的。"不过做孩子的时候就苦命了。全家挤在小船上，早上三四点出海，下午一两点回来卖鱼。没房子，把不能再出海的旧船拖到岸边，在沙地上打下木桩，撑起来做房子。小时候父母不会让我们走到中山路那边，怕我们会被欺负……"现在他已退休，赋闲在家带孙子，每周一天到龙珠殿值日。龙珠殿是渔民的聚集地，没去"山上"打丁的闲余时间，他们总聚在庙里泡茶话仙。

谈话间，旅游团来去匆匆地经过了几拨，总能听见一句介绍："这里是厦门的发源地。"他们在龙珠殿旁边的厦港海洋文化展示厅逗留参观，或在龙珠殿里喝水，没人留意庙里坐着的这些人——这座城市发展史的亲历者。大家也悠然自若，喝茶聊天，海上的"英雄故事"讲完了，到饭点了，便四散回家。

身怀秘籍的海澄造船人

"许诶，你过再来了阿咔！"

俯身在高耸的"浪荡子"号船舷上做油漆的郑水土，看到我打了个招呼，手上的作活没有停顿。一台收音机放送着闽南语老歌，80 年代的《讲什么山盟海誓》。

郑氏船寮坐落在九龙江南港下游的月溪河口西岸，两面临水。九龙江下游流域的漳州平原，河网密布，滋养着稻作、渔业和手工业，曾经支撑了明代漳州月港海外贸易的崛起。百来米的豆巷主街——月港繁荣时期的市集中心，以中庭供奉关帝的武圣殿为界，东面的一侧称港口，西面则叫溪尾。如今，街中的石板路和两边的民居基本仍保留旧样，许多人家的门外都挂有一个竹披，有些还写着"格外春风"。

2005 年，我第一次走进海澄郑家，与时年 84 岁的郑俩招师傅成了忘年之交。郑氏造船家族有谱系记载的已有五代。郑俩招的父亲王郑文庆自幼师从家父王添财建造木帆船，1919 年在月溪河口置滩地创立崇兴船厂，后传给郑俩招经营。1957 年，崇兴船厂因公私合营被并入龙溪造船厂海澄分厂。1988 年，郑俩招

造船师傅在打磨船桨。漳州海澄造船技艺，因九龙江下游木帆船水运业兴盛到 21 世纪初，也因乡村龙船赛会延续至今，根植于民间的顽强需求滋养着它的生存与传习。摄影 / 郑亚裕的末子郑水土在船寮原址重新申办工商执照，恢复私营崇兴船厂。2016 年，当地为建设月港历史风貌区景观工程配套绿地，拆除了百年老厂，此后郑家班只能四处临时借地造船。

一卷郑家秘传的造船图谱出现在我眼前。图谱出自王郑文庆之手，记录了 1919 年到 1937 年间由其承造的 16 只各式木帆船的样式、结构和尺度。图谱手稿字迹端正，图文并茂，采用文字多是融入当地行业特色的"鲁班字"和造船匠师根据闽南语自造的"汉字"。数字形式则采用苏州码子，一种至今在福建山区个别伐木业者中使用的、尚在海外华人商埠存留的计数标识。由于传统造船业者大多不识字，加上匠师历来对赖以谋生的技术和手艺都不轻易外露，以至民间很少流传下来记录船式图样和尺寸方法的谱牒。整个 20 世纪，来自西方的中国帆船研究者和国内的造船史学者，都在寻觅这样的造船手稿但鲜有收获，郑氏造船图谱是十分珍贵的资料。

"现在的少年多盲目做，只有老伙子才按'甲路'（正确的方法）。"郑俩招每次看到我，都兴致勃勃地以他承造过的帆船为例，一遍遍跟我讲帆船的尺度如何配搭来解答我的问题。与海澄郑家交往益深，我很希望郑俩招能再一次展露身手。2009 年元旦，我悄悄托他的末子郑水土在采购木料时，替我买了九根天然杉原木，做好开工造船的储备。农历大年初二，我前去拜年，老人家从屋内拿出一张纸给我，原来他不知如何听说了端倪，在一张写过字的白纸背后，用铅笔画下了木帆船的设计详图。

老人家终未等到开工造船的一天。

九龙江漳州平原水系上的各个村庄角头，至今延续着乡村龙船赛会，用天然原木打造的龙船，大部分出自海澄郑氏造船家族的崇兴船厂。每两个端午节之间的造船"财务年度"，郑家平均能接十五单新造龙船的业务，修旧的船则有二三十。龙船造好之后，盖金上披一块三角红布，上面摆着盛放"三牲"的红色塑料茶盘。敬香、烧纸、焚香、下水、鸣锣、放炮……船主们搬来"家什"，敲响锣鼓，少年们和着节奏划动木浆，龙船便"醒了"，成了一只真正的船，划向乡里。

船下水后，船主会另外拿出一些钱，委托师傅宴请众工友们吃一顿酒，以表谢意。这顿酒席有乾坤。等待上菜时，管事的师傅不紧不慢地掏出一沓写满字的烟壳纸，与师傅们逐一核对出工天数，然后掏出一沓船主刚支付的现金分给师傅。工友们接过钱数一数，喝口小酒，满足地笑。

2018 年 5 月，来自台湾的航海家黄凌霄委托郑家开造 17 米大福船"浪荡子"号，准备用来越洋航行去威尼斯。黄凌霄从开工起便驻扎在造船现场，在工地

泉州永春达埔，制香人正在整理晒好的篾香。这是著名的"中国香都"，由阿拉伯人引入的制香工艺已经在这里延续发展了数百年。借着一炷馨香，闽南人在精神上可沟通天地。摄影 / 郝杰的一角煮咖啡、泡茶与工友们共享，名曰"马可·波罗咖啡寮"。

帆船、河网、土地、老厝在时代激荡中消逝，海澄郑氏造船家族则与漳州河上的乡村龙船赛一起，一年年顽强继续，直到河道干枯或乡村消亡的那一天。

而"浪荡子"号，很快就要下水远行，不知会抵达何处。

蟳埔，城市角落的讨海人

"还没退潮吗？"我不知道这是第几次询问黄章棍。他起身去门口，朝海边方向望了望，让我再等等。海中沙洲随海水涨退隐现，每天"露面"时间都不同，只能耐心等待。

蟳埔村村民黄章棍，出生在一个地道的渔民家庭，父亲在临海的沙洲上从事捕蟹工作。今天我要跟随他们父子俩，去一八叫作"五朝沙"的沙洲上放蟹笼。

蟳埔是泉州市东郊外的一个渔村。它坐落在晋江入海口北岸，南与陈埭镇隔江相望。村落沿江呈带状分布，2.3平方公里的蕞尔之地，居住着六七千人。在周边村落中，拥有最长的海岸线和最多的人口，算得上是一个典型的海口大型村落。

大约上午十点半，我们开始朝海边走。步行五分钟，便看见黄章棍的父亲在船上整理蟹笼。海边滩涂泥泞难行，好容易攀爬上船，才坐定，黄章棍的父亲便发动引擎，在"突突突"的马达轰鸣声中，渔船驶离海岸。黄章棍的父亲口里叼着烟，站在船头把舵。我和黄章棍，还有几摞码放整齐的蟹笼占据船尾。甲板上的一台落地式收音机飘出闽南语歌曲。海上作业往往孤单枯燥，去年，黄章棍为父亲添置了这台收音机，平时出海带上，听听歌曲，倒也惬意。

一刻钟之后，五朝沙出现在眼前——一大片浅浅的沙洲，当中有零星小块仍浸没在海水中，闪闪发亮。黄章棍的父亲先是用长竹竿探了探水深，接着跃下渔船，拖着蟹笼，缓缓走去。环绕沙洲的海水以肉眼可辨的速度变浅，黄章棍把船撑到水浅处扶我下船，自己找了一处较深的水域，抛锚泊船。

黄章棍的父亲穿着齐胸的水裤和胶鞋，一步一停顿，围绕着沙洲下蟹笼。每只蟹笼展开，足足有20米长，头尾都需要用长竹片固定在沙洲上。四十只蟹笼悉数下完时，夕阳已开始西沉。不断上涌的潮水将沙洲一点点吞噬。黄章棍的父亲带着满脸倦意回到渔船上。收蟹笼，要等到第二天退潮时。

"我之前经常跟他来五朝沙。"黄章棍说。学生时代的寒暑假，他最害怕的就是随父亲来沙洲，捕蟹下笼实在辛苦，大半天时间，不断弯腰放笼，再起

蟳埔女正在"折金纸",为祭祀做准备。蟳埔渔女是泉州地区海产品经营的主要力量,在村里"妈祖巡香"这样的重要日子,村民们会放下生产工作去参与,"那天在泉州的各个菜市场可能都买不到什么海鲜,海产摊少了三分之二以上"。摄影 / 方托马斯身前行，累了也没有地方能让他坐下来休息。

一同返航的其他渔船，载着从蚝田回来的女人们。她们头戴斗笠，整整齐齐地坐在甲板的两侧。船缓缓泊岸，女人们站起身来，将装满生蚝的网兜抛向岸边，提着扁担下船，用岸边的海水把胶鞋涮洗干净，再换上拖鞋，担起网兜，晃悠悠走上码头。码头沸腾了。人影绰绰中，有男人帮女人挑起海蛎上岸，夕阳余晖下的这一幕，充满了温情。上岸后的人们担着扁担，或推起小车，横穿过马路回到村里，不一会儿，马路两侧聚满了海产摊位。

蟳埔村的老一辈人多以讨海为生。男人们多半出海捕鱼或是从事海上运输。"讨海行船三分命"，是渔民挂在嘴边的话，同样，也是他们世代生活的真实写照。面对莫测的海洋，不能保证的除了身家性命，还有收入。经济上的压力，迫使蟳埔女走出家门"讨小海"补贴家用。相对于外海走船，近海养蚝安全多了，也能获取较为稳定的收入。

黄翠棉的亲戚王姨在前两年发现水产生意更赚钱，"下海"成了生意人。见面时，她赤着足，一身传统蟳埔女装扮——红底碎花斜襟短衫，黑色宽筒裤。脑后盘髻上，交错插着一支金簪与象牙筷，三串鲜花花环环在盘髻周围。

王姨记忆中，自己十四五岁时，就乘船随母亲去一片叫作"大沙"的地方养蚝。蟳埔村大部分蚝田位于近海沙洲，工时也因潮汐周期变化而长短不均，平均下来，每天大约有四到六个钟头得在蚝田上度过。蚝可终年生长，冬季最为肥美，那时是收获季。

村前通往泉州市中心的沿江通道旁、晋江的北岸一侧，蟳埔渔人码头已部分完工，村里的几十只渔船整齐地泊入船位中，刷成了一样的蓝。这些船的主人多为中壮年，而蟳埔村的年轻人多半在泉州市区工作，传统的捕蟹、养蚝、行船、讨海等谋生方式，已不再是他们的首选。海，仍旧拥抱着这个村庄，只是血肉与海直接的互动、生命与海紧密的羁绊，大概渐渐远去了。

- 何为"疍"？

历史上，疍民一直活跃于南中国广袤的海面上，于福建、广东、广西等地，而在福建，则以九龙江、闽江流域为主。他们曾常年逐水而居，以河海为田、以舟为室，凭着长约5、6米，宽3米左右的小船，不仅驰骋水面，还解决一家人的起居住行。在文献记载中，他们多以"蜑""蜑户""蛋""白水郎"等字眼出现，以"虫"代人，可见其社会阶层之低。近几十年来，政策一直在推动各地疍民上岸，今已少有疍民居于水上。

风 · 闽南

惠安女是闽南渔女的代表形象之一。她们居住在泉州惠安东部一带，勤劳能干，有独具一格的服饰特征——头部被装饰着花朵的头笠或花头巾包裹，短上衣，素色大筒裤，易辨识，极具感染力。摄影 / 江少平

老人与海

图文 李颀拯

2011年，我在舟山登上了一艘金枪鱼捕捞船，随船远赴东太平洋。

2013年，我去了中国东海最东面的海岛——嵊山。

2014年到2017年，我沿中国的海岸线，从福建的漳州一路向北到达吉林的珲春。

20000多海里和10000多公里的旅程中，我寻访与大海有关的故事。在福建漳州市东山县南屿生活的这群老人，是我遇到的最为特殊的一群。

他们大都七八十岁，最年轻的也有五十多了。老人们说，从他们小时候记事起，就开始在这片有近一公里长、沙很细白的海滩上捕鱼，这是从他们父辈那里传承下来的谋生方式。他们采用的捕捞方法叫"拉山网"，是福建沿海一带已经传承了上千年的捕鱼方式。

这群拉山网的老人已不再以此为生，但他们每次面向大海，依然充满期待。第一次看到他们拉山网的时候，我有点恍惚，好像忽然穿越到许多个世纪以前。这里的人，仿佛被所谓的工业文明、科学技术、现代化远远抛在了身后；或者应该说，是工业文明、科学技术和现代化被这些老人远远抛在了身后。他们虽然没喊口号，但俨然已经表态：就这样拉网捕鱼吧，很好。

夜幕降临，渔民们把小木舟推向大海，做捕鱼前的准备。这里的海滩上没有霓虹闪烁，漆黑中只有船头的那盏灯指引着大家。

小船准备妥当后，大家合力先把一条长约 500 米的缆绳和 100 米的挂网装上船，准备带到海上。

整个"拉山网"捕捞过程没有任何机械化工具,哪怕行船,也靠人力。五个老人一条船,带着"山网"划向大海,一边划一边下网。大约一个小时后,他们沿着海岸兜了一个半圆,回到岸边,最远的下网地点离岸边约有500米。

"原来这一带,鱼那个多啊!一网下去,往上拉,都拖不动。少的时候有10多担(1担约50斤),多的时候,有上万斤。"

岸上的老人分成两队，各有七八人，一队拉一条网索，两边同步进行。他们腰间都扎着布绳或是皮带，皮带上系着一条不足一米的尼龙绳，绳子的顶端有一片方形的竹片，老人们轻巧地把竹片往缆绳上一抛，就缠住了绳索。拉网时，每个人相隔三五步的距离，左右错落分开。老渔民的身体向后倾斜着，艰难地倒步而行，队尾的人每走一段便要换到人群的最前面拉网，如此反复。撒入大海的渔网受海潮的阻力加上进鱼的重量，变得很沉，老人们拉网如纤夫拉船一般吃力。那情景，远看有如《伏尔加河上的纤夫》，氛围却不同。

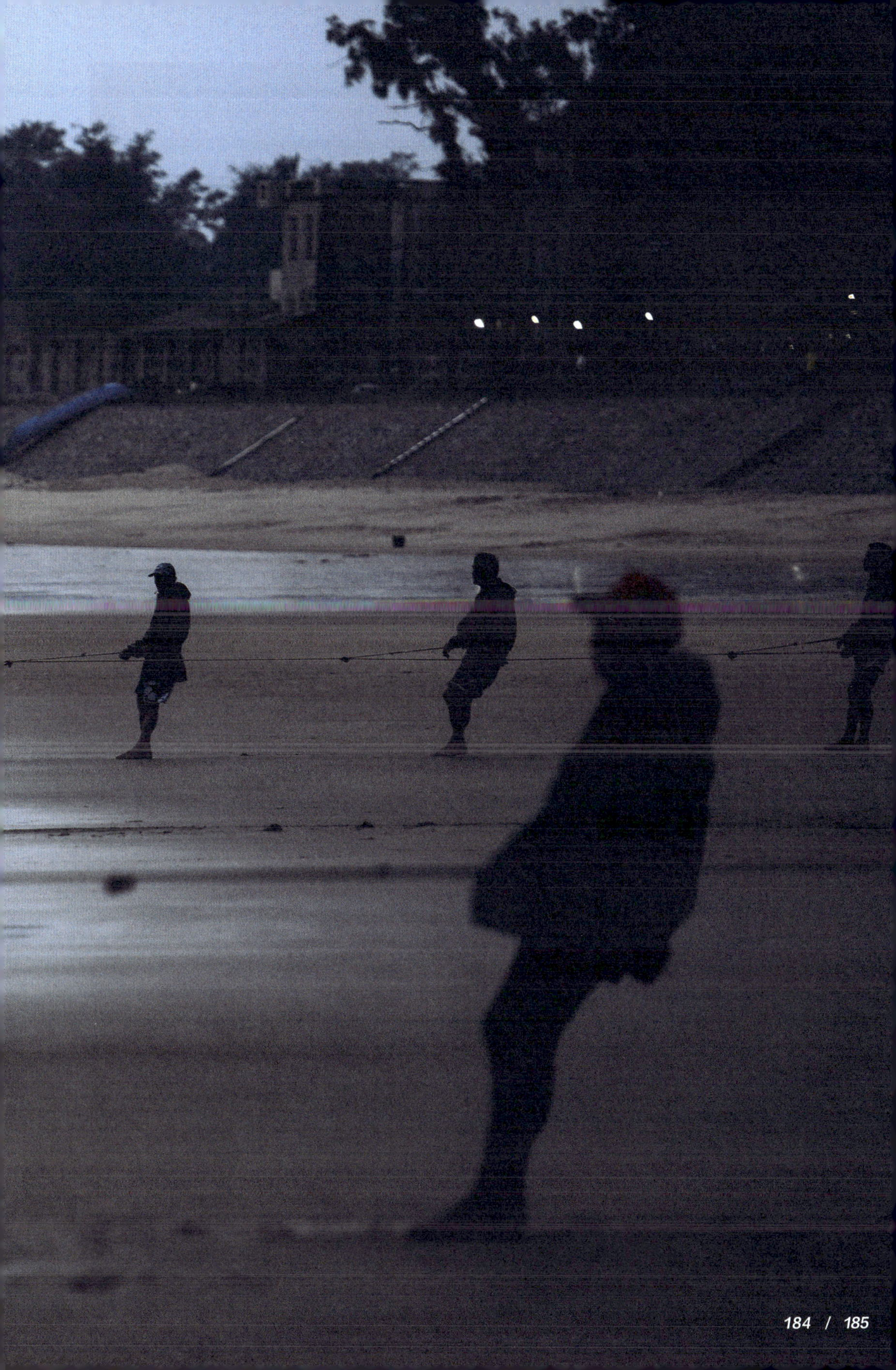

这个团队约 20 人，2 人负责在菜场卖鱼，1 人负责住在海边的小屋中看守渔船渔网和给渔获分类，5 人划船，剩下的人在岸上拉网。

黄柴喊，80 多岁，是团队中年龄最大的。他 15 岁就开始在这片海滩上拉网，至今最远就到过厦门。原先，一家人全靠他在这片海滩上拉网赚钱。如今，孩子们都有了各自的家庭，定期会给他一些生活费，可老人还是习惯到这片海滩上来挣"零花钱"。

秀霞，70岁左右，是当时这群拉山网老人中唯一的女性。她就住在海滩边的小屋中，负责看管工具和分捡渔获。

每天下午4点半过后，老人们陆陆续续从各自的家中过来，坐在海滩边的窝棚下。老人们平时会去海滩上捡垃圾，比如废木头或者大的泡沫塑料。老人说，海岸上出现这些东西感觉太脏了，看着难受，再说，有些垃圾整理一下可以继续使用，或者卖点钱。他们现在的窝棚里，大家喝茶聊天用的桌椅沙发，都是这样捡来的。

我们都在海里，
我觉得我们像沙子，
你说的亡命徒，
是不是大概就是这个意思？
出发啦，不要问那路在哪儿，
迎风向前是唯一的方法
……

渔家的女人时常要点上香，朝着大海的方向拜一拜。这些拉网老人的家中，有很多是子承父业，只是年轻人主要开大船去远洋从事捕捞。大海阴晴不定，靠海吃海的居民往往都很虔诚，在男人出海的日子里，女人们就拜佛祈福，求渔获，求平安。

南屿的这个海湾里，曾经每天有30多条船作业，如今只剩下这20多个老人和1条小木船。

深山中走出的"中国白"

一盏闽南乌龙茶

神仙赏饭吃的手艺

这四季的甜头

一个外地人眼里的海鲜漂亮

漂洋过海的"好呷"

闽南风味,自山与海而来

物

深山中走出的『中国白』

〔文〕钟祥瑜

〔摄〕陈健 等

德化有白瓷。

历史上，

闽南山区优质的瓷土——高岭土，

让这里的民窑烧制出独特的"德化白"，

更凭借河流与闽南的众多港口，

走向海外，

成为名噪一时的"中国白"。

南宋初年，一艘载满中国货物的远洋货船正昂扬进发，它被寄予厚望，船上的人们踌躇满志地想要大赚一笔。不幸的是，不久，它在广东阳江的南海海域沉没，沉寂几百年。2007年，它以"南海一号"的身份正式出水，举世震惊。至今，发掘文物超过16万件，包括大量的瓷器、铁器、钱币，还有部分金银铜锡、竹木漆器等，其中，自然少不了福建德化窑的外销瓷。

从宋至今一千多年，德化的外销瓷历来是中国瓷器对外贸易的一张重要名片，它源源不断地向海外输出价廉且物美的日用品和精湛的瓷雕，销往东南亚、非洲、欧洲等150多个国家，虽在历史上不如景德镇瓷被人们所熟知，却因大量进入东西洋寻常百姓和王公贵族之家，深深影响了国际白瓷工艺的发展，也为世人对中国海上丝绸之路和瓷器传播历史提供了诸多力证。

德化的山与水，塑造了独一无二的白瓷

德化窑是闽南最负盛名的民窑窑口，以盛产德化白瓷闻名于世，历史上德化与景德镇、醴陵并称三大瓷都。古时窑口的选择自有一套章法，一来需要窑口附近藏有丰富的优质瓷土，可供一方黎民数代为生且运输便利，瓷土出山则需就近淘洗，只有充足水源才能应对，此外，烧陶耗费林木，如果没有密林也无法长久。

明代是德化瓷塑的巅峰期，何朝宗、张寿山、林朝景等一代瓷塑大师成就卓然。这时的瓷塑胎质细腻、施釉均匀、凝脂如玉，尤其是何朝宗的观音像，静穆慈祥，手法遒劲圆润，衣袂飘逸洒脱，静中有动。
摄影 / 叶香玉

德化偏居闽南之西北，藏于戴云山南侧山间河谷阶地之中，丛林密布，溪流纵横，虽偏安一隅，却因富含大量优质高岭土，水土宜瓷，从而不至困于密林，总有好的出路。

东北流向的闽江支流大樟溪和东南流向的晋江支流贯穿德化。德化位于大樟溪的上游，湍急水流一路奔腾至福州入海口。陆路可通永春，再由东溪汇入晋江干流，蜿蜒至泉州，流入东海。德化丘陵层叠，农耕并不发达，农耕和瓷业兼顾是最理想的传统谋生方式。德化白瓷就是在这样的社会需求中诞生，通过崎岖山路和奔腾水流，最终大江大海地走了出去，抵达所有瓷工不曾想象的国度。

历史上，德化出产过青白瓷、白瓷和青花瓷，直至宋元，白瓷才逐渐兴起，瓷雕佛像已是朝廷御品。德化白瓷独特之处，在于德化的土地上藏有一种有别于景德镇窑的高岭土。德化的高岭土拥有完美的化学元素配比，不需要复杂的工艺去除瓷土中影响白色成色、烧度等的化学杂质，就能烧制出极好的白瓷。要知道，前人花了500多年的时间一直在攻克瓷土杂质的问题，而德化天然赢在原料上。

德化白瓷兴于宋，盛于明，衰于清，它是一种新的白瓷，不似白中泛黄的定窑白瓷，也不似白中泛青的景德镇白瓷，它的釉面光泽温润，乳白如凝脂，质坚而透光，被称为"猪油白""象牙白"。也因为白瓷，小小德化，蜚声国际。

在此之前，闽南瓷业主要集中在沿海一带。依山伴海的闽南，涵盖了晋江、九龙江流域所在的泉州、漳州、厦门三地，至今已发现古窑址500多处，制瓷史从南朝到民国历经1500余年，宋元时有同安汀溪珠光青瓷、德化青白瓷，明清时有德化白瓷、青花瓷，漳州窑的青花瓷。晋江打通了闽南山区与沿海经济，将山里的瓷器、绢缎等会聚港口，随后海运出国，在海洋贸易兴起时，外销瓷便凭借便利水运远销海外。

瓷业依赖于优质的原材料、密集的劳动力以及便利的交通系统，这也是闽南得以成为福建瓷器主产区的原因。然而瓷土与林木，总有取之有尽的一天，以民窑为主体的手工业在很大程度上受到政府商业政策的制约，沿海的窑场在经历了资源短缺和多变的海外贸易政策后，陆续衰败或内迁，西北一隅的德化因此遇上契机，凭借一片好山好水开始漫漫瓷路。

从压舱之物，到行销海外的热门货

瓷器精美却笨重易碎，在中国东南沿海活跃的波斯和阿拉伯商人，用货船带走了丝绸、茶叶和瓷器——作为优质的远洋货船压舱、镇颠之物，瓷器可以混搭各种货物。回到家乡，商人们发现廉价的压舱瓷器广受贵族与平民的欢迎，瓷器成了技术垄断型的大宗货物，利润丰厚。天宝十四载，安史之乱爆发后，丝绸之路陆路沿线战事纷扰，贸易时断时续，唐廷重新启用海上航线。一场绵延千年的海上陶瓷之路，就此拉开序幕。

宋廷重视航运，在广州、杭州、明州、泉州、密州设立了市舶司，山海之会的泉州临近都城临安，又开放了港口，地理位置突然优越起来，宋元期间一跃成为中国最大的对外贸易港口，激活了闽南及周边区域，而利润丰厚的瓷器，自然成为东南沿海最重要的出口商品之一。

航路漫漫，变幻难测，显贵和潦倒往往只在一夕间。商人们在船舱中"分占贮货"，只有数尺许可以容身，夜里身下枕着的多是压舱的陶瓷器，"大小相套，无少隙地"。为大利冒大险，远洋船上人人都对远方充满期待，许多个思乡不眠夜，唯一所祈的是能平安到达彼岸。在航海技术远未成熟的时代，这是一场豪赌。倘若有幸满载而归，瓷商们势必大兴土木构建宗宅，兴办学堂，光宗耀祖。

宋元时期，经商风气大盛，王宫贵胄和平民都积极投身贸易热潮，沿海地区尤甚，"从重视耕读鸟船读书做官的文为重视'闯海'之利了"。同时，陶瓷工艺已达高峰，风格多元，德化瓷业也已趋于成熟，九仙山下的窑场一派忙碌。德化瓷经泉州港远销东南亚、日本，此时出口的多数为青釉、青白釉瓷，白瓷较少，以物美价廉的日用品居多。马可·波罗赞美德化白瓷价廉物美，如贝壳般洁白，并用"Porcelain"来命名中国瓷器。欧洲也由此开始了长达三百年的白瓷仿造史，而荷兰作为德化瓷器外销的重要推手之一，也将瓷器远销至亚、非、欧多国。

民窑烧出的"中国白"

德化窑是传奇的，它不如景德镇有官方背景加持，有稳定的政府订单，而是依靠市场去获取生路。闽南人信仰生活活跃，又有饮茶习俗，所以德化人烧制茶具、供器、塑造瓷雕神像；而海外市场有着完全不同的文化背景，一来二去，德化人摸准海外风向，提供"来样定做"，只有你想不到的，没有他们做不到的，不断推陈出新。

时至明代，德化采用优质高岭土等，运用"阶级窑"，生产的"白瓷"更进一步：瓷质细密，胎釉纯白，浑然一体，将追求玉器质感的完美性发展到历史巅峰，代表了当时中国白瓷生产的最高水准。全盛时期的德化瓷器蜚声海内外，其特殊的制造工艺为德化瓷器打出了属于自己的品牌，在欧洲，德化白瓷被称为"中国白"（法文 Blanc de Chine），17 世纪末至 18 世纪，白瓷大量销往欧洲。德化因此声名鹊起。

外销瓷前景广阔，稳定、畅通的国际航路是"中国白"持续走向国际市场的重要保障。明代倭寇侵扰，设立于刺桐港的市舶司于1474年被迫迁往福州，闽南周边的贸易面临短暂的动荡。沿海瓷业衰落，内迁山区，德化因此获利。同时，德化白瓷在东南亚、日本、欧洲仍旧受市场喜爱，白瓷工艺尚未被外国工匠参透，垄断工艺换来源源不断的金银。通过转运福州港，经闽江支流的大樟溪水路直达港口，大宗瓷器贸易经由福州港运往日本、东南亚各国。

同时，位于漳州的月港因地理之便随之兴盛。相较于刺桐港、福州港，月港算不得深水良港，但它"僻处海隅，俗如化外"，在这里远洋货船可以逃脱税法的约束，节约成本，是闽地商人历来常光顾的秘密港口。在摇摆不定的明朝海关政策中，月港得到发展的契机，借此，德化瓷器经月港大量输出海外。至清初，郑成功从荷兰人手中收复台湾，并在厦门建立根据地，厦门港由此兴起，福州港、月港渐衰，德化瓷器外销转运厦门出海。航路畅通让德化白瓷直通海外，历经来元，"瓷质雪白，价廉而式样不俗"的德化白瓷终于在有明一代登上了历史巅峰。

大航海时代的到来，为德化瓷业带来了大量的海外订单。外销瓷种类花样繁多，除了日用瓷之外，德化白瓷瓷雕大量出现在海外市场，以佛像雕塑最为抢眼。名载史册的何朝宗也在这个时代被千里之外的收藏者们热切追捧，价抵千金。

何朝宗是德化白瓷史上的灵魂人物，以至于提起德化，都会联想到他。他约莫生活在明嘉靖、万历年间，早年随父亲游艺山村，雕寺庙佛像，又拜当地手艺人为师，对佛教造像颇有研究。他潜心造像，手法细腻流畅。如今，隔着四百多年的光阴，在泉州海外交通史博物馆，我们仍能被他的那尊"渡海观音"所震撼。她丰腴端庄，眉眼低垂，朴素安然，让人一时沉浸在方寸空间里，感叹这是如何一双极具灵性、巧力的手塑出来的。

明清时期，德化瓷师艺人辈出，作品丰富，如今有据可考散落在国外的明代白瓷瓷雕就有不少，白瓷和瓷雕通过广州、香港等地销往东南亚诸国。这个时期的德化窑，因为白瓷和精美的瓷雕而独树一帜，在景德镇窑口十年局势动荡期间，白瓷甚至能与其抗衡，即便青花瓷占据了大部分世界市场份额，万历后白瓷贸易衰落，被视为姿势高贵悠闲的观音坐像流行欧洲，依旧"数以千计地涌入"。

德化瓷引发众人争相模仿研究，可惜他们没有找到合适的瓷土，窑火的温度也无法达到能出好瓷的1200摄氏度。直至18世纪，德国炼金术士弗里德里希·贝特格研制出了德化白瓷的工艺，随后成立了著名的德国品牌梅森（Meissen）陶瓷。此后，众多海外白瓷品牌兴起，他们利用强大的商贸航线抢占了中国瓷器的世界市场，德化白瓷日渐走入低谷。即便如此，白瓷的外贸之路依旧反哺着海上丝绸沿线的国家和地区。

柴窑的运转大部分仍靠人工，师傅正在往柴窑里堆匣钵。

机器化的时代，相同模具出来的茶壶虽花费大量人工与柴火，但模样平淡无奇，因此价格更是低廉。如此传统的生产方式，不知会不会逐渐消亡？

海上瓷路历练出的闽南基因

　　海上丝路贸易不仅带来追求财富的机会，更是带来一种眼界和可能性，不同文化间相互碰撞，在信仰、语言、饮食、日用器具方面打上了深深的烙印。瓷器贸易的历史，也可以视为一部生活方式演变史，生活习惯和审美志趣在潜移默化中发生改变，某个南洋小岛上的土著从没有碗具到改以瓷器为餐具，法国的路易十四提倡国人废弃传统银制餐具，改用容易清洁的中国瓷器，掀起了一场"厨房革命"。这些改变，德化窑都参与其中。

　　闽南人在这长久的贸易历史中，形成了区域的某种特性，不一味地守着方寸之地，总能主动地去寻找上升的契机。历史给了他们信念，瓷业为闽南培养了诸多勇敢闯荡的成功商人，往上追溯，闽南人总能找到一些略有所成的先辈，他们如何艰苦隐忍，翻山跨海，获得人生的第一桶金。这些故事是活的基因，渗透进每一个闽南人的骨子里，他们或勤勤恳恳，或大刀阔斧，踏实地走下去。

　　海外贸易让闽南人看见了世界之大，而艰苦的贸易营生又让他们踏实、刻苦，更加注重家族间的帮扶。大宗贸易需要资金流转，家族内部相互支持流通，犹如同坐一艘行驶在惊涛骇浪中的货船，牵一发动全身，族人之间建立起了混杂着血亲温情和利益牵制的信任感，由此推动着家族共同兴旺。

　　走在德化街头，陶瓷街上瓷器店林林总总，外行人看热闹，内行人看门道。浐溪从西至东环城而过，水流淙淙，夜深人静时，溪水喧哗。从清朝中叶至今，德化瓷业几番起落，白瓷烧制工艺一度失传，如今还在延续柴烧的龙窑仅有"月记窑"，400多年的窑火还在继续烧，只不过窑里的瓷器日新月异，成了德化悠久瓷史的门面。瓷业依旧是这里的主业，20世纪90年代以来，陶瓷业撑起了德化经济的半壁江山。在德化，每天都有来自世界各地的订单，这里是全国最大的西洋工艺瓷生产基地，德化白瓷仍延续着千年前的脉络，行销海外。

　　瓷雕在年青一代陶瓷艺术家手中玩出了更多的花样。他们一边以古为师，一边寻求突破。苏氏家族"蕴玉瓷庄"的第四代传承人苏献忠就是其中的佼佼者。和许多传统瓷雕艺人一样，他面临着如何和传统理性地"保持距离"的难题。从研习传统，到突破传统，他用了十多年，终于自成一格，一改人们对白瓷瓷雕宗教气息浓郁的刻板印象。

　　不断有年轻艺术家来到这深山中，创作自己的白瓷作品。在德化陶瓷双年展上，你能看到诸多艺术家的精彩作品，有抽象的写意，有张扬的概念，鲜活而具野心。前辈们的传说给了他们成功的念想和信心，他们希望自己的作品也能漂洋过海，被更多的人看见、喜爱、收藏。

一盏闽南乌龙茶

文 苏西

闽南乌龙，

如铁观音，

生长自泉州安溪的水土，

深邃香气来自独特又烦琐的工艺，

小小茶叶，

不仅串联起闽南的海外贸易史，

更串联起市井的悠闲生活。

闽南人的日常，

离不开这样一盏茶。

    闽南人的日常，最缺不了一杯茶。去人家里，简单的盖碗、几个小杯，"来喝茶"。街边铺子口，矮桌上积满茶垢、豁了口子的旧茶壶，街坊邻居凑在一块儿，"来喝茶"。办公室里与人谈生意，摆出功夫茶盘，"来喝茶"。没了茶的陪伴，日子便是一天都难以称心如意地度过。闽南语里，更将茶叶称为"茶米"，可见其多么贴近日常。

    茶是闽南人生活的最大享受，而说到他们的心头好，不得不提到闽南乌龙。福建是乌龙茶最大的产区，产量约占全国的80%，从前，闽南人所嗜好的茶，几乎都是产自本土的闽南乌龙，近年来才被闽北乌龙抢去一些风头。属于半发酵茶的乌龙茶，亦称"青茶"，在中国历史上出现的时间较晚，明清时首先创制于福建。这种观点虽也有争议，比如时间上有的认为出现于北宋，但一般都认为创始在福建。

    而谈到乌龙茶的形成与发展，必先溯源北苑茶。北苑指的是闽北建瓯凤凰山地区，唐末已产茶，宋以及其后产量扩大，逐渐采用半发酵的制法。北苑龙团凤饼茶是福建最早的贡茶，也是宋代以后最为著名的茶叶，是福建乌龙茶前身。乌龙茶介于绿茶与红茶之间（绿茶为不发酵茶类，红茶为完全发酵茶类，乌龙茶的芽叶酶性部分氧化成为紫色或褐色，处于红茶、绿茶之间）。

    乌龙茶的制作工艺是中国六大茶类中最复杂讲究的。老茶人张水存的《中国

不管是在什么场合，一只茶盘，一泡乌龙茶，总能让人把话匣子打开，茶桌上谈生意也谈人情，这就是闽南人的日常。

摄影/陈健

乌龙茶》一书里写道："相传乌龙这个品种，在18～19世纪由安溪传入建瓯，再传入武夷山、台湾等地，在历史变迁中逐渐形成了大片的产区，并先后被用作商品茶名称和驰名于世的茶类名称。"乌龙茶按产地来分，有闽北与闽南乌龙茶、广东乌龙茶和台湾乌龙茶。福建的乌龙茶又有南乌龙和北乌龙两大类，两者各有千秋，其中闽南乌龙被认为是中国乌龙茶最古老的样子，在中国茶叶中占有重要的一席之地。

闽南风土，泡制出一杯铁观音

安溪铁观音是闽南乌龙茶的代表。

在很长一段时间里，安溪铁观音几乎是中国乌龙茶的代名词。

中国乌龙茶的来历，故事颇多，大部分认为是发源于闽南的安溪。据《安溪县志》记载，"安溪人于清雍正二年首先发明乌龙茶做法，以后传入闽北和台湾。"

在沸水的作用下，铁观音的叶片于杯中舒展。它的深邃韵味来自复杂的工序，绿叶红镶边、茶汤橙黄明亮的铁观音，花果香交融，喉韵悠长，有"观音韵"。铁观音原产安溪县西坪，关于其品种由来一直有两个说法。一是"魏说"：清雍正年间，西坪松林头茶农魏荫，将因观音托梦而得的茶树制作成铁观音。一是"王说"：南岩村的王士让将偶然发现的茶树采摘后制成茶献给乾隆皇帝，皇帝赐名"铁观音"。

安溪制茶始于唐末，安溪的酸性红壤，土层深厚，特别适宜茶树生长，清人阮旻锡的《安溪茶歌》云："安溪之山郁嵯峨，其阴长湿生丛茶。"其中安溪是闽南乌龙茶的主产区，也曾经是中国乌龙茶最大的产地，1995年被命名为"中国乌龙茶（名茶）之乡"。

安溪茶产量也逐年增长，到了1990年，福建乌龙茶产量约2.8万吨，其中安溪和与安溪的品种和采制工艺类同的闽南各县的茶叶约占四分之三。

安溪人种茶，喝茶，也贩茶。在安溪铁观音最鼎盛时期，价格金贵，有几十万的安溪人在异乡经营着安溪乌龙茶之味，一方水土养一方人。

曾经获得中国乌龙茶在海外的第一枚金奖的梅记茶行，为铁观音王说发源的后人，如今传至第六代，百年来始终不改传统炭焙铁观音的制茶方法，也获得闽南老茶客的青睐。

清末民初，"梅记茶行"是内安溪（指安溪西部）最大的茶行，据说当时内安溪所产的铁观音，有一半以上通过梅记茶行销往东南亚。有人评价，在世界茶叶市场的激烈竞争中，安溪铁观音仍占有一席之地，梅记茶行功不可没。

创办梅记茶行的王三言，出生于道光十六年（1836），其父是制作乌龙茶的高手。王三言在四十八岁的时候，发明了乌龙茶布巾包揉技术，使得原来直条形的乌龙茶变得条索卷曲，紧结重实，这便是如今日常所见的铁观音模样，"蜻蜓头""蚵干形"。这是闽南乌龙茶初制工艺的重大改革，后来传遍闽南，再传入台湾。梅记茶行也随即越走越远，落脚中国台湾、中国香港、印度、泰国、新加坡等地，拥有众多分行。

一手炭焙铁观音的功夫是梅记的家之珍传，梅记的第五代王曼尧经历过清香型铁观音几乎一统铁观音茶天下的局面，他的儿子甚至都动摇了，他还是坚持要做传统的铁观音。如今，传统铁观音市场慢慢回暖，令梅记后人很是欣慰。

闽南人历来有下南洋的传统，背井离乡的行囊里也一定会有家乡的茶叶，一是日常生活所需要，二是谋生依傍。在异国他乡，除了每日品饮，还在东南亚开设商号销售茶叶。乌龙茶在南洋也开始流行起来。

谁也没能预见到铁观音的大起大落，清香型铁观音和传统铁观音的纷争、农药残留的负面影响、闽北乌龙武夷岩茶的后起夺位……不过谁都不能否认安溪铁观音曾经给传统乌龙茶产业所带来的深远影响，它的起落也没能折损它曾经的地位，更有依然谨守传统的茶人，既与时俱进，也坚持在闽南乌龙的传统工夫上，生生不息，恒持着闽南乌龙的一点光亮。也正因如此，这两年来安溪铁观音重新勃发生机。

魏荫的后人魏荣南，执掌着新加坡的南苑茶庄。从 2007 年开始，他在故土所在的安溪松林头，建设零化肥零农药的生态茶园以及配套的茶厂。为了保护环境，海拔 1200 米左右的高山茶园，连大路都未辟，茶园每一块土地有编码，采茶制茶的日子气候有标注。松林头出品的铁观音品质稳定，有清甜的奶香花香，茶园也获得了德国 BCS 有机认证。

如兰似桂，幽雅持久，一杯观音韵，七泡有余香，这是安溪风土的密码，也是中国乌龙茶原乡的滋味，是以真正浸淫其间的人都会珍惜吧。

"Tea"这个字是从厦门方言"Te"字而来的

闽南乌龙茶的历史，很长一段时间里是与茶叶的对外贸易相关联的。

而厦门人的嗜茶，也与此相关。厦门港被称为茶叶"海上丝绸之路"的起点，厦门人最早运茶到印尼，卖给荷兰人。

曾任职厦门海关税务司的英国人包罗，在他所写的《厦门》一书中写道："厦门乃昔日中国第一输出茶的港口……毫无疑问地，是自荷兰人以后，就将茶介绍

4月正值安溪铁观音春茶采摘的季节，一群茶农正在茶山上忙碌着。供图/视觉中国

到欧洲去。""Tea 这个字是从厦门方言 Te 字而来的，并非由中国其他地方的方言 cha 字而来的。"

  荷兰人从厦门输出茶叶，并转运到爪哇，他们将学会的厦门发言"茶"的发音——"Te"一路带至欧洲。欧洲除葡萄牙和俄国外，其他各国也都模拟厦门方言翻译"茶"，比如英国 tea、德国 tee、荷兰 thee 等。

  1610 年，厦门商人将武夷茶运至爪哇卖给荷兰人，然后转入欧洲市场销售。到 1644 年，英国人在厦门设立贸易机构，开始由厦门运武夷茶和乌龙茶到欧美各国销售，厦门成为中国最早由海路出口茶叶的重要港口，这个传统的乌龙茶加工贸易口岸也被称为茶叶"海上丝绸之路"的起点。从那时起，英国人将厦门方言"茶"字拼为"Tea"，成为今天西方茶叶的专用词。

  史载，清康熙二十八年（1689），福建厦门出口箱茶 150 担，输往英国，始开中国内地与英国茶叶直接贸易之先河。

  清代是中国茶叶对外贸易空前繁荣的时期，据记载："乌龙茶发源地安溪，以铁观音驰名海外，1868 年，仅厦门茶之出口净数为 35721 担，翌年增至 85967 担。则大量茶叶装运出口，1872 年达 83170 担。1877 年增至 9 万担，为闽南茶叶出口达到最高水平。"

  据海关资料记载，仅光绪四年（1878），福建茶叶出口便达 80 多万担，占

铁观音工艺中的"凉青"步骤。鲜叶按标准采收后经过晒青、摇青，再将茶青置于青架上，放入青室静置，使鲜叶处于静态状态，目的是让摇青中散发出来的青草气逐渐消退。摄影 / 陈健

当时全国茶叶出口总量的三分之一。

地理的条件和历史的机遇，也成就过一些厦门茶商的辉煌。在欧美市场由于厦门乌龙茶的品质下降而禁止进口后，东南亚地区的华侨出于爱国爱乡之心，仍然经营和饮用家乡茶，乌龙茶遂此成为侨销茶。

自然派的饮茶方式

喝茶的方式千姿百态，而在闽南则有着更鲜明的地域性，这也许来自喝茶的人。不管茶叶市场的主角与饮茶方式如何流变，茶已经扎根在闽南人的生活里。他们活泛地饮茶，不拘于任何一种形式，在他们看来，不必为茶而来，但生活一定是围绕茶展开的。茶的存在，本身就是一种仪式感。

这些饮茶的方式，或来自传统延续，或有着市井的情境，总之，都具有浓厚的闽南气息。

因为茶港和毗邻产区的缘故，闽南人生活中处处有乌龙茶。

清道光《厦门志·风俗记》载，厦门人"俗好啜茶，器具精小，壶必曰孟公壶，杯必曰若深杯。茶叶重一两，价有贵至四五番银者。文火煎之，如啜酒然，以饷客。客必辨其色、香、味而细啜之，否则相为嗤笑，名曰工夫茶，或曰君谟

某个午后，几位大爷聚在泉州古厝茶馆，泡茶话仙。摄影/方托马斯

茶之讹。彼夸此竞，遂有斗茶之举"。

厦门人喝茶，与茶产地的人浸泡在茶水里似的喝茶方式又有些许不同，更多衍生出生活的乐趣来。比如如今已经渐渐消失的"茶桌仔"。1949 年以前，从第一码头到厦门港，从海口到禾山，大街小巷，号称"茶桌仔"的饮茶店家鳞次栉比，人声鼎沸，毫不逊色于厦门如今大街小巷的咖啡馆。海外华侨、往来商旅和贩夫走卒无不气定神闲地在小桌前品尝乌龙茶。

夏天夜里，海风吹着，流动的简易茶摊支起来，招待乘凉和过往的游客。张水存回忆，当时，厦门"茶桌仔"规模比较大的有大王、二王讲古场和二舍庙、局口街、养真宫、五湖、曾姑娘巷、厦港福海宫、江头街、浮屿一带。为了招揽顾客，"茶桌仔"常会请来艺人说书，兼办南乐清唱或演唱现代歌曲，消遣花样颇多。茶客们啜着茶，呷着点心，欣赏眼前表演，将一个个夜晚度过。

一方茶桌仔，不仅提供茶水、点心与娱乐消遣，更粘连人情，是天然有效的信息沟通平台，更是闽南传统文化里不可缺少的场所。一杯茶汤，覆盖不同阶层的人群，不同的人也在其中品出了不同的滋味，某些因此在闽南得以成为口碑。可惜如今厦门的茶桌仔仅存一家，在老城区小巷子里的"五湖茶室"。小桌小椅、古早的茶配、积满茶垢的紫砂壶，是岁月和茶所留下的共同痕迹。如果坐在阿公阿嬷的中间，要一壶便宜古早的"一枝春"，啜着酱油色的茶水，吃着咸梅糕，恐怕会有时光倒流的错觉。

说起喝茶，闽南人也许最不能缺的是糕点。茶是主角，点心是配角，所以在闽南有了一个特别的词——"茶配"。这个词之巧妙，在于一目了然。

本地的各种糕饼蜜饯酥糖，品种繁多。厦门的糕饼业曾经很发达，20 世纪三四十年代，厦门市区最热闹的大同路上曾有多家著名的糕饼铺子。有别于西式点心，这些中式饼家出品花生糖、芝麻糖、贡糖、蛋花酥、馅饼等，都是乌龙茶的好伴侣。否则空腹酽酽的几杯力道十足的乌龙茶下去，恐怕会冷汗直冒、头晕眼花，茶醉到令你难忘。

而在闽南一带，各地出品的小点心也成为茶配的选择，这其中也有不少著名的，比如邻近厦门的龙海出品的各种糕饼糖果，厦门街头都能买到。还有漳浦杜浔的花生酥糖、永春的粩花、安溪的橘红糕、平和的枕头饼等，这些小点单吃甜腻，配起茶来却很妙。乌龙茶的浓酽和茶配的甜香，是早起午后令闽南人最放不下的尘世滋味。

神仙赏饭吃的手艺

文 王啸波
摄 吴俞晨 等

在闽南，逢上一场佛诞，好不热闹，抬神"走佛"，搭台唱戏。闽南地区民间信仰盛行，一年到头各种庙会、祭祀活动不断，庞大的信俗穿插进日常生活，更浸润着与之相关的种种行业与工艺。这些"神仙赏饭吃"的手艺，逐渐形成独特的地域风格。

农历正月十六，夜幕降临。位于晋江安海镇镇西境的东斗夫人妈宫口，一尊软身神像岿然安坐在轿子上，晚饭后，这里将举行一年一度的"走佛"活动。

闽南方言中"走"有着"跑"的意思，活动开始，居住在这片角落的信众将扛着神轿，踩过遍地开花的鞭炮，来回迅速奔跑于这条贯穿南北的街道上。这个神诞日必不可少的仪式活动，旧已有之，他们把这一天称为"相公生"——"相公"指的是"田都元帅"雷海青，闽台两地戏曲行的"行业神"，亦是守护一方安宁的"境主公"。每逢此时，西宫人从四面八方赶回来祭拜"相公爷"。当晚，锣鼓敲响，火把燃起，一年一度的"走佛"活动开始，自古以来，乡人以此形式驱邪祈福，祈求平安。

在闽南，这样的佛诞日，一年到头多到数不清。逢神诞日，鞭炮、金纸充足，抬神的、唱戏的、捏面人的，围绕一尊神佛展开种种活动、仪式，万般热闹。这样一场"狂欢"背后，有很多他地不曾看到的有意思的现象：闽南一带信俗的底色浓厚，民间重视礼佛祭神，在地更有令人眼花缭乱的婚娶丧葬仪式。做醮、婚丧嫁娶、做寿……种种大型活动、仪式，刺激了许多基本生活以外的消费，买香、供佛、请戏、折金纸、挂醮灯，无不牵连着背后的手艺、活计。

照此，当地许多传统手艺最早都是出于民间惯俗的需要而生存下来的，闽南各地盛行的信俗活动推动了工艺的发展，本地的能工巧匠靠"神仙"赏饭吃，他

泉州雕刻名家黄清辉的木偶头作品——"楚霸王"项羽。摄影／王啸波

们又发挥各自的手艺，为信众的精神寄托创造出得以依附的载体。这些工艺愈加至精至美，透露出浓郁的地域色彩。

木偶头：眉眼似神佛

台北的台原亚洲偶戏博物馆里，收藏了世界各地的古董木偶，其中有一部分来自泉州。恒温恒湿的架子上，几尊提线木偶从规格尺寸、勾牌线位、头像造型等方面明显带有泉州的风格。角落里，一尊行内称为"红岐"的角色，脸型线条圆润饱满，眉眼小巧雅致，嘴角微微上扬，一脸祥和，分明脱胎自佛像中观音的形象；木偶头中的武生形象与泉州寺庙中韦陀形象十分相似，而木偶头中净角、仙怪等造型又明显源自罗汉、金刚等形象。

传统的神佛形象是泉州木偶头的风格源头，泉州古称"佛国"，历来各种宗教长期共处，各式宫观寺庙，星罗棋布。泥塑或木雕石刻等诸神造像，都继承了唐宋以来风靡民间的造型、彩绘风格，泉州傀儡（木偶）戏长期受到这种宗教氛围的熏陶，木偶头也比较完美地保留了雍容丰腴、神韵含蓄的格调。

闽南地区酬神唱戏的传统早已有之，宋代漳州府，每年七、八月之后，酬神唱戏轰轰烈烈，各里社"豢优人作戏，或弄傀儡（木偶），筑棚于居民丛萃之地"。本土的几个地方剧种里，最为特别的莫过兼具宗教仪式与戏剧形态于一身的木偶戏（分为掌中木偶和提线木偶）。作为舞台上特殊的道具，"演员"木偶离不开戏曲的框架，它的形象以"行当"区分：生、旦、北、丑、杂。

木偶雕刻师的刻刀之下，塑造了一个个经典形象。在木偶戏盛行的闽南地区，泉州和漳州从事木偶表演和雕刻的名家辈出，漳州的木偶头行内称为北派，线条刚健粗犷；泉州木偶头则为南派，形象典雅含蓄，颇得历代佛像雕塑及绘画遗风，其中首推江加走先生。

如今要在市面上欣赏到江加走的作品，除了博物馆，还可去台湾一寻。要知道，泉州木偶头的藏家几乎清一色来自台湾，至今泉州各位木偶头雕刻的名家，每年的作品绝大多数最终去往海峡对岸。

现在的藏家一看到木偶头产自"西来意""周冕号"便会热血沸腾，这是两家清代泉州有名的雕刻提线木偶头的作坊。早年间，木偶头的雕刻制作常由佛像雕刻作坊兼做，一直到后来，民

"北"行当中的白奸。摄影／李嘉龙

"旦"行当中的圆润媒婆。摄影／李嘉龙

间的木偶戏班数量发展到鼎盛，木偶头的雕刻制作才独立成为一个行当。

后来还有著名的"花园头"，它既是泉州城北门外的一个地名，又是本地上乘的掌中木偶头的标志。出生于清同治十年（1871）的江加走家住泉州花园头村，他从务农兼刻佛像的父亲江金榜手中传承手艺，在保留传统木偶头眉眼神韵的同时，又创造拓展了更多的形象，他的作品"移步不换形"，新创的木偶头形象既满足剧目对更多角色的需求，又严格地持守传统。

泉州九一路某个十字路口抬头望去，有一方小窗台，窗台底下那张被木头架着勒出无数痕迹的桌子是江碧峰的工作台，另一边的桌上常年放着几个等到粉土阴干的半成品，挨着的墙面上，挂着他祖父江加走的照片。

江碧峰习惯在自然光下雕刻，不喜灯光，灯光会影响他对造型准确度的把握，这是他这代人的固执。比起当下年青一代快捷的节奏，他刻制木偶头可以算得上慢工细活。小叶樟木，劈出大形后慢慢抠出细部，再拿远了比对，又凑近削去点找准，如此反复。之后打磨、上黄土，刷上十几遍后塑出细节，再打磨，把骨胶熬开，兑入矿物颜料，薄薄一遍后再来一遍，反复直到上好底色，用极细的勾线笔开出眉眼，一气呵成——不能接笔，接笔必留痕迹，就得磨掉底色一切重来，最后再罩光打蜡、栽须与梳发。

传统的掌中木偶头尺寸非常小，有的甚至头颈加起来不到十厘米高，但方寸之间，每一个细节都不曾马虎，每一个五官结构的来龙去脉，都在雕刻师的刀下一一呈现清楚，更别说涉及五官、脸部会活动的木偶头，单个零件拆下来，还不到小指头指甲盖么大。手与心的完美搭配，才让这一切实现。

木偶头仰赖手工，江碧峰两个月才能制作出五六颗木偶头，通常是今天找他订一颗木偶头，要等到明年的这个时候才有可能拿到作品，即便如此，找他定制木偶头的人仍络绎不绝。他抽屉里那本订单"接龙"究竟有多长，至今仍是个谜。

金葱绣：装点岁时节俗

泉州工艺美术公司藏在老城区花巷中段，老国企里如今大多工种的车间早已停产。午后静谧，唯独当年的刺绣车间还能听得到窸窣的声音，陈美英老人伏在绣绷前，捏着针一下起一下落，绣线经过浆好绷紧的缎地，摩擦出一阵一阵低沉的声响。

她正在绣制的是一面桌围，闽南人称为"桌裙"。桌裙是以前泉州人家家户

漳州徐竹初木偶馆内，自然光线下，雕刻的师傅正在打磨木偶头的粗坯。

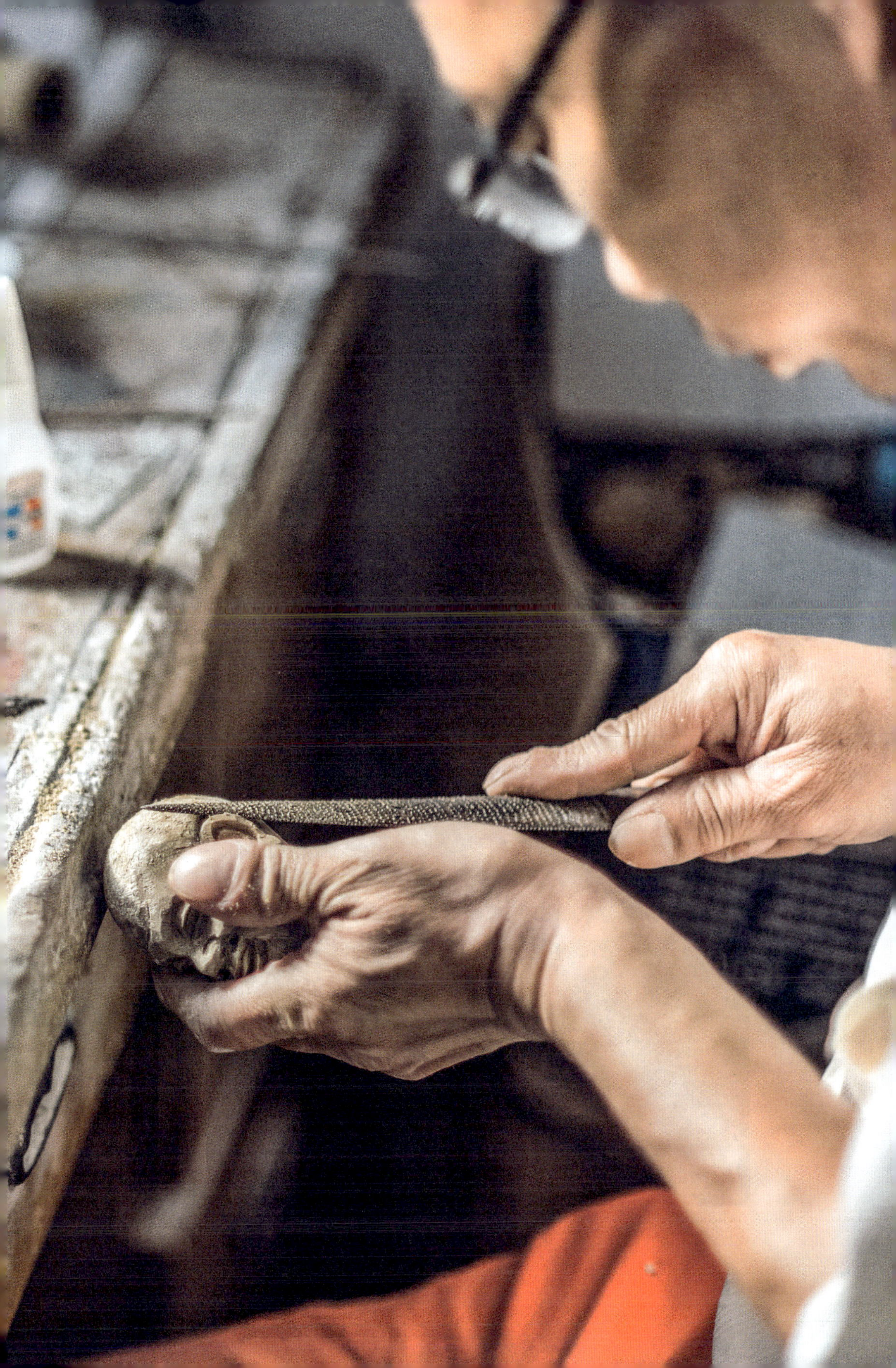

这种金葱绣的风格常见于闽南和广东的潮汕地区，立体感强又金碧辉煌，极富装饰性，部分作品从凸出最高处到平面绣地落差居然将近十厘米，给绣工带来极具难度的挑战。

在工艺上，金葱绣与唐时"蹙金绣"相同，即在罗绸的底子上面用金丝线绣出各种美妙的纹样。

户的必备。传统闽南人家里，大厅兼具敬祖与会客功能，高高的长案桌底下一张八仙桌，八仙桌围上桌裙，这是大厅家具的标配。桌裙常绣制坐龙图案或福禄寿三星，采用的是闽南的"金葱绣"。闽南人把金线称为"金葱"，从基本绣法看，与各地常见的"盘金绣"大抵相似，不过最独特的"盘金绣"也只是将金线钉在平面上，而"金葱绣"很多是钉在凹凸错落的立体绣地上。

要完成一幅"金葱绣"，前期工序得先"叠棉"，根据需要立体突出的部分，例如龙、狮子的大额头、腮帮、鼻子等部位，用线把棉花一层一层钉叠起来，塑造出需要的立体感，然后再往坯体上盘钉金葱线，排线要整齐紧密，不能露出底地。用金葱线调和不同色彩的丝线，整个绣品色调既丰富活泼又和谐统一。这面富丽堂皇的桌裙差不多一平方米大小，她独自一人要上午连着下午绣上两周整才能完成。

闽南人在不同的岁时节俗、人生礼仪中都需要用绣品装点生活，譬如宗祠晋主、乔迁新居、新人嫁娶等活动，在大门门楣处挂上长条形的"八仙彩"，为他人祝寿庆贺送的"寿幛对联"，春节过年、祭拜先祖、敬神礼佛的八仙桌必须系上"桌裙"，红白喜事大门口悬挂的绣上天官、姓氏字样的"姓氏灯"，迎神踩街、南音馆阁用的"凉伞"，寺庙佛堂里悬挂的"对联经幡"，神佛塑像穿的"佛袍披风"，以及戏曲舞台所需的戏服等，皆是金葱绣扬其光彩的载体。

近年来除了绣制桌裙，她还绣制木偶穿的龙蟒、靠甲、官衣等戏服。桌裙面积大，用金葱绣比较粗，反之木偶戏衣小巧精致，所用的都是细的金葱线。对她来说，每一次绣完桌裙再接手绣制木偶戏衣的过程，就是从粗活到细活的转变，刚刚适应一会儿，马上又得换回来，为此她也很是无奈。

她的师傅苏进治早年在打锡巷的"柳彩章"学艺，后来嫁入柳家接起了"柳彩章绣铺"。泉州工艺美术公司成立，她进厂成为刺绣主力，并带起徒弟，这里面就有陈美英。苏进治临终前，拿出她手绘的图纸。她虽未曾学过绘画，但各种绣品配套的图案、尺寸深谙于心，花鸟走兽各异的形态全凭着记忆徒手画出。它们是泉州金葱绣中地域色彩明显的题材，通过一代一代艺人的飞针走线，精心绣制得以薪传。

2018年，台北台原亚洲偶戏博物馆馆长策划了一场戏服系列展，其中"绣娘——闽南戏服的故事"展，搜集了关于"柳彩章绣铺"的图片资料。展览展出后，那些古董木偶所穿的华丽戏服和它们背后未曾署名的绣工，才让世人多少有所了解。

在素有"半城烟火半城仙"之称的泉州，根基深厚的民间信仰带动了与之相关的民间艺术的发展。无论是戏曲演艺还是传统手艺，不同的艺人通过自己的艺术手法，为精神信仰创造出得以依附的实体，信仰和手艺之间相互表里、相互影响，通过信仰的力量拓展手艺的空间，也通过手艺的精湛丈量信仰的虔诚。

216

鸿财弄手艺

| 纸扎

| 妆糕人

物 · 闽南

醮灯

在闽南，一场佛诞、或是一场婚丧、节俗活动，可以说是一场与之相关的闽南民间手艺大赏：

妆糕人——妆糕人是起源于闽南民间的糯米彩塑手艺，闽南有以妆糕人用于民俗、祭祀之供品的习俗。妆糕人题材式样众多，有神仙、戏曲人物、神话故事、时事新闻等。明朝时，泉州南安的张厝村全村老少几乎无人不做妆糕人。
摄影／方托马斯

纸扎——神座左右排列纸扎的人役和乐队都属于纸扎，纸扎艺人得心应手地扎出楼台和各具姿态的人物，是节俗中必不可少的。人们习惯用各类彩扎祭祀，以祈阖乡平安、衣丰食足。摄影／何数数

醮灯——闽南话里，"灯"与"丁"同音，因此灯笼自古就有祈求添丁之意，闽南一带，各个氏族通常都保存着用于记载祖先起源地、长居地或者根据祖上美德命名的灯号，醮灯手艺人根据灯号定制灯笼。醮灯集竹编、彩绘、裱褙、书法等于一体，不仅是祈福的工具，也是门户的标志。摄影／许梗桐

这四季的甜头

文 依倩 于长多

生活在水果原产地的闽南人，一年四季，口福不尽。或清甜、或酸甜的云霄枇杷、凤梨穗龙眼、程溪凤梨、琯溪蜜柚、诏安青梅……除了食一口新鲜甜美，还可拿来做蜜饯、榨汁、入菜。光说它们的花样吃法，就够馋人的了。

闽南地区，一年四季，瓜果迭出。"年逢双春，吃米有椿"的春天，有云霄的枇杷作为开年第一果；"大暑热勿会透，大热在秋后"的夏季，有同安的凤梨穗龙眼和程溪的凤梨；"立秋有雨样样收，立秋无雨人人忧"的秋天，有琯溪的蜜柚、华安的橄榄，还有"青果双头黄"的天宝香蕉；"立冬无雨一冬晴，立冬有雨春少晴"的冬天，有永春的芦柑……都是这片土地给予人们的最好馈赠。

枇杷：开春第一果

正月未结束，北方还春寒料峭之时，闽南已有要迈入下个季节的势头。一路从厦门往漳州去，湿热扑面，路途所见皆是明快的绿，惹眼的还有两旁的各色果子，矮山包上，沉甸甸坠在叶底的芭蕉，田头饱满的果柑，套在护袋里半遮面的枇杷……一样样的，都像在报春。

被称为"闽南开春第一果"的云霄枇杷，赶在春分之前结实地挂满了枝头，迎来了第一拨果实。

云霄县地处闽南沿海，背山面海、东南开口的马蹄形地形，聚留冬季海上西南暖湿气流，冬季区内润而不燥，是福建省越冬条件最好的地区之一，独特的气候让云霄成为枇杷的原产地，枇杷种植历史较长，唐代就有史料记载。宋朝时，漳州知府杨万里赞美枇杷："大叶耸长耳，一梢堪满盘，荔支分与核，金橘却无酸。"云霄枇杷作为时令贡品，以其风味和品质俱佳，美名誉于当时。

在众多以种枇杷为主的村子里头，马山村并不惹眼。它离云霄火车站只有五分钟车程，整个村子窝在低平的丘陵地带，往东去，翻过一座山，就是海边。这里雨水充沛，土壤肥沃，借着云霄全县种植枇杷的风头，近些年，村民们陆续种起枇杷来，最早间种在田里，后来附近低矮的平地都被开发，转又往山上移种。

套满护袋的枇杷树在阳光下，闪着微微银光，鳞片般缀满整片丘陵。张宝旺瘦削的身影穿梭在低矮枇杷树间，手脚不停，小半爿山坡的枇杷树都是他家的。几年前，他从镇上买来枇杷树苗，一点点辟出这一小片果林。如今，村子里有一百户左右人家在种枇杷，最多的一户有二三十亩地。

今年立春早，枇杷熟得快，得赶着时间采摘。张宝旺未雇人工，凡事都亲力亲为，有时候小女儿张淑菲会上山来帮忙，多的时候一天可以摘两三百斤。他沉默寡言，心思都放在手里的活上。历来水果的行销有大小年份之说，去年果子好，但市场行情不好，没想到今年开春气温直升，催得枇杷提早上市，被同时在市的其他水果"挡住了"，行情也欠佳，"如果再迟个 20 天，其他水果下市后，那销量会好些"。张宝旺摆摆手，表示无奈，基本上就是靠天吃饭，"人为的，只能搞质量和产量，其他的只能靠'天公'了"。

皮薄肉软汁多的枇杷，总有几分"娇贵"。要"出落"成一颗个头十足的云霄枇杷，得经过疏花、疏果、套袋等步骤，摸清枇杷生长中的"脾气"，而这些，全凭农人多年积累的手感与经验。种枇杷劳心劳力，张宝旺却不觉辛苦，小女儿淑菲在一旁打趣父亲："我爸很搞笑，我们家原来那片田被开发，枇杷树要砍掉，他让我姐拿相机去拍下来，那天我不小心看到，我姐说他舍不得那片枇杷。"

张宝旺挑着刚摘的枇杷从小路下来，招呼我们尝。头茬的枇杷，甜中微微酸，汁水滋味都够足。淑菲用指甲盖轻刮枇杷表皮，像剥橘子般囵囵剥出一整颗枇杷。本地人吃得巧，不仅吃果子，枇杷花、枇杷叶、枇杷根都能食，煮水饮用，滋阴降火，枇杷肉与川贝、冰糖同熬，还能清肺化痰。感冒咳嗽，冲一杯枇杷膏喝，这是张淑菲自小就知道的。

淑菲自小的印象里，还有一年四季吃不完的瓜果，她掰指而算，"吃完枇杷吃杨梅，然后是荔枝、龙眼、柚子……"这真是独属于风味原产地的人的福分。如今，多亏了发达的物流运输，远离原产地的人们也能尝到这一年一季的甜。专门来村里收购的车子早已等在半坡上，一篓子枇杷刚摘下，就直接上秤、装箱，之后运往省内的各大水果批发市场，这是传统的产销模式。近两年，网络上的销售让云霄枇杷走得更远。摘完枇杷，三姐妹凑在一起，粗拣完的枇杷择去叶子，

在枇杷的原产地漳州云霄，一开春，漫山的枇杷树都套上了袋子，闪着银光。摄影 / 李淑芬

云霄的枇杷个头十足，足有小孩的拳头大小，轻撕开皮，汁水满满，口感清甜。供图 / 海洛创意

皮浅的还未完全成熟的发往省外，黄一点的快熟了的就往省内发，说说笑笑间，几箱枇杷就装好了。

下午四点，离马山村不远的云霄火车站内，候车的乘客几乎人手一篮子枇杷，即将到站的动车，简直快要成了一列"云霄枇杷"号，载着这季节的清甜，往更远处去。

甘蔗：年味里的甜

漳州老街，一到夏季放眼望去，果汁摊子最多。并不是寻常的奶茶店或是饮品店，而是古早的果汁铺子，有的甚至谈不上铺子，就摆在杂货铺前，仅有一个橱子，一两台老式榨汁器。各色水果，百香果梨杧果杨桃，挑选好，再搭上片仔癀草，老板便笃悠悠地拿出根甘蔗开榨。这古早果汁的特别之处，便是不加一滴水，以甘蔗汁为底，榨出来的果汁，甘甜润喉。

甘蔗，如今已广泛种植于热带及亚热带地区。其中最适宜种植的气候区，也是我国主产蔗区，分布在北纬24°以南——闽南地区日光充沛，土壤肥沃，拥有大片优质的甘蔗林。甘蔗富含糖分、水分，果蔗专供鲜食，茎脆爽口，汁多清甜；糖蔗含糖量较高，是制糖的主要原料。

甘蔗供给着闽南人生活中的糖分，不管在日常生活中还是年节里，都少不了这一口甜。

临近过年，也到了"啃甘蔗"（吃甜食）的时间。年前的一周是各家主妇最繁忙的时候，在这期间，主妇们得备上一整个"年里"（闽南语：过年休息的时间）的甜食——承载着祝福的糕粿：甜粿、碗糕或是红龟粿。闽南人多用于大年里祭神拜祖，这甜滋滋的糕粿，不仅粘连乡里人情，也敬献一份虔诚给神明。

浸泡一夜的糯米研磨成浆，加白糖制成白甜粿，加乌糖制成黄甜粿，蒸好的甜粿上盖上红印，象征"年年高"。在闽南，甜粿的黄白之分也象征着金和银。曾祖母尤为喜欢蒸黄甜粿，刚出笼的甜粿软、糯、黏，而风干一段时间后切片的甜粿，裹上蛋液煎至焦香，是团仔（小孩）时候的我欲罢不能的味道。

过年时，似乎总会以街坊邻居、亲戚朋友为单位，蒸做甜食，这样的香气总会飘散在小巷、古厝的上空，总不免引得巷中的孩子们口水涟涟。曾祖母的蒸碗糕是"厝边头尾"年味里的招牌菜，吃起来绵柔甜润，米香四溢。曾祖母总是将调好比例的酵母糖水和籼米粉，拌成稀面糊，一一倒入在蒸笼里摆好的小瓷碗。常听长辈说碗糕要"笑"了才好，"笑"是指蒸时发酵膨胀，裂开成笑，曾祖母的碗糕"笑"起来好看极了，常要多蒸几笼用来送各家亲戚。

囝仔的时候，还喜欢跟在曾祖母身后打下手做红龟粿。曾祖母会在粿模上刷一层猪油，按压一团裹着绿豆馅的红曲面，"叩叩"，在桌沿敲两声，一只红龟粿就落在手上。我会在一旁打下手，剪甘蔗叶，放进蒸笼。新鲜的甘蔗叶托盛着"龟粿"，蒸好后的"龟粿"会散发出甘蔗叶淡淡的清香。

在"廿九暝"那天，舅公会从市集上带回甘蔗，贴好春联后，会在老厝大门两侧各搁上一根贴有红纸圈的连根带叶的甘蔗，曾祖母说这叫"竖年"，让甘蔗依靠大门，意为"家门不倒，事事顺利"。闽南语中，"蔗"与"佳"谐音，象征着"新年渐入佳境"。到了大年初一，甘蔗也成为让客人沾沾喜气的零嘴。

凤梨：闽南好料是"旺来"

凤梨这个名字，大概是台湾人民起的。据《台湾府志》："果生于叶丛中，果皮似菠萝蜜而色黄，液甜而酸，因尖端有绿叶似凤尾，故名凤梨。"因为果形似菠萝蜜，在大陆及香港多称为菠萝；在福建和台湾地区称作旺梨或者旺来（ông-lâi），逢年过节总会买两只来祭祖，以求人丁财气两旺。所以，凤梨与菠萝在植物学上其实是同一种水果，只是品种间的差异，就跟沙瓤西瓜和水瓤西瓜同是西瓜一样。

小时候的记忆里，盛夏时推着三轮、卖着"旺来"的大叔，似乎总和装冰棍的保温桶一起出现在公园或是学校旁。卖冰棍的多是小孩或是妇女，他们手摇着"叮叮当当"的小铜铃，卖着一毛一根的糖水冰棍。买的人拿到手总会先吸溜一口，甜丝丝的冰糖水化在舌头。

嘴里舔把着冰棍，鼻子却总被"旺来"大叔凤梨摊所吸引：大叔手里的削刀飞快地切去刺头叶柄，削果皮去"果眼"。凤梨的果实淡黄，味甘酸，津沥芳香，是记忆里凤梨特有的味道。大叔麻溜地切成长条状后用竹签穿起，整齐地插在泡沫板上，等待嘴馋的小孩去买——也包括我。最后我被曾祖母扯回了家，她总说，"介歹料，买厚里估卡好料欶"（闽南话：这个卖的不好，自己买的更好吃）。

没多久，曾祖母果真带回一颗刺头柱形、黄澄澄的熟成"旺来"。大刀切下叶柄带着些果肉，削去果皮露出黄津津的模样让人尤为有食欲，酸溜溜的馨香气息，我心急地咬一口刚切下的凤梨块，结果满是酸涩味，鼻眼全拧巴在一块儿。曾祖母刮刮我皱起的鼻子，"抖先泡盐水甲诶食"（闽南话：要先泡盐水才能吃）。

才想起，卖"旺来"的大叔手边确实有个盛着水的搪瓷大盆，穿好的凤梨先是入水，换把手再把水里的凤梨捞起插在泡沫板上沥水，原来那就是盐水，泡过盐水的凤梨可以去涩口。

漳州程溪凤梨种植历史悠久，早在 20 世纪 30 年代就开始种植沙捞越无刺凤梨，后又引进台湾品种。
摄影 / 蒋文洁

闽南人对凤梨情有独钟，闽南话里，凤梨也叫"旺来"，有着十分不错的寓意。供图 / Getty images

甜甜的"旺来"炒肉才是曾祖母的拿手菜，肉片炒成糖色后加入凤梨块，快速翻炒即可出锅。这样的肉片带着果味清香，肉质嫩滑，凤梨块饱含烫口的汁水，果酸涩味全然不觉。曾祖母会把多的凤梨切成小块，泡在糖水罐子里，藏在碗柜子的深处。发现秘密的我，总会在馋的时候，偷一块含嘴里，若无其事地走出去，曾祖母也可爱地笑了。

杧果：街头性格的闽南檨仔

在闽南一带，吃水果的花样多，其中一种街头食物——腌水果，偏好食用青涩嫩果，比如芭乐，比如青李子。这种偏好，同样也适用于杧果。酸梅粉的咸甘和本地小青杧的酸涩毫无违和地搭在一起，入口立刻跳跃住舌尖，再刺激口腔。

杧果的闽南语发音是"suāi-aˋ"。台湾的方志都用"檨"字来记录"suāi-aˋ"这一水果名。《台湾府志》中有对"檨"的记载："檨"为红毛从他国移来之种，实如猪腰状，五、六月盛熟，有香檨、木檨、肉檨三种，即《外国志》所载："南方有果，其味甘、其色黄、其根在核"。

追溯起来，闽南檨仔其实是南洋舶来品。杧果种子最早是由来厦定居的华侨带回，早先种植杧果作为行道树，是在湖滨南路一带。虽然不是本土树种，杧果树却适应了厦门的气候与环境，渐渐养成了地道的闽南性格。杧果树本是抗风树种，根扎得深，树干强韧，之后成功抵御了多次台风，逐渐发展成厦门常见的行道树。

在地的水果品种总是小颗却也美味，檨仔虽然模样丑丑的，但颜色饱和、甜度满分。每至盛夏，街头巷尾的杧果树枝头都会挂满沉甸甸的果实：闽南檨仔有一种独特的粗野感，纤维粗、果核大，果肉橙黄，果香浓郁。

小小颗的檨仔在曾祖母手里，三下五除二地削皮，露出黄澄澄的果肉，莹黄的汁水从指缝间走，曾祖母吸溜一口舔掉，害得我激动地在一旁急跳脚，只是捧得果核舔着也满足。大人们的口味是蘸着酱油吃檨仔肉，可以中和掉酸涩味。"囝仔"时候的我，喜欢把檨仔肉盖在热乎乎的白米饭上，米粒染上了果香，檨仔肉变得温热，也多了分香甜，一口吃下甚是满足。

在杧果成熟的季节，行走在树荫下都是浓浓的杧果果香气，细闻就会感觉到一种混合着松脂香气的香甜味。若是甜度欠佳，果子就酸倒大牙；若是只有甜度，果子又显得寡淡，就像是喝白糖水。香气便是点睛之笔，让柠檬成为柠檬、杧果成为杧果，就靠这么一点典型的风味物质了。

每个闽南小孩的回忆里，大概都有一幅阿嬷用小刀削檨仔的画面吧。摄影 / 阿呆

一个外地人眼中的海鲜漂亮

文 李惑　朱家麟

到闽南，最不能错过的是海鲜。
闽南海域海岸线曲折，
河流淡水与海水交汇处生物资源丰富，
滋养了数不清的虾贝鱼鲜。
它们甫一上岸，
便到餐桌，
成了质朴却又牵动人味蕾的种种鲜味。

　　作为一个北方人，在闽南生活快十年，自始至终有一项乐趣，便是头脑小雷达时刻捕捉此地风土上的亮色，如同执迷收集贝壳、珠子、碎玻璃片的鸟儿，一有发现，便琢磨念叨，津津乐道。

　　譬如，若你在此地买海鲜，渔妇们招揽你的用词是"漂亮"。"看，今天这巴浪鱼多漂亮！""小管漂亮！"一团紫菜是漂亮，就连油蛤、菜蟹、青口这些奇形怪状的甲壳类，也被形容为"漂亮"。再看那渔妇，黑红的脸，碎花衣裳，一口地瓜腔闽普，内心又好笑又赞叹，这种对"漂亮"的用法，我喜欢。

闽南的鲜是一种什么样的鲜？

　　什么样的海鲜才能被形容为漂亮？足够新鲜，足够结实，足够坚挺，足够茁壮而有活力：刚上岸的白鱼（带鱼）如一柄寒冰薄刃，太阳底下能折出五彩的光；还在网里的小管皮肤流光溢彩像霓虹球；青色的膏蟹肚挺脚壮，不怒而威像大将军；牡蛎肥细，扑面而来海水的冷腥金属味……

　　漂亮在这里是最质朴的那种用法。我也理解：广东人以汤为靓，形容女孩与形容好汤同用一词；闽南人以鲜为漂亮，形容虾兵蟹将、东海水族与形容女孩同用一词。质朴，实惠，生动，可爱。这样的"审美观"与此地的风土、价值息息

闽南人吃蟹花样多，最特别的莫过于煎蟹。
摄影 / 陈航

厦门第八市场挨着第一码头，旧时候海鲜
甫一上岸，渔民们就挑来这里卖，各色海
鲜琳琅满目，简直是一个露天"博物馆"。
摄影 / 李杰

相关。有生命力的便有一种自美。闽南人认出这种美、赞美这种美，不仅仅是因为好吃这一实用立场，而是确实有一种对"有劲""博取"这些价值的欣赏。闽南人崇尚生龙活虎的打拼，大概是"强者"才懂欣赏"强者"。

去往闽南的大小菜市，海鲜区是最铿锵火爆的。前几年有事没事总爱往八市跑，水产这块是五光十色，令人挪不动脚。寻常菜市是家常海鲜，八市则应有尽有，青绿色、绯红色、艳丽的、小腿般长的热带海域鱼类，有；丑到怪物一般，浑身黑黢黢黏糊糊的深海鱼，有；气鼓鼓的刺豚，有；蛇一般立起来的鳗类——本地人视为大补之物的土龙，有；小狗鲨，尽管在案板之上，仍让人心里有种"杀手勿近"的恐惧，也有……我戏称这里是舌尖版的"海洋博物馆"，最爱带内陆朋友来开眼，有时候也并不是哗哗掏钞票买单，但手机咔嚓拍照总是停不下来的。

但相比这些奇珍异货，闽南人的日常口味还是比较质朴和专情的。即便八市已经颇有几家专卖挪威冰冻三文鱼的店铺，厦门人还是更加钟爱"正港"海鲜。所谓正港，又叫本港、正路货，指的便是近边海域所出产，本地渔船渔获，而非远程运输而来的海产。但本港却又是一个模糊的概念，只能笼统这样表述，而无法诉诸于经纬度数据。根据闽南吃海文化研究者朱家麟老师的说法，厦门人所谓本港，指的是厦门湾。厦门湾的湾口是一条岛链，西起浯屿，中间是大小金门、大担二担等一长列岛屿，总共包含三个传统渔场，一个是九龙江口到圭屿，一个是浯屿到青屿之间主航道，一个在厦门、金门之间，一直到晋江围头湾头。厦门面对辽阔的台湾海峡渔场，又在东海与南海的分界线附近，穿过台湾海峡北上的黑潮和沿中国大陆海岸南下的亲潮，裹挟来诸多两洋水族，九龙江日夜流注，冲来营养，令厦门周边海域丰饶异常。

清代闽南渔民发明了大钓艚，厦门港渔民作业范围进一步扩大，北到舟山，南到南海北缘的兄弟岛，一长溜的台湾海峡渔场，都被视作本港。本港的概念随着时间的演进、渔业捕捞技术的提高，也在不断扩大着它的地理边界，由区域概念变成一种口味特征、审美偏好。我把它视作一种升级，明显人们对口味的忠诚度更高嘛。

有几种海鲜可以再充分不过地来例证这一在地口味。当人们讲本港的时候，通常是指带鱼、小管、枪鱿鱼这几种水产。带鱼作为典型，因为数量众多，餐桌上再常见不过，高峰时期厦门带鱼的捕获量可以占到总渔获量的80%。本港带鱼的特点是肉质细腻、鲜怡，富于油脂，而过汕头后的带鱼，就是南海种群了，眼睛开始发绿，如同过番变了洋人，肉质粗糙，缺乏脂香，吃在嘴里，快乐至少要打一半的折扣。至于台湾海峡的小管和枪鱿鱼，在口味上则是爽脆、清甜、弹牙，这两种会在夏季游到厦门一带产卵，途中经东山港时最易被渔民截胡。此一带海域湾底以沙质为主，海水清澈，但却又因为九龙江、漳江入海，从陆地冲下来大量营养盐、有机质，浮游生物众多，饵食丰富。以至东山小管、鱿鱼全闽南数一数二，个头大，肉肥厚，更绝的是冰肌玉骨、底色透明，刚捕上岸的连内脏都能在阳光下看得清楚，而它身上的萤斑跳动，华丽得令人恨不得立马生火来炊。

以正港为贵，一来是一方水养一方人的身份意识的表达，物性随风土而不同，长时间的生活经验累积，本地人对自方海域的水产性情自知，也在不知不觉中养成了一地的口味偏好，正如川人嗜辣、贵人嗜酸，只是本地的口味更微妙敏感，外人一时很难摸清门道；二来也有科学道理，闽南一带多东山、浯屿的渔船出海，渔船虽在海上日夜飘荡作业，却有接驳船日日往近海接取渔获返回陆地，最新鲜也不过如此，味道当然比远途而来的冰冻货要好上太多。海鲜海鲜，无他，吃的就是一口鲜肥。

个称职的主妇，懂得如何从鱼市上挑回最新鲜的海货，一知道应时而食的道理，什么月份吃什么最好，二月带鱼肥溃溃，下锅便能逼出江江的油，但过了清明，便价贱而肉柴，索然无味了。实际上，很多海鲜都是这个道理，好吃与难吃，时间线往往就是生殖期。养育后代之前，一切营养都准备好，全力以赴，自然不可能不好吃，产卵之后，体力与营养都消耗殆尽，犹如药渣，为人所不喜，说起来，人类在这件事上的精明也有几分残忍。

三是会视不同的海鲜挑选不同的产地。前面说了，正港主要是带鱼、小管和鱿鱼，但如果要吃白鲳，则霞浦的要胜过东山的，而黄翅、黑翅这两种本地同样吃得很多的餐桌鱼，却是要区分内湾和外海的概念了。通常来讲，外海的不如内海的肥香，因为淡咸水交汇、冷热水交汇之处的海鲜最好吃，海水营养丰富，比较温暖，鱼长得既快又肥，而一到远海，生存不易啊，大涛大浪的，鱼会比较瘦，长得也缓慢。除非是要吃一口筋道，那外海的才能占优势，贪爱肥美的，自然会选择内湾。

销魂最是小海鲜

游客到厦门，必吃海鲜，吃海鲜，又必吃几样招牌：土笋冻、小章鱼、海蛎煎、煎蟹、鱼丸，更晓得点门道的会点个清清爽爽的沙虫汤或文蛤苦瓜汤，酱油水小杂鱼来一份，露盐干煎鲅仔鱼来一条，鱿鱼蒸豆腐么，也是妥妥的当地才有的做法，一桌海味，不求珍与贵，但求地道、踏实、原汁原味。

正宗的海边人都不会用太过复杂的方法处理海鲜，那对他们来说是暴殄天物，只有不够新鲜的才得用重料来压味。酱油水是最家常的料理，酱油提鲜而不抢味，也结实肉质。酱油水的一种变体是半煎煮，放鱼入锅，浅浅煎到七八分熟，再换一面，起锅后在爆了姜葱的酱油水里沸过，配粥配饭，都是好料。

土笋冻与小章鱼，如今更多变成游客打卡的食物。这两种费工费时，都不是寻常家庭能够料理的。土笋冻原本以泉州安海的为佳，如今却因为厦门在闽南金三角风头大躁，也多少有了点产地之争的邻里龃龉。土笋即是可口革囊星虫。《闽小记》里记载："味甚鲜异……生于海滨，形似蚯蚓。"它长于滩涂，要做冻全靠它的胶原蛋白被悉数熬出。而白灼小章鱼诀窍在于洗，加盐或者草木灰反复揉搓到黏液全部去尽，章鱼头被洗得硬挺而结实，八足翘起如菊花盛开，再入沸水铁锅迅速汆好浸冰水。现在的人聪明，听说大酒家会用洗衣机来盐洗。

土笋冻与小章鱼都搭配芥辣酱，古早的店家往往还会给你端上一盘萝卜酸，土笋冻口感如果冻，小章鱼冰凉爽脆浸满蒜汁，一口下去，大呼过瘾，个人认为，这可是比沙茶面更有个性也更容易讨好嘴巴的小吃头。

即便是简单一个海蛎煎，在闽南不同区域也各有不同的做法。有的煎出来是整的，有的煎出来是碎块的，有的要加大量青蒜叶，但总归有个共识是，小小的、条石养殖的海蛎，也叫做珠蛎的，味道要远好过终生养在水里的肥大者。但对北方人来讲，这种将腥甜取胜的海蛎混以黏黏糊糊的红薯淀粉再搭配甜不辣酱的吃法，始终是一种难以认可的口味。

煎蟹虽然"高端"（膏蟹价贵），但闽南人到了时节总要吃它一吃来补身体。青色膏蟹现杀，对半斩块，锅底薄油，铺一点姜片，将切口朝下开煎。红膏浑厚、结实、雄壮，富含蛋白质，吃一只便饱腹感十足，但我总觉得相比江南大闸蟹柔软半流质感的膏白，还是过于雄性了一些，前者是陷在温柔乡，后者简直是要提枪上战场。

我的大爱却是一些更市井深处、不起眼却滋味令人可以一再咂摸的东西。譬如织纹螺。织纹螺是一种"高危"食品，以腐烂蛋白甚至滩涂上的河鲀卵为食，织纹螺体内也自然累积了不少神经毒素，吃的不对，丧命也是有的。如今的河鲀有两三种是养殖的，吃起来倒是不必再提心吊胆，但织纹螺，可是明令禁止被用作食材的。

然而老厦门人怎么能放弃这口美味呢。小小的织纹螺被浸泡在蒜汁、酱油、辣椒汁里，外壳的每一条纹理，壳中每一点细肉，鲜味都与酱料的味道交织，在口腔内奏乐，这是打发时间并下酒的最佳小食。

而血蚶就是爱则极爱、恨则极恨的一种食物了。作为北方的海边人，如此血腥淋漓的鲜令我大呼过瘾，不仅会去买小店腌好的，自己也偶尔亲手下厨料理。蚶一般都产自云霄，位于闽南最南边，海口有成片的红树林，水质清澈，最产好

挑海鲜有诀窍，拿螃蟹来说，菜蟹品肉，肉多而清甜，膏蟹吃膏，膏满而肥美，看个人喜好。摄影 / 李晓峰

蚶。这种贝壳深居淤泥中，却通体洁白，洗净后只需用沸水一冲，便投入酱油、辣椒、蒜头碎的腌料里浸泡，掰开一只，红色的"血液"沿着手指头往下淌，入口却是一整个大海的粗犷、豪放、腥鲜泛滥，让人如何能够节制？有趣的是这是老厦门人过年必吃的彩头海物，吃完的贝壳要扔到床底下，一直到年初三都不可以打扫，皆因贝壳寓意钱财，我把它理解成海边人对于海的味道的疯狂热爱，以至于如此重口的东西也要请上大雅之堂并且给之以名正言顺。

若是在秋冬时节来到厦门，想在夜半街头，喝一杯寂寞酒，最好的去处便是简陋狭小的烧酒配摊子。我最爱的一家在溪岸路，老板是再典型不过的闽南汉，粗金链子，大臂纹身，夹脚蓝拖鞋，一开口浓重的嘶哑烟酒嗓，但冷柜明档里的东西是清清楚楚的，小章鱼、巴浪鱼、赤鬃鱼做的打冷，鲨鱼皮冻，满籽的鱿鱼切成一段段还能拼起一条完整的鱼形，配啤酒不过瘾，金门高粱或丹凤高粱才是

闽南人钟爱酱油水海鲜。摄影 / 陈航

夜风中最闽南粗野、最对得起这些海鲜真味的销魂货，一张小板凳，骑楼底下，耳边响起的是林强，眼前冒出的便是侯孝贤了。

（本文部分内容参考朱家麟《厦门吃海记》）

后厨里，正准备一场宴席，新鲜的螃蟹对半剖开，膏肥肉厚，令人垂涎。摄影 / 张国强

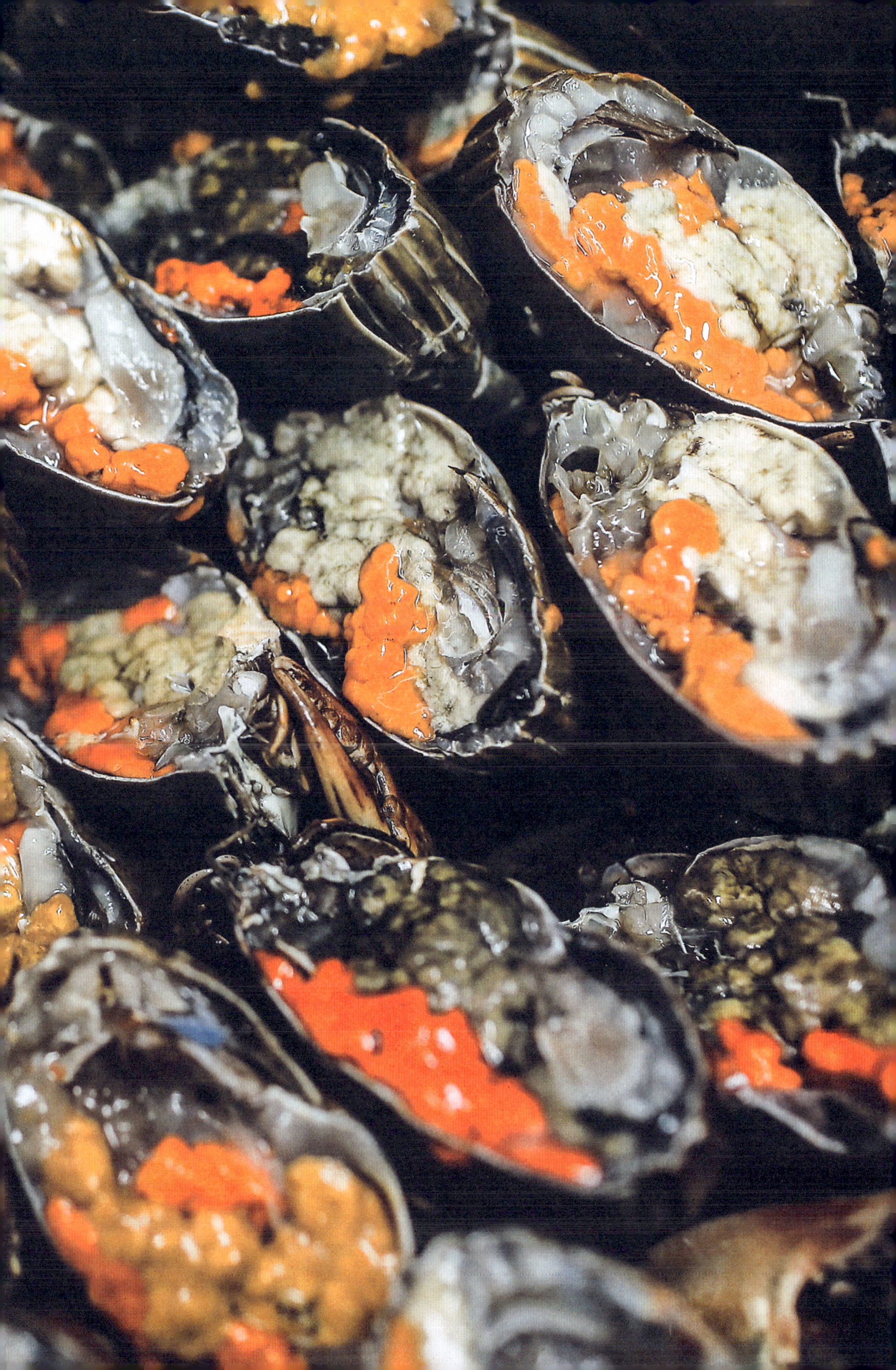

漂洋过海的"好呷"

文 吴颖雯
绘 方堃

闽南位于福建东南，襟山带海。
历史上，闽南人以舟楫为马，
"落南洋""过番"，
带回了异域的食物，
南洋风味的沙茶酱、
被打上"中产"标签的牛油果等，
其实早已进入了闽南的饮食体系中，
这些风物、味道潜移默化地影响了当地的饮食习惯，
更融入人们的日常生活中，
成为种种地道"好呷"。

　　地处我国东南一隅的闽南，襟山带海，历史上田不足耕。或迫于无奈，或逐利成性，人们借由发达的海运与国际贸易，贩海为生，"落南洋""过番"最终演化为一种地方文化传统。你来我往之中，与外域的文化联结之广非同一般——诸如玉米、向日葵等拉丁美洲农作物通过菲律宾，扩散到南洋各地，最后进入中国。可以说，南洋如一块跳板，下南洋之人，接触的、联结的，是整个世界。

　　得益于此，这些扬帆出航的人带回了异域食物，亦带来了另类的饮食风格。在时间的催化下，这些食物早已融入闽南的寻常生活，"土"化得自然，成为一道道餐桌上的"好呷"菜肴（闽南语：好吃）。

谁道这些水果非"番客"

　　提及闽南什么水果是外来时，大家会脱口而出："带'番'字的啊。"于是掰指而数——番石榴、番茄、番木瓜、番荔枝，甚至连番麦（玉米）、番火（火柴）都出来了。待仔细琢磨后："哦！还有菠萝和鳄梨。"如再细数下去，大概会将各种日常水果盘点一遍。

　　话说番石榴，因果实多籽，像国产石榴，又是源于国外，故得其名。在闽南，大家称其"拔子"，或受台湾影响，称为"芭乐"。番石榴原产自热带美洲的秘

鲁、墨西哥，16 世纪初哥伦布发
现美洲大陆后，与诸多作物一
样，经西班牙之手，传布于
世界。而至于是从哪国，
又是何时传入闽南，已不
可考——或是南洋华人从
曾为西班牙殖民地的菲律宾
传回福建、广东，或是荷兰人带到
台湾，再引入闽南。后一条路线很有可
能，在 1696 年的《台湾府志》已提及
番石榴，台湾人"酷嗜"，而大陆最早
的记载则是在 1737 年的《福建通志》。

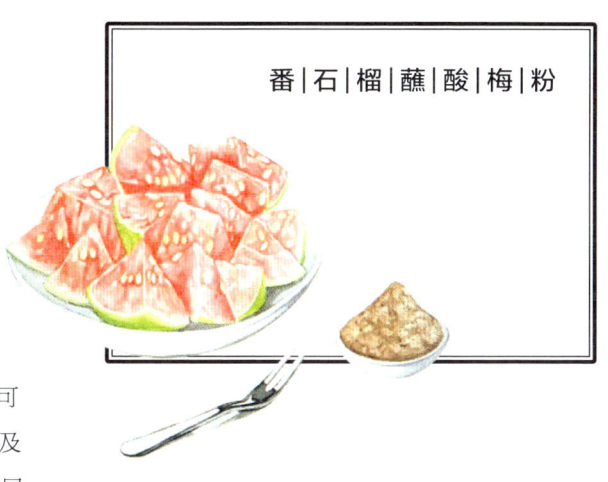

番|石|榴|蘸|酸|梅|粉

不解的是，史书上记其"味臭且涩"，实际上，番石榴的味道香甜，令人心情愉悦，最喜软肉的番石榴，汁多肉嫩，入口即化。而最怀念的，莫过于小时候走街串巷的流动水果摊，切了片、撒了酸梅粉的番石榴整装待发，小贩"丁零零"的敲击声刚起，一群小孩蜂拥而至，"指点江山"。实际上，小孩子对于番石榴是又爱又怕，尤其是野生土长的番石榴，一口咬下，指不定一半的虫身在嘴中蠕动。父母倒是视其为宝，比如番石榴的嫩叶，摘下几片，搓上适量盐巴，泡上温水，正是个止泻的法宝。

而如鳄梨，16 世纪西班牙人在墨西哥碰上它时，大概没想到这种被他们借用当地方言戏称为"睾丸果"（用其表示睾丸的词语 ahuacatl，改称鳄梨为 aguacate）的水果，能在今日被换以"牛油果"之名，打上"中产食物"标签，巧妙地纳入所谓的"生活方式"之中。即使今日的牛油果消费大国美国，自 20 世纪 80 年代才开始接纳它，而在十年前我国鲜少有人知道牛油果。倒是在鼓浪屿，牛油果已于 20 世纪，经由南洋华侨引种进来，用它做沙拉是最常见的吃法。长辈将这种口感另类、不甜腻乎的水果，拌上奶粉整成水果沙拉时，倒招致不识货的孩子抱怨："味道有点奇怪，不吃了。"

再如菠萝，原产于南美洲巴西亚马孙河流域，因芽苗耐于贮运，后为西班牙、葡萄牙诸国传于热带和亚热带地区。自 17 世纪传入闽台后，它就以"凤梨""黄梨"之名记录在册。当许多科普文章以叶子有无锯齿、果肉有刺与否来辨别"菠萝"和"凤梨"时，闻者不免嘀咕，难道不只是品种的问题？无论名称有何争议，于闽南人而言，最重要是"旺来"，逢年过节，长辈乐于在神龛上摆放两个青"旺来"，一来当贡品，二来做景观之用，又能清新空气，当然最重要的是取其含义——你旺我也旺。

"海底的银票,较赢过山顶的番薯皮?"

听闻闽南普通话被戏称为"地瓜腔",许多闽南人会心一笑,那又如何?倒是亲切。这般亲切,正是历史与日常所凝结的。

相较于"地瓜","番薯"这个名号更为闽南人所熟识。偶有人提及它的入闽经过——明万历年间,福建长乐人陈振龙在吕宋(今菲律宾)经商,见这根块作物抗贫瘠、产量高,正好解决闽地山多田少、粮食紧缺问题,于是"取薯藤绞入汲水绳中",又涂抹污泥于绳面上,"偷渡"归国,引种闽南。当然,从闽地进入中国并非唯一路线,毕竟中国南方对外窗口众多。这种原产于中美洲与南美洲的作物,在全球范围内大肆传播,还是仰仗于哥伦布发现新大陆。

至于中国人对它情有独钟,不能不提及它的丰功伟绩。比如福建初次大力推广番薯的种植时,正遭受着万历二十一年(1593)"旱魃为虐,野草无青"的大旱灾。易种广收的番薯最终强力翻盘残局,"秋收大获,远近食裕,荒疫不为害"。随后这种救荒经验又在明清的各式灾荒中被复制、推广。也因此,粮食得以充足,人口增得快,与此同时,人口的增长也促进了此类作物的本土化,它们互为因果。

至于在闽南,老一辈的人还记得番薯如何与他们朝夕相伴,又怎么成为他们"爱恨交错"的东西的。在粮食紧缺的年代,"番薯米,性命根",番薯依旧是不可或缺的救济粮。于是纵使"番薯仔屎,放袂离",番薯吃多了易胀气,人们还是变着法子用它填饱肚子。最常见的是用"菜锉"将番薯刷成细条状的"番薯签",放在米中煮成番薯粥。为了更好地储存,番薯签会被晒成干脯。现在,吃多了番薯的长辈们,虽然嘴里说着,"吃怕了,吃怕了",却还是在刚要下锅的米中切上几块番薯。起锅的番薯粥,配上萝卜干,恰好。谁道"番薯救人,无义",已不愁吃穿的人们并未忘却苦日子里的这道"好呷"的食物。

而它最华丽的变身,莫过于成为番薯粉。番薯经过碾碎、分离、过滤、沉淀、晒干后,最终形成粉状。被巧妙嵌入闽南各式菜色中的番薯粉,大概是每个母亲最为重要的厨房法宝。切片后的牛肉,裹上番薯粉,揉搓几下,或炒或烫,既保

番|薯|粥

持肉的水分，又使肉更有嚼劲；菜板上切好的芋头、番薯、鲜虾和猪肉条，均匀撒上番薯粉后，下锅油炸，酥脆而不失其鲜；名声在外的闽南小吃海蛎煎，更少不了番薯粉的助阵，聚拢海蛎、鸡蛋和各式蔬菜的番薯粉，看似吹弹可破，却弹牙有劲。

享尽海的馈赠的闽南人，虽念叨"海底的银票，较赢过山顶的番薯皮"，却总纵容番薯在餐桌上穿梭。"切片曰薯钱，推丝曰薯米，澄之曰薯粉，酿酒曰薯烧"，即便是朴实无华的番薯粥，也是地地道道的"好呷"。缺了番薯，大概会丢了一页历史辉煌，也失了闽南美食的半壁江山。

这碗沙茶面，从不缺了故事与人情

行于厦门，街头巷尾总能与各式沙茶面店不期而遇。沙茶底汤黄中带红，略微辛辣，滋味醇厚，让人垂涎不已。不过，"重口"的沙茶在闽南盛行，确实神奇，毕竟闽南人嗜清淡，求物之鲜。

沙茶非茶。原为东南亚的小吃——烤肉串"sate"，经华侨引入厦门、潮汕等地后，其所用的辛辣调料深得人心，最终喧宾夺主，所谓的"sate"变成了一种混合型酱类调味品的专指。而闽南语化后的"sate"，成为"沙茶"。这沙茶撂在各地，风味不尽相同，比如潮汕的沙茶花生香味浓郁，闽南的则带有海鲜香。花生、丁香、辣椒、陈皮，加上虾仁、比目鱼干等至少十几种的作料熬制，功成之际，或佐以过水的牛肉，或热火炒上牛柳，或是抹上滋滋冒油的肉串，恰是绝配。

而当碱味偏重的南方面条遇上这外来调料时，瞬间变得风情万种。面细腻柔嫩，而沙茶熬制的汤底入口顺滑，高汤、海鲜、花生，赋予它醇、鲜、酥香与辛辣，却一点也不冲突，而面的碱味早已寻不得一丝。即便今日已有了沙茶工业化的生产，厦门的一些老字号沙茶面店依旧坚持自己熬制沙茶。于是，入口的沙茶面汤各有千秋——辣口的，是多添置了辣椒和咖喱；偏甜的，是多了些冰糖与炼乳；更

海|鲜|沙|茶|面

香的,是芝麻与花生仁在助力……

没有最佳的一碗沙茶面,只有最对口的汤料,还有最聊得上的老板。

"来啦!加什么料?"你还在犹豫不决时,老板已驾轻就熟地报上配料,"海蛎、鱿鱼、虾仁、瘦肉……"配料在熬制多时的大骨汤中过水时,面条也在清汤锅中准备就绪,再浇上沙茶汤底,即成。"70年代,一天打工才赚七毛五,沙茶面一碗就要一毛五,只有家长发工资时,才敢提议吃面",手中不停活儿的老板,乐于与客人"话仙"。而这样的小店,总充斥着熟络的闽南语对话,不断搬离厦门老城区的老街坊,总会寻回来,来碗沙茶面,聊聊生活,聊聊过往。"慢走,再来哦。"大概,这碗沙茶面,从不缺了故事与人情。

米杯朱古力暖暖胃

如果给闽南人一泡茶,可以"话"山壑个世界,谈古论今,家长里短。不过近百年来,茶叶一家独大的局面早已随着各式新潮饮品的传入而被打破。

比如可口可乐,这种今日随处可见的饮品,厦门人和鼓浪屿人早在19世纪90年代末就喝上了,而可口可乐刚于1886年面世。这多亏了在厦门岛与鼓浪屿上的屈臣氏大药房,假借可乐有减轻头痛、缓解焦虑的作用,取得了可口可乐的在华代理权。虽然屈臣氏试图以廉价特效药打开中国市场,但那年头卖得最好的是汽水而非西药,于是屈臣氏在香港建新的汽水厂,产品多达六种。在它被李嘉诚收购之前,还只是家英国人的公司。鸦片战争后,公司从广州往香港发展,当时大股东姓 Watson,按粤语发音,翻译成了"屈臣",最终于1871年正名为屈臣氏大药房。当时的鼓浪屿有诸多洋行和领事馆,厦门岛内外国人屡见不鲜,屈臣氏落地于此不奇怪。

另一种常见饮品是朱古力,也就是巧克力。在侨乡泉州晋江,有道家常早点即朱古力燕麦——将朱古力和燕麦同时下锅熬煮,再打上一颗鲜鸡蛋。更简单的饮法是做成纯粹的朱古力热饮,或者朱古力蛋饮,即直接于朱古力中添加生鸡蛋。

至于闽南朱古力盛行的源

朱|古|力|煮|燕|麦

咖|啡|配|油|条

咖|喱|牛|排

头——菲律宾，还有将朱古力与米粥放在一起煮的做法，据说是西班牙统治菲律宾时，引进的墨西哥食谱。中南美洲的墨西哥等地是巧克力主要成分可可的原产地，玛雅人就曾将可可豆烘干碾碎，加上水和辣椒，制成饮料"Chocolatl"，也就是今日"朱古力"或"巧克力"的发音来源。待到哥伦布将可可豆带到西班牙时，人们不为所动，倒是后来 Chocolatl 配方的传入，让人们发现了新的可可豆的处理方法——可可豆碾碎后，不加辣椒，取而代之的是蜜糖和其他香料，这是今日朱古力饮品的雏形。已成为欧洲贵族时尚的朱古力饮品，随着欧洲各国在世界的扩张而传播开来。

　　昔日，许多在菲律宾务工或是经商的华侨，在返乡时，会将朱古力作为手信带回来，由此朱古力成为新潮而风味十足的饮品进入闽南人的生活。善于经商的闽南人看到了这一商机，比如现在市面上经常看到的菲律宾"老顺德"朱古力，这个百年老店的创始人即厦门人。而"老顺德"在闽南几乎无人不知，有些家庭甚至常年必备。当胃寒胃冷，尤其例假不舒服时，长辈总会泡上一杯老顺德，"阿妹啊，喝杯朱古力"，毕竟，要达到同样功效，搅拌朱古力远比煮份花雕鸭蛋酒容易多了。

闽南风味，自山与海而来

[文] 龙玲 [绘] 林天意

闽南地处福建东南一隅，依山背海，自古以来，闽南人享受着山林与海洋的馈赠。

当地人的口味也被山与海一同影响塑造着：靠海吃海，追求本味，众多的海味令闽南人从年头鲜到年尾；热衷杂烩，是物质不丰的年代将山珍与海货凑于一盘的智慧；穷尽花样的粿食，不仅粘连人情，更敬献神明。

种种滋味在地方小吃里尤为明显，薄饼、烧肉粽、海蛎煎、面线糊、满煎糕……这些依循本地风土的街头吃食，或鲜，或甜，或丰厚，拼凑出闽南人被山海塑造的饮食文化与生活习惯。

闽南小吃

- 海蛎煎
- 薄饼
- 四果汤
- 五香
- 满煎糕
- 烧肉粽
- 面线糊
- 花生汤
- 土笋冻

薄饼 「润饼」

春天，食春卷以"咬"一口春。而在闽南，"春卷"是一年到尾都可见到的寻常吃食，尤以三月三、五月五等节日为重。巷子里头，卖饼皮的铺子门口常排着队，在阿嬷们的对话中，只零星识得"薄饼"（bo bia）二字，上下唇轻碰两下，尾音一拖，闽南味就出来了。饼皮不一般，老师傅手盘高筋面团，在热乎的鏊子上滚一番，沾在上头的薄薄一层被高温烘为皮儿，细薄得犹如捻着一张宣纸。

薄饼馅料丰富至极，将高丽菜、冬笋、胡萝卜、青豆、豆干一一削苋、去皮、剥壳，雪白的鬃头肉脂肪多，也适合卷薄饼，再掺进蚝仔，选料足见精细。用青蒜苗、芹菜爆香，红绿一汇，旺火熬烂成薄饼菜，鲜味尽出。最妙的当属海味十足的作料浒苔，自海边采洗干净后曝晒，碾碎且微火焙燥，味道鲜脆，使薄饼吃起来别有一番风味。

◎ 高丽菜
◎ 冬笋
◎ 胡萝卜
◎ 青豆
◎ 豆干
◎ 鬃头肉
◎ 浒苔

烧肉粽

同薄饼一样，烧肉粽不仅能在端午吃到，而且是闽南人常年都爱的小吃。20世纪三四十年代，厦门的"泉三"号和"好清香"烧肉粽闻名遐迩。许多华侨来厦门，一定要专程上店里买些，用"红漆篮"载着，带往海外。

别以为这是一只寻常的清香粽子，它的味道厚重着呢。趁热剥开粽叶，香味扑鼻：糯米与五香粉、卤汤、葱油等拌炒调味，蒸汽将三层肉的油脂沁到糯米里头，香菇、芋头、虾米等提味，一口下去，味蕾得到极大满足，油润糯香。

到了吃粽子的正日子——端午，各家各户所包馅料种类越发饱满丰富，干贝、鲍鱼、鸭蛋黄，有时多达十八种，吃时别忘了糯米甜辣酱，佐一撮蒜蓉芫荽，热腾腾的一只落了胃，扎实。

◎ 糯米　◎ 五香粉　◎ 卤汤　◎ 葱油　◎ 香菇　◎ 芋头　◎ 虾米

土笋冻

在海产颇丰的闽南，本地人换着花样吃海鲜，一样食材，能做出几种截然不同的美味，土笋冻就是其中之一。它用生长于沿海江河入海处咸淡水交汇的滩涂上的一种名叫"土蚯"的无脊椎软体动物（学名：可口革囊星虫）制作而成，形似蚯蚓，当地人或炒或炸，抑或拿来煮成土笋冻。

闽南街头，随处可见流动小贩叫卖着这种个头小小、胶质透亮、状似肉冻的小吃。乍听名字，像是某种清新可口的小点心，实际上，它算得上是闽南小吃里一道不同寻常的"虫子"料理。渔民刚挖上来的"土蚯"肥美地蠕动着，谁也想不到，它会是土笋冻的核心食材，洗净泥沙，旺火烧后，土蚯的胶质便融化在水中，冷凝后即成这道凉食美味，入口即化，嚼劲十足。

◎ 土蚯

海蛎煎

闽南不少菜市场内，都能见到手握小刀、挖蚝壳撬肉的阿嬷。处理好的蚝肉扎成一小口袋，主妇们常买回去，做海蛎煎。海蛎大概是闽南人家餐桌上最常见的海鲜之一，本海域特有的"珠蚝"个头虽小，但足够鲜嫩，做成"蚝煎"，鲜香扑鼻。俗语"二月肥蚝肥韭菜"，一指冬春是海蛎肥美的时节，二则是指海蛎与韭菜搭配的绝妙滋味。

新鲜蚝仔、青蒜叶或韭菜段与适量地瓜粉浆和匀，油锅烧热，面糊摊平，待边沿渐起了泡，翻上一面，将面糊煎透，直到面香蹿近了鼻子前，才算是够了火候，外焦内嫩。一口咬下去，煎炸后的面饼焦香，蚝仔简直要在口腔里"爆浆"，不多一会儿，一定光盘。

◎ 蚝仔　◎ 青蒜叶　◎ 韭菜段　◎ 地瓜粉

五香

"老板，一碗卤面，两条五香。"在闽南的食肆，常听人如此点餐。"五香"这个名字，听上去很朴素，它本是漳州石码的特产，长期以来，每逢年节婚宴，家家户户备起卤面，配一碟五香条招待来客，是本地古早的传统。

其名五香，实为一种铜钱粗、半筷长的炸猪肉卷。选用猪腿精肉、马蹄或洋葱切丁，加入五香粉、蛋液、扁鱼末等，与适量地瓜粉、面粉拌成内馅儿，再用猪体中的网纱油为皮（豆制腐皮次之），下锅炸制，切成小段，配上番茄汁，趁热食，能咬到里头的马蹄颗粒。一条下肚，喷香爽脆，令人"吮指"回味。

◎ 猪腿精肉
◎ 马蹄或洋葱
◎ 五香粉
◎ 蛋液
◎ 扁鱼末
◎ 地瓜粉
◎ 网纱油

深夜的闽南街头，许多路边摊冒出头来，锅炉升起腾腾热气，一碗面线糊抚慰夜归人的心胃。它大概是一道宜宵夜又宜晨食的民间小吃，以细面线、猪血等打底，起锅时撒一勺胡椒粉，鲜辛提味。

说是糊，其实更似汤羹。昏黄灯光下，熬得如汤羹般烂糊的面线汤在大锅里荡漾，稠而不面。鸭肉、芹菜珠、葱头油等一一落入锅内，闽南滋味就出来了。配料丰俭由人，胃口小的食客可讨要一碗清汤，食欲佳的，便凑在锅前，左挑右选，海鲜、醋肉、鸡杂、猪杂或是卤味，一同烫在面线汤里，竟有些说不出的温柔。吃的时候别忘了来一根油条，酥脆油条吸满浓厚汤汁，方能算得上极大满足。

◎ 海鲜　◎ 醋肉　◎ 细米线　◎ 猪血
◎ 油条　◎ 卤味　◎ 胡椒粉

面线糊

花生汤

泉州有句方言，"顶开花，下结子，大人小孩爱吃甲要死"，说的是闽南随处可见的花生。闽南人把花生吃出花样，做成米粿的内馅，炖汤水，或是做成甜汤。花生汤发源于泉州地区，本地的大小宴席，常是一碗花生甜汤收尾，之后传至福建其他沿海地区乃至海外，如今是人人皆知的街头小吃。

一碗花生汤上桌，飘香四溢，其汤色乳白，花生仁入口即化，生津润肺。这样软绵的口感来自小火慢煨，去膜的花生仁倒入钵中，添些碱，用水炖至软烂黏稠。汤上头漂浮着来自花生仁的油脂，令这道甜汤的滋味多了一份丰腴。

◎ 花生

四果汤

在无尽闷热的夏季,如若能喝到一碗四果汤,便会心脾舒畅,暑气全消。

四果汤最早源于漳州,20 世纪 90 年代初,四果汤真的只有四种食材,一个大盆里盛着绿豆、红豆、银耳和仙草,再用锉刀锉半碗冰,浇上大勺糖水,这解暑的冰甜汤算是齐活了。之后,人们尽情往里头添上各种花样,水果块、阿达籽(闽南语)、石花等,刨冰再加入蜂蜜水,新奇的多些炼乳,一口冰冰凉,大概是闽南最具古早滋味的甜品了。

细数起来,四果汤里的选材也颇有讲究:薏米清热祛湿、莲子健脾补胃,中和了过于性寒的冰食。而另一些配料则是为了丰富口感,白胖软糯的阿达籽,滑溜溜的石花膏,或脆或软,是炎夏在嘴里有趣的一辆"碰碰车"。

◎ 绿豆　◎ 红豆　◎ 银耳　◎ 仙草

满煎糕

闽南人的甜食单里一定有满煎糕的名字,绵软厚实的满煎糕,咬上一口,确是一种朴实无华的香甜。

相传它的由来与清末名将左宗棠有关。左宗棠在马尾建造船厂时,将福建盛产的蔗糖与花生放入松软煎饼内,使得士兵们方便携带又足够充饥。它甚至随着当时的军队传到了台湾,更传入了南洋,在槟城它是"曼煎糕",怡保人改称它为"大块面",而新加坡人叫它"面煎糕"或"米煎糕"……每个地方叫法不一,但是它的方便、美味与价廉是相同的,深受当地人喜爱。

如今只能在一些老街市档口,寻得一两个冒着热气的满煎糕铺子。面粉、糖和水拌匀,淋在煎盘上,烘烤两三分钟,撒上一层花生或芝麻糖碎,受热后的面浆慢慢鼓胀,随即烘出蜂窝状空洞,起锅前对折,一定先放到竹筛上凉凉。凉后的满煎糕弹嫩十足,内部松软,还带着淡淡的坚果香,真是香甜而不腻人。

◎ 面粉　◎ 糖　◎ 花生糖碎　◎ 芝麻糖碎